Thomas Bauer

Frankreich erfahren

Eine Umrundung per Postrad

DRACHENMOND VERLAG

DRACHENMOND VERLAG

Astrid Behrendt
Rheinstraße 60
51371 Leverkusen
http: www.drachenmond.de
E-Mail: info@drachenmond.de

Satz, Layout, Umschlaggestaltung und Bildbearbeitung:
Astrid Behrendt, Leverkusen
Illustrationen: Johanna Meyer, Deggendorf
Karte: Cartomedia, Karlsruhe
Druck: Advantage Printpool, Gilching

ISBN 978-3-931989-73-6

Die gelernte Modegraphikerin Johanna Meyer lebt und arbeitet
in Deggendorf an der Donau.

Für Dagmar,
bei der ich angekommen bin

INHALT

PROLOG

»Das ganze Unglück der Menschen stammt aus einem einzigen Umstand her«, behauptet Blaise Pascal, »dass sie nicht ruhig in einem Zimmer bleiben können.« Getreu dieser Devise scheint sich das wahre Leben grundsätzlich dort abzuspielen, wo man gerade nicht ist. Zu ergänzen ist jedoch, dass nicht nur das ganze Unglück, sondern eben auch eine gehörige Portion Glück aus den Abenteuern und Begegnungen herrührt, die man auf einer Reise erleben kann. Wäre es anders, würde man sich nicht immer wieder in einen neuen Menschen verwandeln, sobald man einmal mehr das Weite sucht.

Wenn ich unterwegs bin, tue ich, was ich schon immer habe tun wollen; ich folge meiner Bestimmung. Wie oft habe ich aus einem Zugfenster gesehen, einen Waldsaum studiert, dem Wasser eines Flusses hinterhergeblickt oder mir von einem exotischen Geruch die Fantasie entfachen lassen und dabei einen Ruck in mir gespürt, der mir klar machte, dass ich in jedem Moment meines Lebens einfach losgehen könnte. In jedem Augenblick könnte ich das Korsett aus kleinen Verpflichtungen und drängenden Terminen abwerfen und mich auf eine Zukunft einlassen, die erobert werden möchte. Mit einer winzigen Geste könnte ich alles ändern und eine neue Seite im Buch meines Lebens aufschlagen.

In seinem literarischen Reiseband »Die Enden der Welt« hat Roger Willemsen diese Art von Fernweh als Spiel mit den Konjunktiven bezeichnet. Wer wäre ich geworden, wenn ich statt in Stuttgart in Timbuktu geboren worden wäre? Wie hätte ich mein Leben an der Seite jener schwarzen Schönheit gestaltet? Verlöre ich die Nerven, wenn ich unvermittelt einem Wolf gegenüberstünde?

Da ich, verglichen mit Roger Willemsen, über ein einfaches Gemüt verfüge, führe ich das Spiel mit den Konjunktiven auf eine einzige Frage zurück:

Wer außer uns selbst hindert uns eigentlich daran, die Möglichkeiten zu nutzen, die sich uns anbieten? Nicht die Frage ist schwer. Es ist, wenn wir ehrlich sind, die Antwort, die uns Sorgen bereitet. Wer unterwegs ist, stellt sich Unwägbarkeiten – auch und gerade jenen möglicher Antworten auf diese Frage. Implizit erklärt er sich einverstanden mit dem immerwährenden Wandel, der unser Leben ist. Eine echte Reise ist keine Flucht, sondern eine Hinwendung.

Vor diesem Hintergrund überrascht es nicht, dass meine Reisen zum Großteil aus Improvisationen bestehen. Es kommt zum Beispiel selten vor, dass ich mittags bereits weiß, wo ich abends schlafen werde. Ich möchte den Ereignissen die Chance geben, mich zu überraschen. Die besten Augenblicke erlebe ich häufig, wenn ich zu einem Umweg gezwungen bin. Die intensivsten Begegnungen ergeben sich oft, wenn ich die Kontrolle ein Stück weit abgebe. Im Idealfall bin ich gar auf Hilfe angewiesen. Ich habe niemals erlebt, dass mir diese verweigert worden wäre. Manche nennen das vertrauensvoll und meinen es nicht unbedingt positiv, weil Vertrauen an Naivität grenzt. Andere bezeichnen diese Haltung als fatalistisch und meinen es nicht rein negativ, weil sich Fatalismus oft an Gelassenheit anlehnt.

Für mich ist meine Art zu reisen immer schon französisch gewesen – in ihrem versponnenen Spieltrieb ebenso wie in ihrer lebenskünstlerischen Verbocktheit. Das ist der tieferliegende Grund, weshalb ich in Frankreich unterwegs bin: Ich möchte herausfinden, wie viel von dem Herzfranzosen, dem neugierigen Hedonisten, dem Sprachclown, als den ich mich so gern sehe, wirklich in mir steckt. Frankreich, das wie kein anderes Land geeignet ist, das Fremde im scheinbar Vertrauten sichtbar zu machen, sollte dafür sorgen, dass mir das Vertraute nach der Rückkehr fremder vorkam als zuvor.

KAPITEL 1

Von La Rochelle nach Bayonne

Eine legendäre Hafeneinfahrt, Irrwege bei Bordeaux
und die Pinienwälder des Südwestens

Der Stadt steigt die Morgenröte zu Kopf. Die aufgehende Sonne legt eine Haut aus Licht um die Türme von La Rochelle, besprenkelt die Dächer der Altstadt, bis es aussieht, als funkten diese sich Morsezeichen zu.

Eine Handvoll Touristen steht unschlüssig am Ufer der legendären Hafeneinfahrt. Die Augen angesichts der eben erst beendeten Nacht zu asiatisch anmutenden Schlitzen verengt, richten sie ihre Kameras mal auf ein verfrüht heimkehrendes Fischerboot, dann wieder auf die Altstadtfront.

Erst als ich sie passiere, wird ihr Verhalten für Sekunden synchron: Alle Fotoapparate folgen meinem Fahrweg. Weiter hinten stupsen zwei junge Männer ihre Partnerinnen an und zeigen mit dem Finger auf mich.

Ich kann es ihnen nicht verdenken. Das Fahrzeug, auf dem ich unterwegs bin, ist dreieinhalb Meter lang und besteht aus einem quietschgelben Postfahrrad, an das sich ein robuster einrädriger Anhänger aus Stahl anschließt. Dieser trägt, in einem ebenfalls leuchtend gelben Seesack verstaut, meinen Rucksack, fünfundvierzig Radwanderkarten, zwei Reparatursets »Tip Top«, vier Liter Wasser und eine unvernünftige Menge Schokoladenkekse.

So ausgestattet möchte ich in den vor mir liegenden sieben Wochen durch fünfzehn französische Regionen radeln. Wo die Wälder des Südwestens auf den Atlantik treffen, werde ich südwärts fahren, bis ich das Baskenland erreiche. Der Nordrand der Pyrenäen soll mich über Lourdes, Toulouse und Carcassonne nach Marseille führen. Zwischen den Hochebenen des Zentralmassivs und den Alpen hindurch will ich nordwärts bis ins

Elsass strampeln. Später werde ich mich durch die endlosen Getreidefelder der Champagne kämpfen und mich den Stürmen der Normandie und der Bretagne in den Weg stellen, bis ich schließlich wieder am Ausgangspunkt meiner Reise ankomme. Gut viertausend Kilometer gedenke ich in den kommenden fünfundvierzig Tagen zurückzulegen. Am Ende meiner Tour de France werde ich acht Kilogramm Körpergewicht und einige Vorurteile gegenüber den Franzosen verloren, unzählige Bekanntschaften gemacht und Orte aufgesucht haben, deren Namen ich bis heute nicht aussprechen kann.

An jenem allerersten Morgen meiner Reise, kurz nach Sonnenaufgang in La Rochelle, frage ich mich allerdings noch, erstaunt über meinen eigenen Mut, wie es dazu kommen konnte, dass ich mich nunmehr entzückten Touristen als Fotomotiv anbiete.

Vom richtigen Umgang mit Sauerkraut

Achtmal habe ich die Hauptstadt der Charente-Maritime in den vergangenen fünfundzwanzig Jahren besucht. Ich habe das Hinterland erforscht, gelernt, wie man Austern isst, und erste amouröse Gehversuche an atlantischen Stränden bestanden. Meine Mutter hat nicht nur ihre Liebe zur Sprache, die sie Französischlehrerin werden ließ, an mich weitergereicht, sondern auch, unter Zuhilfenahme diverser Menükarten und Weinverkostungen, meinen Vater überredet, die Urlaube in ihrem bevorzugten Reiseland zu verbringen.

Mit sechs bekam ich von meinen Eltern die Aufgabe, das Frühstück für die Familie in der unserem Ferienhaus am nächsten gelegenen Bäckerei zu holen und platzte schier vor Stolz, als ich mit den richtigen Leckerbissen zurückkam. Es folgten mehrwöchige Aufenthalte im Rahmen von Schüler- und Familienaustauschprogrammen, von denen sich einer zu einem Gefühlsaustausch inklusive erstem Kuss weiterentwickelte. So war es kein Wunder, dass mich meine erste auf eigene Faust organisierte Urlaubsfahrt mit sechzehn durch Frankreich führte. Mit meinem besten Freund übernachtete ich damals auf Styroporplatten in der Garage einer Freundin meiner Mutter; tags darauf brachte ich von einer Radtour auf der Île de Ré einen fabelhaften Sonnenbrand mit, den der Sohn unserer Gastgeberin unbedingt fotografisch festhalten wollte.

Zum Entsetzen meiner Mutter habe ich während meiner einjährigen Tätigkeit für Greenpeace in Paris überaus erfolgreich gelernt, ein Französisch zu sprechen, das jenem meiner jungen Arbeitskollegen nahekam: Ich verdoppelte mein Sprechtempo, verschluckte konsequent Wortendungen, sprach manches von hinten nach vorn aus, baute mit Vorliebe Bezeichnungen in meine Sätze ein, die am Rand der Vulgarität entlangschrammten und unternahm überhaupt alles in meiner Macht stehende, um mich der aufgedrehten, nörgelnden, stakkatoartigen Sprachmelodie französischer Jugendlicher bestmöglich anzupassen, die von der Académie française, der altehrwürdigen staatlichen Hüterin der französischen Sprache, regelmäßig als Beispiel für die Verhunzung der Kultur zitiert wird.

Unter anderem dank jener Phonetik habe ich rasch Kontakt gefunden, als ich einige Jahre später von meiner Studienstadt Konstanz aus den Jakobsweg entlang nach Santiago de Compostela und weiter an die spanische Westküste ging. Vier Wochen begleiteten mich drei Franzosen durch Südfrankreich, ehe sie, wie man es von ihnen erwartet, kurz vor der spanischen Grenze umkehrten und zurück nach Paris, Vienne und Annecy kehrten; ihr Weg war selbstverständlich an der französisch-spanischen Grenze zu Ende. Bis heute pflegen wir eine intensive Freundschaft.

Meine wachsende Leidenschaft für alles Französische hat mir manche Diskussion mit kulturgeschockten Frankreichbesuchern eingebracht, die von der vermeintlichen Arroganz der Franzosen abgeschreckt worden sind. Ein nicht geringer Teil von mir findet sich nämlich im Spielerisch-Hedonistischen und auch im (Lebens-)Künstlerischen wieder, das man gern mit den Franzosen assoziiert. Ein gutes Stück weit fühle ich mich geborgen in den

Subtilitäten der Sprache, der Lust am ironischen Wortspiel und der Fähigkeit, aus den gegebenen Umständen das Beste zu machen. Und, ja: auch in der eigenbrötlerischen Schrulligkeit vieler Franzosen, dem zur Schau gestellten Individualismus und dem abgehobenen Künstlertum. Unter Franzosen fühle ich mich nahezu immer unausgesprochen verstanden, was in Deutschland entschieden seltener der Fall ist. Sie scheinen in einem ähnlichen Takt wie jenem zu schwingen, den ich für mein Leben gewählt habe.

Daran ändert auch die Tatsache nichts, dass es Frankreich in Zeiten, in denen der Massentourismus längst exotischere Ziele wie Marokko und Thailand bevorzugt, nicht länger mit spielerischer Lässigkeit schafft, sich als Mekka aller kultivierten Genussmenschen zu präsentieren. Was waren das für Zeiten, da allein der Klang der Wörter *France*, *Amour* und sogar *Baguette* mit beneidenswerter Treffsicherheit unrealistische Schwärmereien auslöste, die Jahr für Jahr einen einträglichen Wohlfühltourismus nach sich zogen!

Die Fähigkeit der Franzosen, sich selbst ins rechte Licht zu rücken, ist trotzdem geblieben. Sie geht einher mit einer Lust am Fabulieren und einem Hang zur gezielten Übertreibung. Frankreichgeschädigte mögen anmerken, dass es gerade darum kein Wunder ist, dass ausgerechnet der Hahn zum Nationalsymbol des Landes avanciert ist, ein Tier also, das sich gern aufplustert und auch dann lauthals kräht, wenn es mit beiden Beinen im Mist steht. Und doch können selbst jene, die sie nicht sonderlich mögen, den Franzosen ein glückliches Händchen in Sachen Eigendarstellung nicht absprechen. Gilt beispielsweise das *choucroute*, Sauerkraut, von dem in Frankreich mehr verzehrt wird als in Deutschland, hierzulande als Beweis für die Einfallslosigkeit und Sparwut von uns »Krauts«, so wird das gleiche Produkt westlich des Rheins als Ergebnis höchst raffinierter Kochkunst dargestellt und entsprechend vermarktet.

Bis heute wird kein Land der Welt derart eindeutig mit exquisiten Sinnesfreuden verbunden wie ausgerechnet der ehemalige Vorreiter der *égalité*, der Gleichheit. Luxusprodukte wie Champagner und Rotwein, Trüffel,

Parfum und *haute-couture* sind Frankreichs Exportschlager. Sie haben das Land groß gemacht.

Balsam für die deutsche Seele liefern vor diesem Hintergrund allenfalls Umfragen wie jene aus dem Jahr 2005, die den *gaulois*, den Galliern – was wörtlich übersetzt nichts anderes als »schlüpfrig« bedeutet –, verglichen mit allen anderen europäischen Völkern zwar den höchsten Parfumverbrauch zuschreibt, zugleich aber auch den geringsten Bedarf an Seife. Nun könnte man Gedankenspiele wie jenes initiieren, dass natürlich, wer wenig Seife verbraucht, auch einen höheren Bedarf an Parfum hat, um den Eigengeruch zu überdecken. Man kann jedoch auch, wie die Mehrzahl der Franzosen, darauf verweisen, dass jene Umfrage ja von den Briten in Auftrag gegeben worden ist, dem Erzfeind der *grande nation*, der die Franzosen beharrlich daran erinnert, dass außerhalb ihres Landes längst eine ganz andere Sprache und Kultur ihren globalen Siegeszug vollendet hat.

Ja, Frankreich hat zunehmend Mühe, sein Bild vom lebensfrohen Gourmetland mit den genusssüchtigen Abendmenschen in die Welt zu tragen. Im Land selbst rangieren inzwischen sogar die Ungarn in Sachen Liebeskunst vor den eigenen Einwohnern. Die Ungarn!

Vielleicht bringt das Abrutschen in der Beliebtheitsskala aber auch eine gewisse Entspannung mit sich. Es muss anstrengend sein, sich permanent getreu dem Bild zu verhalten, das man einst von sich entworfen hat. Wie viel Energie muss es zum Beispiel kosten, die Mär der unschlagbaren französischen Küche Gästen gegenüber aufzutischen, die nach drei Mausklicks wissen, dass Croissants in Wahrheit österreichische Erfindungen sind und das Frühstück in München um Klassen besser schmeckt als in Paris! Halb Osteuropa bietet sich heutzutage als günstige und authentische Reisealternative zu Frankreich an, und die Italiener derart erfolgreich als Gelegenheitsliebhaber, dass sogar die Franzosen selbst, sonst nicht für überbordende Reiselust bekannt, ihre Urlaubsaufenthalte entsprechend auswählen. Dennoch: Trotz der geringen Halbwertszeit einiger Legenden, trotz der Tendenz zur

Abkapselung, dem Festhalten an der »Reinheit der Sprache« und des aufgeblähten, atavistisch erscheinenden Staatsapparats fühle ich mich nirgendwo
auf der Welt besser aufgehoben als in Frankreich. Und, beim Teutates: Auf
der bevorstehenden Reise würde ich endgültig herausfinden, warum das so
ist.

Ich bin hier nicht auf der Flucht, Peter!

Die Avenue de Charles de Gaulle bringt mich schließlich südwärts aus der
Stadt – was mich nicht wundert, da gefühlt etwa die Hälfte aller größeren
Straßen nach dem ersten Präsidenten der Fünften Republik benannt sind.
Die andere Hälfte heißt Allée du Maréchal Foch, nach Ferdinand Foch,
der nach dem Ersten Weltkrieg die Unterzeichnung des Waffenstillstands
durch die Deutschen entgegengenommen hat.

Ich folge neu angelegten Radwegen, die weitläufige Schlingen in die
Landschaft legen. Zweimal kreuzen sie die Autobahn, ehe sie mich ins Hinterland mitnehmen und mich unvermittelt an einer Kreuzung allein lassen.
Die Sonne, ein orangerotes Auge, das sich über den Stoppelfeldern erhebt,
zeichnet lange Schatten auf die Wege. Eine Böe stößt probeweise in die
Flanke meines Postrads. In der Ferne teilen Hunde einander mit, dass sie
wach geworden sind.

Gelbbraune Felder dehnen sich um mich herum bis zum Himmel aus.
Ich springe ab und gehe einige Schritte in das Getreide hinein. Mitten im
Mais lege ich mich auf den Rücken und verschmelze mit dem großen Erwa-
chen der Natur. Ich schlürfe Energie aus dem Zusammenspiel der Kräfte um
mich herum, fülle mein Durchhaltevermögen auf und bitte den Himmel um
das notwendige Quäntchen Reiseglück.

Im aufkommenden Wind folge ich aufs Geratewohl schnurgeraden
Asphaltwegen, immer an der Nahtstelle zweier Felder entlang. Ich komme
an Gehöften vorbei, deren Inhaber mir erstaunt zuwinken und bemerke

zufrieden, dass die Umgebung nach und nach urbaner wird. Kurz darauf fahre ich in der ersten Stadt meiner Reise ein.

Die Lage, geschützt hinter den bewehrten Inseln Ré, Oléron und Aix, etwas flussaufwärts, nahe der Stelle, an der die Charente in den Atlantik mündet und damit ideal an die Infrastruktur angeschlossen, prädestinierte Rochefort, zum größten Militärhafen Frankreichs zu werden. Vom siebzehnten Jahrhundert bis zum Ende des Zweiten Weltkriegs sind hier dreihundertfünfzig Kriegsschiffe gebaut worden. Für die Familien der Männer, die in der Rüstungsindustrie arbeiteten, errichtete man zweckmäßige Häuser und ordnete sie quadratförmig an. Der Gegensatz zum benachbarten La Rochelle könnte kaum größer sein: Während sich die »Perle des Atlantiks«, in der sich die Reichen und die Schönen mit dem Port des Minimes – einem der größten Yachthäfen Europas – eine segelbeflaggte Spielwiese eingerichtet haben, im Sommer vor Touristen kaum retten kann, verirrt sich nur selten ein Gast in das herbe, an koloniale Missetaten erinnernde Schachbrett im Hinterland. Nimmt man dennoch einen Halbtagesausflug von La Rochelle hierher in Kauf, so geschieht das in der Regel aufgrund einer einzigen Attraktion.

Seit zwölf Jahren hämmert, feilt und lötet man in den Werften von Rochefort, um ein weiteres Kriegsschiff herzustellen: eine originalgetreue Nachbildung der *Hermione*, des fünfundsechzig Meter langen Dreimasters, auf dem General Lafayette 1780 von Rochefort nach Boston segelte, um die aufständischen Amerikaner gegen die Briten zu unterstützen. Sobald die vierhunderttausend Einzelteile zusammengefügt sind, soll die neue *Hermione* zur Erinnerung an den französischen General nach Amerika segeln.

Eine Brise, die nach feinem Salz schmeckt, überdeckt die Tatsache, dass sich die Quecksilbersäule der Vierzig-Grad-Marke nähert, und überredet mich dazu, die erste Fehlentscheidung des Tages zu treffen. Statt in Rochefort zu bleiben, verlasse ich die Stadt Richtung Süden und fädele mich in eine geteerte, vierspurige Straße ein, die einzige Möglichkeit, ins sechzig Kilometer entfernte Royan zu kommen. Wie Pistolenkugeln schießen die

Autos an mir vorüber. Mit Getöse kündigen sich Lastwagen an, ehe sie so nah an mir vorbeibrausen, dass ich sie, hätte ich die Hand ausgestreckt, hätte berühren können. Dabei nimmt die Luft um mich herum jedes Mal Reißaus und drückt sich an beide Seiten des fahrenden Kolosses, weshalb mir jedes Überholmanöver zum Abschied einen Wirbel hinterlässt, der mir heute zweimal die Baseballmütze vom Kopf wirft.

Über der schnurgeraden Straße flimmert die Hitze des Nachmittags. Von den vier Litern Wasser, die ich in Rochefort gekauft habe, sind nach dreißig Kilometern, der Hälfte der Strecke, nur noch die leeren Flaschen übrig. Nach weiteren zehn Kilometern merken meine Oberschenkel an, dass ihnen die ungewohnte Belastung gehörig auf den Geist geht. Während sie zu zittern beginnen, nimmt ein Sonnenbrand auf meiner Unterlippe Platz, der gut mit dem Schmirgelpapier korrespondiert, in das sich meine Kehle verwandelt hat. Drei durchtrainierte Radfahrer überholen mich, ihre schicken Rennmaschinen glitzern in der Sonne. Der letzte lächelt mir aufmunternd zu, ehe er seinen Kameraden nachjagt. Einen Moment lang fühle ich mich in einen Werbespot für Yogurette oder Milchschnitte versetzt – und ich bin der tumbe Verlierer, der noch immer auf herkömmliche Schokolade setzt. Oder, in meinem Fall, auf ein vierzig Kilogramm schweres Postrad statt auf eine durchgestylte Federleichtmaschine.

Als sich der erste Supermarkt von Royan in mein Blickfeld schiebt, bringe ich mein quietschgelbes Gefährt vor der Eingangstür zum Stehen, schließe es mit drei Schlössern ab und hechte ins Innere. Augenblicklich sinkt die Temperatur um zwanzig Grad. Ich kaufe zwei Liter Wasser, einen Liter Trinkschokolade, einen Brotlaib, einen halb zerflossenen Brie, einen ganz zerflossenen Camembert und eine Packung Kekse, setze mich auf eine nahe Bank und verzehre alles vor den Augen zunehmend erstaunter Passanten.

Die Sonne hat ihren Würgegriff bereits gelockert, als ich erneut aufsitze, um eine Bleibe für die Nacht zu finden. Ich durchkreuze Royan, das einst schön gewesen sein mag – bis die von den Nazis besetzte Stadt am

5. Januar 1945 von amerikanischen Bombern in ein Trümmerfeld verwandelt wurde. Für den Wiederaufbau blieb nicht viel Zeit, und so wirkt die Stadt heute zweckmäßig und betonlastig. Deutlichstes Beispiel hierfür ist die Kirche Notre Dame, ein massiver, aus dunklem Beton errichteter Bau, der eher einem Festungsturm als einem Gotteshaus gleicht. Das Erscheinungsbild Royans mag dazu beigetragen haben, dass ich an mehreren mir nicht adäquat erscheinenden Hotels vorbeifahre und den Straßen direkt zum Fähranleger folge.

Ein Schiff, dessen beste Zeit ich in den Siebzigerjahren des vorigen Jahrhunderts verorte, lässt gerade ein Hupen ertönen, bei dem die Fenster der Straßencafés erzittern. Einem Impuls folgend passiere ich die Zahlstelle und presche auf das Schiff zu, das mich über die Gironde, den größten Flussmündungstrichter Europas, bringen soll. Ein Bordmatrose, das Tau bereits in der Hand, gestikuliert wild in meine Richtung. Warum regt der sich so auf, frage ich mich, das Schiff ist doch noch durch ein weiteres Tau mit dem Festland verbunden. Erst an Bord merke ich, dass seine ausladende Gestik gar nicht mir gilt. Ein Radrennfahrer auf einer silbernen Edelmaschine schießt in voller Montur auf das Schiff zu.

»Merci«, ruft er keck, als der Matrose vor Schreck in der Bewegung innehält, mit der er die Verbindungsbrücke zum Ufer hochklappen wollte. Ein kleiner Sprung, schon bringt der Neuankömmling das silberne Rennrad mit quietschenden Reifen direkt neben meinem auf einmal recht ungelenk wirkenden Postrad zum Stehen und streckt mir fast gleichzeitig die Rechte hin. Sie ist geschmückt mit einem lilafarbenen Fahrradhandschuh, auf dem der Name eines hochpreisigen Ausrüsters prangt.

Peter, konstatiert er, aus Amsterdam. Heute Vormittag sei er von der Île de Ré losgefahren. Ich beglückwünsche ihn zu seiner Tagesetappe, die einige Kilometer länger als meine gewesen ist. Tagesetappe, schnaubt er verächtlich, als hätte ich ihm soeben unterstellt, Nicolas Sarkozy zu mögen. Bis Bordeaux wolle er heute auf jeden Fall kommen.

»Bordeaux, Bordeaux …«, gebe ich mich nachdenklich, »ist das nicht die Hauptstadt Aquitaniens, die sich fünfundsechzig Kilometer südöstlich von hier befindet?«

»Siebzig«, beharrt er und wirft sich in Pose. Vor zwei Wochen sei er von Amsterdam losgefahren, da habe er einhundertzwanzig Kilometer täglich geschafft. Inzwischen seien es über einhundertfünfzig.

Ich gebe bekannt, dass ich dank zwei Litern Kakao pro Tag neunzig Kilometer schaffe, wenn ich mich anstrenge, woraufhin Peters Interesse an mir blitzartig um etwa siebzig Prozent zurückgeht. Dennoch versucht er sein Glück und fragt kurz darauf mit blitzenden Augen, ob ich ihn nicht auf seiner wilden Hatz nach Bordeaux begleiten möchte.

Ich werfe einen Blick auf den Postradzug, der im Halbkreis um Peters Rennmaschine herum parkt.

»Ach … weißt du … heute nicht. Ich bin gerade erst aufgebrochen und gönne mir, sobald ich drüben ankomme, erst mal ein extragroßes Eis mit …«

»Kein Problem, mach's gut!«

Er will das nicht hören. Als wir anlegen, verabschiedet er sich zackig, beinahe militärisch knapp, und fährt als erster vom Schiff, während ich noch damit beschäftigt bin, die Fahrradschlösser zu öffnen.

Die Abendsonne malt die Formen der Bäume weich, in deren Schatten hinein sich Restaurants und Bars ausdehnen. Ein heiteres Schwirren liegt in der Luft, eine große Aufforderung loszulassen, Fünf gerade sein zu lassen und scheinbar wichtige Alltagstermine aufzuschieben. In Südfrankreich fällt sie seit jeher auf fruchtbaren Boden. Auch ich grunze wohlig, als ein beleibter Kellner fünf Kugeln Schokoladeneis vor mir auf den Tisch stellt. Dies scheint mir die richtige Art zu sein, das Médoc zu begrüßen.

Pfeifend nehme ich nach gelungener Stärkung die Fahrt wieder auf, während Peter vermutlich bereits kurz vor der Einnahme von Bordeaux steht.

Acht Kilometer weiter, in der Nähe von Soulac, fängt mich das Schild eines Campingplatzes ein, das damit wirbt, dass heute Abend »garantiert

keine Karaoke« abgehalten werde. Auf diese Weise findet mein erster Reisetag einen glücklichen und sehr französischen Abschluss.

Eine Region im Dornröschenschlaf

Eingekeilt zwischen zwei deutlich größeren Zelten, nur einen Zentimeter
vom Waldboden entfernt, wälze ich mich hin und her, was weniger am
Wurzelgeflecht liegt, das sich zeitgleich mit meinen Ausweichversuchen zu
bewegen scheint, als vielmehr an der originellen Geräuschkulisse.

Dieser Campingplatz hat Karaoke wahrlich nicht nötig! Aus dem rechts
von mir gelegenen Zelt ertönt in eigenwilliger Interpunktion ein Schmatzen, unvorhersehbar angereichert mit kehligen Seufzern. Der Geräuschherd,
hinter dem ich eine Dame in den Fünfzigern vermute, harmoniert mit dem
Nachbarn zu meiner Linken, ein etwas jüngerer Mann, der mich bei meiner
Ankunft gefragt hat, ob ich mit »diesem gelben Ding da« wohl schneller
vom Fleck käme als er auf seinen Inline Skates. Was sein Schnarchverhalten
betrifft, gehört er zur Fraktion der röhrenden Hirsche. Das Schmatzen von
rechts legt eine Art Perkussionsgrundlage für die wiederkehrenden Brunft-
schreie von links. Im Halbschlaf geistert die Frage durch meinem Kopf, wie
die jeweils schnarchfreien Partner, die ich aufgrund der Größe der Zelte
darin vermute, derartige Nächte auf Dauer aushalten. Entweder verfügen
sie über ein spezielles Ohropaxsystem oder haben, Konsequenz einer langen
Ehe, gelernt, die Geräusche in angenehme Tonfolgen umzudeuten.

Nach der unruhigen Nacht decke ich mich am nächsten Morgen in
Soulac-sur-Mer mit Proviant ein, dann erkunde ich Aquitanien. Gelassen,
beinahe behäbig dehnen sich die Weinreben des Médoc um mich herum
aus. Wie eine Decke legt sich das satte Grün reifer Trauben über die weitläufigen Täler und Hügel. Hier, unter der Sonne Südfrankreichs, umrahmt
vom Atlantik und der Mündung der Gironde, finden sie ideale Bedingungen vor. In unregelmäßigen Abständen lasse ich majestätische Auffahrten zu

schlossähnlichen Weingütern zurück. *Dégustation*, Weinprobe, lese ich allerorten. Um mich herum spricht und schwärmt man von Cabernet-Sauvignon und Merlot.

Das Médoc ist eine Halbinsel, deren westlicher Rand aus zweihundert Kilometern feinstem Sand besteht. Um zu verhindern, dass der ständige Westwind abermilliarden Sandpartikel ins Landesinnere schiebt, hat man hinter den Dünen, darunter jene bei Pyla, die vor gut achtzehntausend Jahren entstanden ist, tiefwurzeligen Strandhafer und Ginster gepflanzt.

Ich verlasse jedoch fürs Erste die Flanke des Atlantiks und folge der Gironde landeinwärts. Hügelauf und hügelab führt mich ein staubiges Sträßchen, das mir kein weiterer Verkehrsteilnehmer streitig macht. Umgarnt vom Duft süßer Reben und aufgehoben in einer friedfertigen Ruhe kommt es mir vor, als befände sich die ganze Region in einem Dornröschenschlaf. Vielleicht hat das Médoc auch nur besser als andere Landstriche die Eigenschaften verinnerlicht, die einen guten Wein ausmachen, darunter das Wissen, dass Qualität hartnäckiges Warten voraussetzt, und dass Güte nicht auf augenblicklichen Effekten beruht, sondern sich erst entfalten kann, wenn man Zeit investiert. Schließlich handelt es sich beim Wein nicht um einen Durstlöscher wie das Bier. Einen guten Wein will man genießen bis zum Ausklingen des Abgangs.

Wie es sich einer solch weinseligen Region geziemt, beginnt die Landschaft langsam, zunächst kaum merklich, urbaner zu werden. Das verstaubte Sträßchen, dem ich seit Soulac-sur-Mer folge, mündet in eine zweispurige Straße, auf der mich vereinzelt Autos und Motorräder überholen. Kurz darauf sind es zwei Spuren pro Fahrtrichtung. Jugendliche winken aus Autofenstern. Motorradfahrer grüßen lässig, manche gar nachlässig, fast ohne den Arm zu heben. Lastwagenfahrer meinen, mich durch ihr Gehupe, das mir durch Mark und Bein fährt, zu motivieren.

Eine halbe Stunde später hat sich das Heranrattern, Überholen und Hupen zu einem auf- und abschwellenden Dauergeräusch verdichtet.

Umrahmt von Tagespendlern, Transporteuren und Touristen passiere ich schließlich den Ortseingang von Bordeaux, meiner ersten großen Station.

Handelswege für Wein und ein Riecher fürs Geschäftliche

Eine Stunde lang fahre ich durch ein enges Spalier aus weiß getünchten Häusern, die durch rot umrahmte Fenster auf die Straße blicken. Hinweisschilder überbieten und widersprechen sich. Nach und nach werden Straßen zu Wegen und diese schließlich zu Gassen. Bordeaux plustert sich auf, nicht nur geografisch: Es wirkt, als habe es einen tiefen Atemzug genommen und halte seitdem die Luft an. In der Stadt leben zwar nur gut zweihunderttausend Menschen, ähnlich wie in Freiburg oder in Krefeld. Die Metropolregion, zu der unzählige umliegende Kleinstgemeinden gehören, zählt jedoch fast eine Million Bewohner.

Begleitet von Spontanausrufen, die zwischen Erstaunen und Entzücken oszillieren, lasse ich mich vom Verkehrsstrom in die mit Fingerspitzengefühl restaurierte Altstadt mitnehmen. Immer, wenn ich im Stadtkern der aquitanischen Hauptstadt flaniere, gehen mir die Anfangszeilen von Alfred Wolfensteins »Städter« durch den Kopf:

> Dicht wie die Löcher eines Siebes stehn
> Fenster beieinander, drängend fassen
> Häuser sich so dicht an, dass die Straßen
> Grau geschwollen wie Gewürgte stehn.

Haus schmiegt sich an Haus, und manche Gassen sind so schmal, dass ich Mühe habe, mein beladenes Postrad hindurchzuschieben, ohne an den Hauswänden entlangzuschrammen, wenn mir ein Passant entgegenkommt. Mit leichter Verzögerung gelange ich darum in die Fußgängerzone Sainte-Cathérine.

Bordeaux' Hauptschlagader zieht sich über einen Kilometer vom alt-ehrwürdigen Grand Théâtre bis zu den aufragenden, Kraft ausstrahlenden Gebäuden der Universität. Trotz meines ungewöhnlichen Gefährts werde ich auf der Sainte-Cathérine in den Augen der Anwesenden zu einem Touristen unter vielen. Hier wird jeder Passant gleichzeitig mit meinem Anblick einiger Dutzend weiterer Reize gewahr. Schaufenster überbieten sich mit pinkfarbenen und orangeroten Auslagen, Studentinnen drücken Spaziergängern Zettel mit den allerangesagtesten Angeboten in die Hand. Männer tragen ihre besten Anzüge spazieren, Frauen versuchen, mit spitzhackigen Stiefeln und Miniröcken Aufmerksamkeit auf sich zu ziehen, ohne sich diese Absicht anmerken zu lassen. Das Leben scheint sich in Bordeaux zu potenzieren, je näher man der Sainte-Cathérine kommt.

Kaum lasse ich die Fußgängerzone zurück, nehmen der Geräuschpegel und die Anrempelfrequenz rapide ab. Ich überquere die vierspurige Ausfallstraße, die an der Gironde entlangführt, dann gelange ich zu meinem zweitliebsten Platz in Bordeaux (mein Favorit ist die Eisdiele »Amorino« von Cristiano Sereni und Paolo Benassi in der Nähe der Place Gambetta, aber das tut jetzt nichts zur Sache). Ich ziehe mich mit drei vor Frische dampfenden Pains au chocolat in den Park zurück, der direkt an den großen Fluss grenzt.

Jenen genussfeindlichen Moralaposteln, die diese ungemein leckeren Kalorienbomben – die praktisch nur aus Butter bestehen, durch die man zwei Reihen Zartbitterschokolade gezogen hat – aus ernährungswissenschaftlichen Gründen ablehnen, sei versichert, dass sie ihre Einstellung grundlegend revidierten, wenn sie am Ufer der Gironde, den Park im Rücken, umgeben von Kindern, die mit den Wasserspendern spielen, und Jugendlichen, die versuchen, sich gegenseitig mit blanken Oberkörpern zu beeindrucken, in das erste Schokoladenbrötchen bissen. Sie müssten nur die oberste Kruste dieses Meisterwerks abblättern und die zarten Schichten darunter freilegen, die sich beim Hineinbeißen zusammenschmiegen, als wollten sie sich schützend um das Wertvollste, die beiden Schokoladenstreifen, legen. Doch auch

diese geben sich, mit einem leisen Knacken, endlich geschlagen und vereinen ihren Geschmack kongenial mit jenem der sie umgebenden Schichten.
Auf diese Weise ist die Summe des Ganzen lukullisch noch mehr als die
einzelnen Komponenten für sich genommen – und man beginnt nachzuvollziehen, warum die Kulinaristik in unserem westlichen Nachbarland zur
höchsten Form der Kunst geadelt worden ist.

Im Halbkreis gruppiert sich die Stadt um meinen privilegierten Platz am
Ufer der Gironde. Die Form einer Mondsichel hat Bordeaux früh den Beinamen *port de la lune*, Hafen des Mondes, eingebracht. Und das, obgleich
sich ihre Bewohner traditionell eher durch einen Riecher fürs Geschäftliche
auszeichnen als durch einen ausgeprägten Sinn für Romantik.

Bereits vor zweitausend Jahren bauten sie im Umland Wein an, den sie,
den Zugang zum Meer nutzend, gewinnbringend exportierten. Erst fünfhundert Jahre später erhielt die ökonomische Entwicklung der Region einen
signifikanten Dämpfer: Zunächst die Westgoten, kurz darauf die Franken,
anschließend die Araber und schließlich die Normannen fielen in die sol-
vente Kaufmannsstadt ein. Zu neuer Blüte gelangte Bordeaux im fünf-
zehnten Jahrhundert, als Eleonore von Aquitanien durch ihre Heirat mit
Henri Plantagenêt Frankreichs Südwesten den Engländern überschrieb.
Man exportierte Wein nach und bezog Fertigwaren aus England. Als die
Engländer 1453 in der Schlacht von Castillon geschlagen wurden und Bordeaux erneut unter französische Herrschaft geriet, ersetzte man den englischen Absatzmarkt durch einen florierenden Seehandel, vor allem mit den
Antillen.

Angefeuert vom finanziellen Erfolg ihrer Unternehmungen ließen die
reich gewordenen Bürger im achtzehnten Jahrhundert Prachtstraßen durch
die Stadt ziehen, an deren Rändern palastähnliche Villen gebaut wurden.
Mittlerweile gestaltet man Parks und Grünflächen neu und webt ein Netz
aus Radwegen um die Stadt. Sogar die Straßenbahn, in den Sechzigerjahren durch Busse ersetzt, rattert wieder durch die Gassen. Auch aus diesen

Gründen werden weite Teile des Stadtkerns als UNESCO-Weltkulturerbe anerkannt.

Wohlhabender als die meisten Großstädte Frankreichs ist Bordeaux auch heute noch. Mit seiner entspannten Lebensart und seinem gedämpften Charakter ist es der perfekte Antipode zum heißblütig-aufregenden Marseille, das stark von arabischen Einwanderern geprägt ist. Die Rivalität beider Lebensweisen zeigt sich vor allem dann, wenn Girondins Bordeaux im Fußballstadion gegen Olympique Marseille antritt. Dann wird sogar der *Bordelais* leidenschaftlich. Ansonsten genießt er lieber die Vorzüge eines bürgerlichen Liberalismus und bleibt bei seinem Leisten. Hier, am Ufer der Gironde, geht es um Wein, Geschäftskontakte und das Meer – und von diesen drei Dingen versteht man eine Menge. Bertrand Cantat, der heimische Sänger der ungemein populären Rockgruppe Noir Désir, der 2003 im Streit seine Frau, die Schauspielerin Marie Trintignant, zu Tode prügelte, stellt eine Ausnahme von der Regel dar.

Vor diesem Hintergrund wird deutlich, welch gute Wahl es gewesen ist, Bordeaux eine deutsche Partnerstadt zur Seite zu stellen, die ganz ähnliche Charakterzüge aufweist wie die Hauptstadt Aquitaniens: München.

Die Schule der Nackten

Eine aufkommende Brise zieht kleine Furchen durch das Wasser der Gironde, als ich mein drittes Pain au chocolat vertilge und, an das Postrad gelehnt, von meinen Tagträumen zurückkehre. Eine *mascaret* hat sich auf den Weg gemacht, eine spontane Erhöhung des Wasserstands, die entsteht, wenn das einströmende Meerwasser den Fluss zurückdrängt.

Ein Dutzend Mal kehre ich in den folgenden drei Tagen, nach Einkaufsrunden und Stadtbesichtigungen, Bootsfahrten und Halbtagesausflügen, an diesen Ort zurück, an dem der Stadtpark den Fluss flankiert. Hier, an der Nahtstelle von Land und Wasser, erhole ich mich, unterbrochen von kurzweiligen Schwätzchen mit Passanten, und sammle Energie für die weitere Fahrt.

Am Morgen des vierten Tages lasse ich den Stadtkern hinter mir, noch ehe die Farbe der Sonne von orangerot zu gelb gewechselt hat. An immer ärmlicher wirkenden Hausfassaden vorbei fahre ich gen Süden. Abseits der Prachtboulevards, der monumentalen Altbauten, des Grand Théâtre und der Sainte-Cathérine wirkt die Stadt mit dem Saubermannruf zunehmend angegraut. Putz bröckelt von Hauswänden, manches Fenster ist zersplittert. Müllcontainer auf Gehsteigen setzen ungute Gerüche in die Luft ab. Nur die Supermärkte, von denen einige die Ausmaße eines kleinen Dorfes erreichen, erinnern daran, dass ich nicht weit entfernt von Frankreichs zahlungskräftiger Lokalelite unterwegs bin.

Ich merke nicht einmal, dass ich Bordeaux verlasse, so subtil franst die Stadt in ein Geflecht aus Vororten und Dörfern aus. Der Verkehrslärm um mich herum beruhigt sich allmählich, bis ich unvermittelt den Kopf hebe und feststelle, dass ich allein auf weiter Flur bin. Ich bin derart überrascht, dass ich anhalte und den Verlauf der kleinen Straße studiere. Kein Motorgeräusch, kein Hupen, keine Autoradiomusik mehr – von hier an bis kurz vor Bayonne ist das Sirren der drei Räder meines Postrads, mit denen es die Straße nachzeichnet, das lauteste Geräusch. Ich atme tief durch, dann steige ich in die Pedale und fahre dem Atlantik entgegen.

Wie bei kaum einer anderen Gegend ahnt man bereits nach einem Blick auf die Landkarte, wie schön bestimmte Gebiete Aquitaniens sind. Fischerdörfer, harmonisch zwischen den Ozean und einen See gesetzt, von Wanderwegen durchzogene Küstenwälder und eine hügelige goldgelbe Steppenlandschaft: Man riecht den Pinienduft förmlich aus den Karten heraus.

Seit jeher habe ich eine manische, beinahe schon erotische Beziehung zu Globen und Karten. Sie gehören zu den Dingen, die mein Fernweh am zuverlässigsten wecken. Nicht wenige Reiseziele habe ich nach einem Blick auf die Landkarte aufgesucht – vor allem, wenn sie zusätzlich zu ihrer privilegierten geografischen Lage über eine gewisse phonetische Anziehungskraft verfügen. Ich wage gar zu behaupten, dass man, wenn man nach Sansibar oder nach Samarkand, nach New Orleans oder nach New York fährt, in erster Linie nicht den Ort selbst besucht. Der besteht aus Infrastruktur, Starbucks-Filialen und überfüllten Sehenswürdigkeiten. In Wahrheit nimmt uns die Idee eines Ortes gefangen. Und so spüren wir den Geschichten und Legenden, den hier stattgefundenen Ereignissen nach, denen wir durch Begegnungen und Gespräche näher kommen wollen – immer in der Hoffnung, unvermittelt auf die vielbeschworene Exotik zu stoßen, die uns eine bislang unbekannte Facette unseres eigenen Charakters zeigt. Ich zum Beispiel hätte nicht geglaubt, dass mich eine Bergbesteigung in den Anden langweilen und ein tödlicher Hahnenkampf in Bogotá begeistern kann. Ebenso wenig, dass mir ein zweieinhalbtausend Kilometer langer Pilgerpfad zwar enorme Kräfte schenkt, mich letztendlich aber erst eine zehnminütige Extremsituation auf einer malaysischen Autobahn zum Glauben bringt.

Hier, zwischen Bordeaux und dem Becken von Arcachon, werde ich endgültig zu einem Reisenden. Hier gelingt es mir, die Vergangenheit abzustreifen und die Zukunft auszublenden. Ich fliege eine Kette von Augenblicken entlang und etwas in mir jubelt so laut, dass es vorübergehend die Wahrnehmung der Wegstrecke trübt.

Ich muss ein paar Mal falsch abgebogen sein. Ohne Vorwarnung zieht sich ein von Stacheldraht gekrönter Zaun quer über das Sträßchen, dem ich seit mehreren Stunden folge. Links und rechts wechselt sich hüfthohes Dornengestrüpp mit morschem Unterholz ab. Ratlos blicke ich am Zaun entlang, dann mache ich kehrt und biege nach knapp zwei Kilometern in einen Trampelpfad ab, der sich zu einem Waldweg aufplustert und mich unvermittelt auf eine Lichtung entlässt.

Ein Dutzend Wohnwagen stehen ungeordnet um vier Hütten herum. Wie sind sie hierhergekommen? Bin ich spontan in ein Nomadenlager geraten? Habe ich vielleicht die Sommerresidenz des Circus Barnum aufgestöbert?

Ehe ich diese Rätsel lösen kann, treten zwei Männer aus der Eingangstür der ersten Hütte, starren mich zwei Sekunden lang wie eine Erscheinung an, schütteln dann energisch den Kopf und verschwinden auf einem der Wege, die von der Lichtung aus in den umliegenden Wald diffundieren. Ich bin wie angewurzelt stehen geblieben und blicke vermutlich nicht sonderlich intelligent drein. Die beiden nackt zu nennen, wäre falsch, doch außer Sandalen hatten sie nichts an.

Ich steige ab und schiebe mein Postrad an den ersten Wohnwagen vorbei, um die Waldwege besser sehen zu können. Vielleicht steht auf einem von ihnen ja ein Schild, das mir verrät, wo ich hier bin. Vor dem letzten Wohnwagen grillt ein etwa Sechzigjähriger im Adamskostüm ein Steak für seine Frau, die es sich kleiderlos auf einem Liegestuhl gemütlich gemacht hat. Beide winken mir zu, als ich an ihnen vorbeizuckele. Sie scheinen nicht sonderlich überrascht zu sein, einen Reisenden mit sonnenverbranntem Gesicht, einem zerbeulten Hut anstelle der im Verkehrsgewusel von Bordeaux verloren gegangenen Baseballmütze und einem dreieinhalb Meter langen Postgefährt zu sehen. Hoffentlich fragen sie mich nicht, ob ich ein Einschreiben für sie habe, schießt es mir durch den Kopf.

»Wussten Sie, dass jede dieser Kiefern um uns herum täglich achtzig Liter Wasser aus dem Boden zieht?«, ertönt stattdessen eine tiefe Stimme hinter mir. Ich fahre herum und stehe einem gut gebauten Vierzigjährigen gegenüber. Natürlich hat er nichts an. In seiner rechten Hand schwenkt er eine Gießkanne.

»Noch vor zweihundert Jahren ist hier, wo wir gerade stehen, nichts als Sumpf gewesen«, fährt der Hobbygärtner fort. Von der Idee, sich erst einmal vorzustellen oder zu fragen, wie um alles in der Welt ich hierhergekommen bin, hält er augenscheinlich nicht viel.

»Um die Böden zu entwässern, hat man diese Kiefern gepflanzt, und heute leben wir im größten zusammenhängenden Waldgebiet Westeuropas. Nur der Name unseres Departements erinnert noch an den damaligen

Zustand: *Les Landes* leitet sich nämlich vom gascognischen »lana« ab, was so viel wie »Heide« oder »Sumpf« bedeutet. Und jetzt raten Sie mal, wer für diese immense Aufforstung verantwortlich gezeichnet hat! Na? Niemand anderes als Napoléon Bonaparte!«

Ein Joggerpärchen, das oberhalb der Knöchel nichts trägt, kreuzt die Lichtung und verschwindet im Wald. Auch diese beiden finden offensichtlich nichts daran, dass ein Fremder samt Postrad und voll beladenem Anhänger, dazu noch in Kleidern, auf ihrer Lichtung steht.

»Wo sind wir hier eigentlich?«, stoße ich endlich hervor. Der Hobbygärtner hält unvermittelt in seinem geschichtlichen Abriss inne.

»Ach, Sie ziehen gar nicht hier ein?«

»Dafür habe ich doch entschieden zu viel an, oder?«

»Dann sind Sie also gar kein Neuankömmling?«

»Eher ein Abkömmling: Ich bin vom richtigen Weg abgekommen. Eigentlich möchte ich nach Biscarrosse.«

»Nach Biscarrosse? Nach BISCARROSSE?«

Mein Gegenüber reißt die Augen auf, dann klopft es sich auf die nackten Schenkel, was bestimmt wehtut, und krümmt sich vor Lachen. Die Frau im Liegestuhl schreckt aus ihrem Halbschlaf hoch und schaut mich mit abschätzigem Blick an. Der Grillmeister vergisst die ihm anvertrauten Köstlichkeiten für einen Moment und schaut ungläubig zu uns herüber. Einen Augenblick lang bin ich versucht zu glauben, dass es noch ein weiteres Biscarrosse gibt, in Südportugal vielleicht, oder im Norden Perus.

»*Ben* …«, setze ich, leicht beschämt, zu einer Rechtfertigung an, als mich mein Gesprächspartner auch schon lautstark unterbricht.

»Mann, da sind Sie aber sowas von falsch abgebogen!«, trompetet er. »Willkommen in unserem Nudistencamp! Wussten Sie, dass es in keinem europäischen Land mehr von uns gibt als in Frankreich? Wir haben die Zugänge hierher eigentlich mit Zäunen gesperrt, und ich wundere mich, wie Sie zu uns gelangt sind. Wie dem auch sei: Um von hier wegzukommen, sollten Sie diesen Waldweg entlangfahren.« Er deutet auf die Stelle, an der die beiden Jogger verschwunden sind. »Nach acht Kilometern erreichen Sie den Ozean mit Ihrem … ja, was ist das eigentlich für ein Gefährt? Sie sind ja noch verrückter als wir! Egal, Sie werden das Meer jedenfalls bereits eine Viertelstunde vor Ihrer Ankunft hören. Wichtig ist nur, dass Sie, sobald Sie den Strand erreichen, nach links abbiegen, um zum nächstgelegenen Dorf zu kommen. Das ist nicht Biscarrosse; dort werden Sie frühestens morgen Mittag ankommen. Doch einen Campingplatz werden Sie zumindest vorfinden. Mutter Natur wird Ihnen den Weg weisen.«

Bei diesen Worten deutet er mit theatralischer Geste auf die umstehenden Kiefern. Ich bedanke mich überschwänglich.

»Biscarrosse, nein so was …!«, höre ich ihn hinter mir noch rufen, ehe mich der Wald verschluckt.

Ohne auf eine Abzweigung zu stoßen, schiebe ich mein Gefährt anderthalb Stunden den engen Weg entlang, immer Richtung Westen, ehe die so lobend erwähnte Mutter Natur tatsächlich mit einem goldgelben Sandstrand aufwartet. Seine Körner sind so fein, dass die Räder meiner Postkutsche darin versinken. Also fahre ich den feinen Streifen, auf dem das Meer das Land benetzt, gen Süden entlang. Zuweilen reiße ich den Lenker hektisch ostwärts, wenn eine besonders große Welle am Strand leckt und ihre Gischt an meinen Beinen hochspringt wie ein junger Hund. Auf die Anwesenden, allesamt nackt, dürfte ich durchaus erheiternd wirken.

Kurz nach zehn Uhr abends erkenne ich zu meiner Linken einige in die Gegend gestreute Häuser. An das letzte schließt sich ein kleiner Campingplatz an. Die Sonne lugt mir über die Schulter, als ich mein Zelt aufbaue, dann läutet sie einen dramatischen Abschied ein. Bis zum Horizont leuchtet sie die Szenerie orangerot aus, verwandelt Bäume in schmale zitternde Schatten und lässt, als sie bereits versunken ist, ein Nachglimmen zurück, eine Art Erinnerung, als würde sie nicht bereits in sieben Stunden erneut die Bildfläche betreten. Sie mag diese Region, die ihr so selten ernsthaft Wolken in den Weg stellt. In Aquitanien, dem »Land des Wassers«, kann sie sich ausgiebig spiegeln. Auch in meine Träume hinein folgt sie mir, malt mit Sorgfalt Talmulden aus, verwandelt Wasserauffangbecken in gigantische Spiegel und stellt noch kurz vor der Dämmerung Lichtstäbe in den Pinienwäldern ab, schräg an die knorpeligen Baumstämme gelehnt.

Ja, denke ich noch am nächsten Morgen, als sie mich zuverlässig weckt: Hier, zwischen atlantischen Wellen, napoleonischen Wäldern und weitläufigen Weinreben hat sie ein Zuhause gefunden.

Ein Schlüssel zum Herzen der Franzosen

Früh am nächsten Morgen biege ich in ein Geflecht aus Wander- und Radwegen ein, das sich durch die küstennahen Wälder zieht und mir den schönsten Tag meiner bisherigen Reise beschert. Klare, von leichten Winden in Bewegung gehaltene Luft trägt mir Düfte von gesalzenen Pinienkernen entgegen. Ein Spalier aus Bäumen, ab und an von einem Dörfchen unterbrochen, um das herum morgendliche Jogger ihre Runden drehen, spendet mir Schatten. Die Touristen ballen sich an den Stränden, während das Hinterland der *Landes* wohltuend entspannt bleibt.

Erst als ich, mit einem Tag Verspätung, in Biscarrosse einfahre, ändert sich die Stimmung. Die Stadt ist vollständig auf die Bedürfnisse von Urlaubern ausgerichtet. Alles Leben konzentriert sich auf den kleinen Abschnitt, der unmittelbar an den Strand anschließt. Hier zieht man ständig neue Hotelanlagen und Ferienhäuser hoch, es wimmelt von Bars, Kiosken und Souvenirläden, die alle das Standardprogramm bieten: klebrige Waffeln und Zuckerwatte, überteuerte Eisgetränke und mit Milch gestreckten Filterkaffee, dies alles umrahmt von weichgespülter Achtzigerjahremusik und blinkenden Werbetafeln, die behaupten, dass man Deutsch spreche.

Natürlich weiß ich, dass ich zwei Querstraßen weiter gutes Essen für zwei Drittel des Preises bekäme, und natürlich reihe ich mich trotzdem in eine strandnahe Schlange ein, um einen unverschämt teuren Zuckerteig mit schlechtem Kaffee hinunterzuspülen. Für einen Moment werde ich eins mit den jungen Männern um mich herum, die sich allesamt als Wellenreiter ausgeben und versuchen, die jungen Damen in Plateauschuhen aus Kork und den angesagten, weiten Hosen zu beeindrucken, indem sie einen Hüftschwung in ihren Gang einbauen und möglichst oft Wörter wie »cool« und »yeah« in ihre Sätze streuen. Schnell jedoch wird mir klar, wie wenig ich in diese gestengetränkte Welt passe. Seit zweieinhalb Wochen trage ich einen Bart zur Schau, den ich als verwegen und meines Postradabenteuers würdig bezeichne, der jedoch insbesondere von den Vertreterinnen des schönen Geschlechts äußerst zurückhaltend bewertet wird. Auf meinem Kopf thront ein zerbeulter Hut, direkt darunter geht mein Sonnenbrand langsam von einem grellbunten Abendfeuerwerk in ein sattes Rostrot über. Auf den Oberarmen schält sich die Haut. Noch immer trage ich die kurze Hose, die ich am Abreisetag angezogen habe. Das einzige Accessoire, das mich als Vertreter einer angesagten, konsumgeilen Jugend kennzeichnen könnte, ist eine extradunkle Sonnenbrille, die ich in Bordeaux gekauft habe.

Bald verlasse ich die kunterbunte Warenwelt am Strand und schiebe mein verstaubtes Gefährt durch die Gassen der Stadt, bis ich unvermittelt vor einem herausgeputzten Vier-Sterne-Campingplatz stehe, der wie geschaffen für einen verschwitzten Zeltbesitzer wie mich wäre – wenn er denn geöffnet hätte. Noch jedoch deutet lediglich ein in der Sonne blinkendes Schild am Eingang, das um Sommeraushilfen wirbt, darauf hin, dass sich in wenigen Wochen auf dem dahinter liegenden Areal Scharen von Rucksack- und Wohnmobiltouristen um die besten Plätze streiten werden. Derzeit bereitet sich ganz Biscarrosse auf die alljährliche Rückkehr zahlungswilliger Hedonisten vor: Eifrig poliert man Fensterscheiben auf Hochglanz, stellt Strandzubehör und Tauchanzüge in Schaufenstern aus und versucht, mit Surfbrettern, Patisserien und einer verwirrend großen Eisauswahl Besucher anzulocken.

Da ich einer Dusche nicht abgeneigt bin, ignoriere ich das Schild mit der Aufschrift »geschlossen« vor dem Campingplatz und lenke mein ungewöhnliches Gefährt an der unbesetzten Rezeption vorbei auf ein langgezogenes Gebäude zu. Kurz bevor ich es erreiche, stürzt eine ältere Dame heraus und winkt mir abwehrend entgegen. Ich werfe mich in Pose und krame mein bestes Französisch zusammen.

Häufig mache ich in Frankreich die Erfahrung, dass es für Gäste mit Exotenbonus, die eine gute Geschichte im Gepäck haben, immer eine Ausnahme von der Regel gibt. Und dass der jeweilige Gesprächspartner genügend Neugier und Cleverness aufbringt, um nach anfänglichem Zögern gemeinsam mit dem Eindringling nach einem solchen Hintertürchen zu suchen. Bei Männern funktioniert diese Strategie nur, wenn ich sie durch die Art meiner Reise beeindrucken kann oder mit einer bestimmten Aussage ihren Sinn für Humor treffe. Stehe ich hingegen einer älteren Frau gegenüber, steigen meine Chancen erfahrungsgemäß exponentiell. In der Regel hat sie Sinn für Manieren und für eine gewitzte Konversation; außerdem werfe ich meinen Potenzieller-Schwiegersohn-Charme ohne Hemmungen in die Waagschale. Anders ausgedrückt hat mein Gegenüber meist ein großes Herz angesichts des naiven Draufgängers, der wieder einmal auf Hilfe angewiesen ist.

So habe ich mit sechzehn im bretonischen Hinterland eine Busfahrerin zehn Minuten lang von der Weiterfahrt abgehalten, während mein Freund im nächstgelegenen Postamt das Geld abhob, das wir für die Fahrt benötigten. Und während eines Ausflugs unserer Schulklasse habe ich einem Fernfahrer auf einem auvergnatischen Rastplatz so lange zugeredet, bis er eine entscheidende Schraube aus seinem Lastwagen aus- und in unseren Reisebus wieder einbaute. In der Regel ist bereits das Selbstvertrauen, in einer fremden Sprache einfach loszuplappern, der erste Schritt auf dem Weg zu einem gewünschten Ergebnis. Diese Erfahrung im Rücken, halte ich der herbeistürzenden Dame mein bestes Unschuldsgesicht entgegen und lächle sie freundlich an.

»Hier dürfen Sie doch nicht rein!«, ruft sie verzweifelt und fuchtelt mit den Armen vor meinem Gesicht herum. Während wir gemeinsam zum Ausgang gehen, verstricken wir uns in eine Diskussion über deutsche und französische Hauptgerichte. Dreimal werfe ich ein, dass auf meiner bisherigen Reise alles gut gelaufen sei, bis auf heute Abend eben, da mir ein derart gepflegter Campingplatz, der ohnehin in wenigen Tagen öffne, verschlossen bleibe. Dabei hätte ich mir doch bereits ein gutes Lokal schräg gegenüber ausgesucht, aber so ungeduscht könne ich mich dort ja nicht blicken lassen, da hülfe mir alle Kenntnis französischer Hauptspeisen nichts. Als ich Anstalten mache, mich zu verabschieden, blickt sie mir prüfend ins Gesicht. *Ben*, sagt sie dann und zieht den Nasal wie Kaugummi in die Länge. *Beeen*, wenn ich am nächsten Morgen in aller Frühe hinausschliche, würde vielleicht niemand von meiner Übernachtung erfahren.

Ich verspreche, noch vor Sonnenaufgang auf und davon zu sein, was ohnehin mein Plan ist. Dann bemerke ich taktvoll, dass meine Gesprächspartnerin leider vergessen habe, die Tür zu den Duschräumen abzuschließen. Sie versteht sofort, meint, das könne eben passieren, sie müsse jedoch zur Sicherheit später nochmals eine Runde drehen und diesen Fehler korrigieren, sagen wir in einer Stunde. Das genügt mir. Als ich sie abschließend frage, was eine Übernachtung unter normalen Umständen kostet, winkt sie ab, wünscht mir eine gute Weiterfahrt und braust schließlich auf einem knatternden Moped davon.

Hochzufrieden suche ich eine knappe Stunde später das gegenüberliegende Restaurant auf und denke über das Gespräch nach, das so typisch französisch gewesen ist. Ganz im Gegensatz zu vielen von uns finden unsere westlichen Nachbarn das Spiel mit Handlungsoptionen nämlich zumeist weitaus spannender als ein Festklammern an starren Vorgaben. Ein ausgeprägter Spieltrieb bildet den Grund des französischen Wesens. Ihr Gegenüber möchte erfahren, wie Sie es anstellen, am Ende doch noch zu bekommen, was Sie sich wünschen. Der Schlüssel hierfür ist in Frankreich für gewöhnlich eine gelungene, mit Ironie und Witz gespickte Konversation, die eben nicht stattfindet, um sich in der eigenen Eitelkeit zu sonnen, was viele Deutsche den Franzosen gern unterstellen, sondern um zu zeigen, dass man auf derselben Wellenlänge ist. Bei aller Unzulänglichkeit sieht man das Leben als ein spannendes, gemeinsames und sich permanent veränderndes Spiel.

Vielleicht fühle ich mich darum unter Franzosen so wohl. Es ist weniger das gute Essen, die melodiöse Sprache, das hohe Bildungsniveau und der erfrischende Eigensinn – obwohl diese Faktoren ihr Quäntchen dazu beitragen – als der Stellenwert des Menschlichen.

Im vorliegenden Fall hat sich die Angestellte eines Campingplatzes auf einen kleinen Regelverstoß eingelassen – und das keineswegs nur, um mir in einer misslichen Lage zu helfen. Die Suche nach einer für beide Seiten guten Lösung hat sich interessant gestaltet, und selbst das Risiko, erwischt zu werden, hat zur Steigerung der Spannung und des Wohlbefindens beigetragen.

Vielleicht erinnern sich viele Franzosen einfach besser als andere an das Kind, das sie einst waren. Viele tragen ihr inneres Kind noch immer mit sich. Die ausgeprägte Vorliebe für politisches Kabarett und die Späße der Clowns, westlich des Rheins »Kluun« genannt, spricht ebenso dafür wie die Armada an Spielshows im Fernsehen, bei denen Kandidaten auf Schatzsuche gehen, über rotierende Schaumgummirollen springen und anhand heruntergerasselter Erklärungskaskaden möglichst rasch den jeweils richtigen Begriff finden sollen. In den FNAC-Filialen amüsieren sich anzugtragende Geschäftsleute mitunter köstlich über die neuesten Abenteuer von Tim und Struppi. Bei all diesen Amüsements, bei jeder Karriereplanung, beim abendlichen Plausch in der Dorfbar, bei Verkaufsgesprächen und bei der Diskussion mit einem deutschen Postradfahrer vor einem eigentlich geschlossenen Campingplatz nimmt das in unendlichen Varianten einsetzbare, das mannigfaltigste und wandlungsfähigste Spiel von allen die größte Rolle ein: die französische Sprache.

Das Meer, der Tag, das Leben:
Was die Häufigkeit von Wörtern über Völker sagt

Ein absolut logischer Aufbau als Fundament für kreative Wortneuschöpfungen und das Zusammenwirken weicher, voller Konsonanten mit libidinös im Raum schwingenden Nasalen … verwirrende Verbformen, keine Grammatikregel ohne Ausnahme und eine Sprache, bei der nichts, aber auch gar nichts so ausgesprochen wird, wie man es schreibt … am Französischen scheiden sich seit jeher die Geister. Doch selbst eïngefleischte Frankreichhasser, die in diesem Land die letzte Bastion der alten Welt gegen die alles überströmende US-amerikanische Lässigkeit vermuten, müssen, sobald sie des Französischen ein wenig mächtig sind, anerkennen, dass die Franzosen die hohe Wertschätzung ihrer Sprache charmant und einprägsam ausdrücken. Kaum eine öffentliche Rede, eine Werbebotschaft, ja kaum ein Gespräch kommt ohne Wortspiele und Doppeldeutigkeiten aus. Dabei verschafft sich der Hang zu subtilem Humor und einer verschmitzten Pfiffigkeit nicht selten aus kleinstem Anlass heraus Gehör. Man tut gut daran, in einer Sprache, in der der Unterschied zwischen *se biser*, »sich begrüßen« und *se baiser*, »einander vögeln«, lediglich aus einem Buchstaben besteht, auf linguistische Nuancen zu achten. Die Sprache ist dabei mehr als ein Selbstzweck, viel mehr. Sie verweist darauf, dass ihr Anwender verstanden hat, dass es gerade unsere kleinen Schwächen sind, die uns sympathisch machen. Diese wiederum sind unerschöpfliches Gesprächsthema, nie endende Muse, permanente Inspiration – und willkommener Aufhänger für ein mit Esprit und Verve geführtes Zwiegespräch, das man am liebsten zeitgleich mit einem opulenten Abendessen führt.

Eloquenz und Darstellungskunst lernen Franzosen von klein auf, genau wie Deutsche von Anfang an damit konfrontiert werden, dass ihre Sprache anscheinend nicht viel wert ist, da sich alle lieber in einem quakenden Rumpfenglisch unterhalten. In Frankreich entwickeln hingegen selbst manche Bettler in der Pariser Metro logisch aufgebaute Gedankenketten und erzählen Geschichten über drei, vier Haltestellen hinweg. Die Konversation ist ein spielerischer Versuch, den Anderen zu überzeugen – in etwa so, wie sich Jungtiere balgen, um die Rangfolge festzulegen.

Vergleicht man die feinsinnige Geistesgegenwart und das Fingerspitzengefühl, mit denen Franzosen das Pingpongspiel origineller Fragen und unterhaltsamer Antworten angehen, mit einer beliebigen Rede von, sagen wir, Helmut Kohl – brabbelnd, breitmäulig und so schlicht, dass er immer ein klein wenig angetrunken scheint – oder mit dem, was deutsche Großverdiener in Pseudoenglisch von sich geben, wird klar, warum sich unsere westlichen Nachbarn mit Grausen von Werbesprüchen abwenden würden, die bei uns als massentauglich gelten. Ein »Hätt er Teilzeit könnt er länger«, das Assoziationen auf Pubertätsniveau mit Gewitztheit verwechselt, hätte in Frankreich wenig Chance auf Erfolg; »Snacken mit Ecken« mit der bereitwilligen Auslieferung der eigenen Sprache ans Amerikanische würde erst gar nicht verstanden; die durch sinnfreie Wortaneinanderreihungen wie »Mehr Touch, mehr Screen« vorgespiegelte Modernität, die eine vollständige Abwesenheit von Substanz kaschiert, würde Kopfschütteln ernten; und Massenverdummungsstrategien im Stil von »Nur sichererer ist sicherer« fielen nicht auf fruchtbaren Boden.

Beim Umgang mit Sprache und Kultur zeigt sich zwischen Deutschland und Frankreich ein Gegensatz, der nahelegt, wie viel wir voneinander lernen könnten. Während man sich im Hexagon elitebewusst zuweilen ein wenig aufplustert, indem man beispielsweise in einem Nebensatz erwähnt, dass einem Gustave Flauberts Madame Bovary bei dieser oder jener Entscheidungsfindung geholfen habe, macht man sich hierzulande künstlich klein und biedert sich einem Durchschnittsbürger an, dessen geistige Fähigkeiten man kurz oberhalb jener eines Schimpansen verortet. In Frankreich ist der schlimmste Verdacht, dem sich eine öffentliche Person aussetzen kann, dass ihr die bildungsbeflissene Verschmitztheit fehlt, die sie erst französisch macht und den Weg zu Höherem öffnet. In Deutschland schadet man jemandem hingegen am meisten, wenn man es schafft, ihn als abgehoben darzustellen, oder, noch schlimmer, als intellektuell.

Das wirft interessante Fragen auf. Beispielsweise, ob ein fleißiger Arbeiter, der das Herz am rechten Fleck hat, sich jedoch nicht besonders gut auszudrücken vermag, in Frankreich je eine Führungsposition erreichen kann. Oder, andererseits, wie glaubwürdig es eigentlich ist, wenn ein deutscher Spitzenpolitiker, der das Dreißigfache eines Fließbandarbeiters verdient und sich von einem Auftritt zum nächsten fahren lässt, behauptet, dessen Sorgen zu kennen.

Loi relative à l'emploi de la langue française, »Gesetz bezüglich des Gebrauchs der französischen Sprache«, nennt sich das Ungetüm, das die französische Sprache vor fremdsprachlichen Einflüssen schützt. Seit bald vierhundert Jahren widmet sich die altehrwürdige Académie française der hehrsten Aufgabe, die der französische Staat zu vergeben hat: der »Vereinheitlichung und Pflege der französischen Sprache«.

Setzt sich hingegen ein deutscher Minister dafür ein, einige substanzlose Anglizismen zu streichen, wird unter Garantie gefragt, ob er denn nichts Besseres zu tun habe. Hat er nicht. Wer die eigene Sprache gering schätzt, entledigt sich ohne Not einer spannenden Spielmöglichkeit und beschädigt die Basis seines Denkens. Die Franzosen haben das verstanden und warten darum mit einem für Deutsche ungewohnten Phänomen auf: Die meisten Einwohner Frankreichs beherrschen ihre Sprache grammatikalisch korrekt.

Dass sich in Frankreich ein Büchlein mit dem Titel *La grammaire est une chanson douce*, »Die Grammatik ist ein zartes Lied«, im Jahr 2001 von Erik Orsenna veröffentlicht, gleich nach Erscheinen eine halbe Million Mal verkauft, ist letzten Endes, wie so vieles in diesem Land, auf die Revolution von 1789 zurückzuführen. Seit jenem Ereignis ist die gemeinsame Sprache das wichtigste Symbol der *nation une et indivisible*, der »einen und ungeteilten Nation«. Übersehen wird bei allem Pathos gern, wie sehr das Französische im Lauf der Zeit allen konservierenden Bemühungen zum Trotz von fremden Sprachen beeinflusst worden ist. Nicht nur das Englische hat der Sprache seinen Stempel aufgedrückt, mit Worten wie *le poster* und *le week-end*. Auch die Franken, die das Land im fünften Jahrhundert eroberten, haben Wörter hinterlassen, die deutschen Ohren bekannt vorkommen: *la halle* und *la salle* sind Beispiele.

Andererseits hat sich das Französische weit über die Landesgrenzen hinaus ausgebreitet. Insbesondere zur Zeit der Kolonialkriege hatte es sich europaweit als Sprache des Adels und der Intelligenzija etabliert. Worte wie Kavalier, Manieren und Etikette zeugen bis heute davon. Das verleiht der französischen Sprache den Ruf des Elitären, der durch gewisse Dreistigkeiten wie jener untermauert wird, dass ganze Buchstabengruppen zwar geschrieben, nicht aber ausgesprochen werden. Das Wort *haut*, »hoch«, wird beispielsweise im Mündlichen schlicht zu »o«.

Aber, Hand auf Herz: Wer verzeiht dies den Franzosen nicht, wenn er erfährt, dass einer Umfrage aus dem Jahr 2000 zufolge *la mer* (das Meer), *le jour* (der Tag) und *la vie* (das Leben) zu den zehn häufigsten Substantiven dieser Sprache gehören?

Und im Deutschen? Welchen Wörtern geben wir die Ehre? Man ahnt es: Auf Platz eins hat es in derselben Umfrage das Wort »Prozent« geschafft, dicht gefolgt von der »Mark«; auf dem fünften Platz steht die »Million«.

Besser kann man den Unterschied der Denkweisen diesseits und jenseits des Rheins nicht auf den Punkt bringen.

»*Monsieur, this is a military area!*«

Vielleicht wirken viele Bewohner Frankreichs wegen ihres Spieltriebs und aufgrund ihres feinsinnigen Umgangs mit der Sprache auf eine diffuse Art verträumt – in etwa so, als dächten sie die ganze Zeit darüber nach, wie zu leben wäre, anstatt einfach zu leben. In zahlreichen französischen Filmen kommt diese Eigenschaft besonders gut zum Ausdruck. Vielleicht färbt sie auf Gäste ab, wenn sich diese länger als zwei Wochen im Land aufhalten. Nach dem ungewollten Besuch des Nudistencamps sollte ich bald einen weiteren Beweis für diese These liefern.

Ein bisschen verwundert bin ich schon, als ich, kurz nachdem ich den Campingplatz von Biscarrosse verlassen habe, einen Kreisverkehr passiere, in dessen Mitte eine acht Meter hohe Rakete steht. Andererseits begegne ich der französischen Marotte, die eigene Militärmacht wie eine Monstranz vor sich herzutragen, nicht zum ersten Mal. Also lasse ich das ungewöhnliche Monument schulterzuckend hinter mir und biege in eine kerzengerade Straße ein, die sich zwischen einer Düne und einem Grünstreifen zum Horizont zieht. Auf diesem in den Boden gegossenen Lineal, bar jeglicher Ablenkungen, komme ich rasch ins Grübeln und gleite dabei an der Zeit entlang zurück, ich rutsche tief hinein in die Geschichte dieser Region.

Knapp fünfhundert Jahre bevor ein abenteuerlustiger Deutscher sich aufgemacht hat, Frankreich auf einem Postrad zu umrunden, legte in der Gegend, die ich gerade durchfahre, ein erfolgreicher Politiker, zuletzt Bürgermeister von Bordeaux, alle Ämter nieder, zog sich in ein Schloss im Périgord zurück und begann, wie besessen zu schreiben. Zehn Jahre später, im Jahr 1580, erschienen die ersten beiden Bände der *Essais*, mit denen Michel de Montaigne ein neues literarisches Genre schaffen sollte.

Ein weiterer Gascognier ist noch berühmter geworden als der Essayist Montaigne. Seine Geschichte wird in ganz Europa erzählt und ist mehrfach verfilmt worden. Wie kaum eine andere bietet sie einen Nährboden für Romane und Heldenfilme. Zu Beginn des siebzehnten Jahrhunderts bekommt die Adlige Françoise de Montesquiou auf Schloss Castelmore einen Sohn. Bald reist dieser nach Paris, um, wie zuvor sein Vater, als Soldat zu dienen. Nachdem er im Feldzug gegen die Flandern sein Können bewiesen hat, wird er 1644 in die Pariser Elitetruppe der Musketiere aufgenommen. Ob er dort wirklich auf Athos, Porthos und Aramis gestoßen ist,

ist nicht überliefert, wohl aber, dass Charles de Batz de Castelmore, Comte d'Artagnan, unter Ludwig XIV. eine glänzende Militärkarriere gemacht hat. Zwei Jahre nach seiner Aufnahme als Elitesoldat in die Garde der Musketiere dient er als Geheimagent unter Kardinal Mazarin, ein Jahrzehnt später steht er an der Spitze der Garde. 1660 eskortiert er König Ludwig XIV. zur Eheschließung mit Maria Theresia von Spanien nach Saint-Jean-de-Luz. Da er sich dadurch das königliche Vertrauen erwirbt, erfüllt er bald Geheimmissionen wie die überraschende Festnahme des Oberintendanten der Finanzen, dessen Spendierfreude – auf einem Fest ließ er jedem Eingeladenen ein Pferd schenken – nahelegte, dass er Steuergelder veruntreute. D'Artagnan überführt ihn in die Bastille und anschließend in die Festung von Pignerol. Einige Jahre später, nachdem ihm 1673 bei der erfolgreichen Rückeroberung der Lunette-Bastion in der Nähe von Maastricht eine von den Holländern abgefeuerte Musketenkugel in die Kehle gefahren ist, wird das ereignisreiche Leben des Gascogniers zum Stoff zweier Heldengeschichten. Gatien de Courtilz de Sandras veröffentlicht im Jahr 1700 den heute nahezu vergessenen Roman *Les mémoires de M. d'Artagnan* und stützt sich dabei vor allem auf Erzählungen, die er selbst als ehemaliger Soldat bei den Musketieren gehört hat. Alexandre Dumas nutzte das Leben d'Artagnans hingegen als Grundlage für seine weitgehend fiktive, weltweit bekannt gewordene Romantrilogie »Die drei Musketiere«, »Zwanzig Jahre später« und »Der Mann in der eisernen Maske«.

Hier also ist es gewesen, denke ich französisch-verträumt, als ich der Straße folge, rechts die Düne, links der Grünstreifen, hier hat der tapfere Musketier d'Artagnan König Ludwig XIV. wohlbehalten durch die *Landes* geführt, jene heute waldreiche Region, die sich so reizvoll mit goldgelben Sandstränden zum Atlantik hin absenkt, dass es nicht verwundert, dass der Tourismus die Forstwirtschaft als ihre Haupteinnahmequelle abgelöst hat.

Wie mag es zugegangen sein damals, als d'Artagnan den königlichen Trupp durch diese Gegend zwischen Arcachon und dem Baskenland führte?

Haben sie auf der Hut sein müssen vor lokalen Fürsten, Neidern mit großem Einfluss? Haben ihnen Räuberbanden am Wegrand aufgelauert? Und haben sie diese Feinde mit der ihnen eigenen Mischung aus Anstand und Konsequenz bekämpft, im Namen des Königs, einer für alle und alle für einen? Fast kann ich den Kampflärm von damals hören, als Schwert auf Schwert krachte und Kanonendonner die Luft erfüllte.

Rata ratata ratatataaa – ich höre tatsächlich Gefechtsdonner! Maschinengewehrsalven nähern sich, ehe ein ohrenbetäubendes »Ka-Wumm« die Luft zerreißt. Aus dem Grünstreifen zu meiner Linken steigt Rauch auf. Ich schrecke aus meinen Tagträumen auf, blicke um mich wie eine gejagte Gazelle und überlege im ersten Moment, ob ich mich auf den Boden werfen und mein noch immer halbwegs weißes T-Shirt als Fahnenersatz schwenken soll, doch soweit kommt es erst gar nicht. Als hätte auch mein Postrad Angst vor dem Kriegsgetöse, höre ich unter mir einen leisen Knall, dann schleifen die losen Enden der Fahrradkette über den Boden. Bis dahin habe ich nicht gewusst, dass auch Fahrräder alle Viere von sich strecken können.

Meine Beine stoßen auf keinen Widerstand mehr, als sie die Pedale in die Kreisbewegung zwingen. Von der Grünfläche, über der noch immer Rauch schwebt, erhebt sich der Umriss eines tarnfarbenen Pickups, der auf mich zurast. Zwei Soldaten mit Maschinengewehren stehen auf seiner Ladefläche. Ich hoffe inständig, dass die Gascognier auch dreihundert Jahre nach dem Wirken ihres berühmtesten Landsmannes ihre Gegner mit Respekt und adlig anmutender Höflichkeit behandeln – auch wenn es sich in meinem Fall lediglich um einen Rad fahrenden Teutonen handelt.

Ich lasse mein beschleunigungsunwilliges Postrad ausrollen und steige langsam ab, was im schönen Gegensatz zu den hektischen Gesten der Soldaten steht, mit denen sie in meine Richtung winken, ehe sich der Pickup mit quietschenden Reifen quer vor mich auf die Straße stellt. Die beiden Tarnfarbenen springen von der Ladefläche. Der erste hechtet mir entgegen, der zweite nestelt im Hintergrund an seinem Gewehr herum.

»*Monsieur, this is a military area!*«, rufen mir die beiden zeitversetzt entgegen, was angesichts ihres Akzents so drollig wirkt, dass ich trotz der ungewohnten Situation lächeln muss. Doch da ist der erste Soldat auch schon bei mir angelangt und schaut mich an wie ein Oberarzt das Geschwür, das er aus dem Magen eines Patienten zu entfernen trachtet. Also packe ich, wie zuvor in Biscarrosse, mein bestes Französisch aus, schildere den Tathergang und entschuldige mich für meine gedanklichen Ausflüge, die dafür gesorgt haben, dass ich das Militärareal nicht als solches erkannt habe.

Nachdem der zweite Soldat »zu Prüfungszwecken« mit meinem Pass verschwunden ist, entspannt sich mein Gesprächspartner allmählich. Er bietet mir eine Flasche Wasser an und bekennt schließlich, dass er seit längerem eine Reise wie die meinige plane, per Motorrad wolle er Südfrankreich erkunden. Es sei kaum zu glauben, wie viele Zivilisten sich jeden Tag in diesem Sperrbezirk verirrten, vertraut er mir an, und als er »Zivilisten« sagt, klingt es, als spräche er von einer Krankheit. Die meisten kämen vom nahe gelegenen Strand. Das sei gefährlich, weil die französische Armee hier mit scharfer Munition für den Ernstfall probe. Hätte man ihn gefragt, so hätte er das vierzig Kilometer lange Areal ja in einem unwirtlichen normannischen Landstrich errichtet statt im touristischen Südwesten, doch die Regierung wolle das Beste für die Soldaten und beharre darauf, dass ihnen die Verlockungen der Atlantikküste zustünden.

Richtig redselig wird er und ist in seinem Redefluss auch nicht zu bremsen, als sein Kamerad zurückkommt, mir den Pass zurückgibt und mich eine zweiseitige Erklärung unterschreiben lässt, durch die ich bestätige, dass ich ohne Spionageabsicht in dieses Gebiet eingedrungen bin. Er redet selbst dann noch, als die beiden mich und mein Postrad auf der Ladefläche des Pickups unterbringen und den gesamten Weg zurück nach Biscarrosse fahren, wo wir uns vor einem Fahrradladen verabschieden.

Dort erwerbe ich, nun vorsichtig geworden, einen Ersatzschlauch und mache mich daran, die Kette zu reparieren. Da ich schon dabei bin, öle ich sie ausgiebig, pumpe die Reifen auf, kontrolliere die Gangschaltung und ziehe die Schrauben des Lenkers nach. In Zukunft würde mein Postrad besser auf die Unwägbarkeiten der Reise vorbereitet sein und nicht bei jeder kleinen Handgranatenexplosion vor Schreck die Kette fallen lassen.

Dies ist wirklich ein schöner Campingplatz, wie schade, dass er offiziell geschlossen ist, werfe ich der Angestellten entgegen, die ich einmal mehr in der gepflegten Grünanlage antreffe. Als ich erzähle, wie ich den heutigen Tag verbracht und sie zudem zu einer üppig belegten Pizza eingeladen habe, gestattet sie mir eine weitere Übernachtung. Zugleich empfiehlt sie mir, für morgen doch besser eine Strecke zu planen, die nicht direkt durch das größte Militärgebiet Südfrankreichs führt.

Es ist nicht leicht, Biscarrosse zu erreichen, denke ich, kurz bevor ich einschlafe. Aber noch schwieriger ist es offensichtlich, von dieser Stadt wegzukommen.

Rot, weiß, grün: Willkommen in Euskal Herria

Als Ausgleich zur gestrigen Etappe von genau null Kilometern komme ich nunmehr flott voran. Trotz eines Umwegs von sechzig Kilometern, der mich um das Militärgebiet herum und weit aus dem Gültigkeitsbereich meiner Landkarte bringt, lege ich heute eine größere Wegstrecke zurück als ursprünglich geplant. Anstandslos greifen die Zahnräder der Radkassette in die frisch geölte Kette. Das Sirren der voll aufgepumpten Reifen erzeugt die Illusion, knapp über dem Asphalt zu schweben. Der gelbe Blitz unter mir frisst Waldboden in sich hinein und wirft zuweilen mit Stöcken und Steinen nach den Bäumen, die seinen Weg flankieren. Wie ein Popsternchen im Blitzlichtgewitter rase ich von Licht zu Schatten und zu neuem Licht, das zwischen den Baumstämmen zu meiner Rechten hindurchblitzt.

»Sur te llama«, »der Süden ruft dich«, gebe ich lautstark zum Besten und improvisiere die dazu gehörenden Trommeln von Manu Chao, indem ich den Lenker meines Edelgefährts malträtiere. Südwärts, südwärts geht die wilde Hatz! Gewagt schneide ich Kurven, biege aufs Geratewohl in neue Radwege ein und merke gar nicht, wie rasch ich vorwärtskomme – bis ich unvermittelt ein Schild mit der Aufschrift *Baiona / Bayonne* passiere.

Ich krampfe meine Hände um die Bremsen, schlittere über den Boden, steige ab und laufe zurück, um mich zu vergewissern, dass ich richtig gelesen habe. Mit dem Umweg um das Militärareal herum sind es von Biscarrosse nach Bayonne etwa einhundertvierzig Kilometer, die ich wie in einem Rausch ohne anzuhalten südwärts gefahren bin.

»Euskal Herria«, Baskenland, leuchtet mir von Schildern, über Hauseingängen und in Form von Graffiti entgegen. Von hier bis zum spanischen Ebro und weit hinein in die Pyrenäen erstreckt sich das Gebiet der knapp drei Millionen »Euskaldunak«, wie sich die Basken nennen. Als ich die kopfsteingepflasterten Gassen der Altstadt von Bayonne entlangholpere, an Hausfassaden vorbei, die so lang sind wie die Straßen vor ihnen, wirbelt und flattert überall die baskische Flagge, die Ikurriña, mit dem grünen Andreaskreuz, an dem der Apostel dereinst gestorben sein soll, und dem weißen Kreuz auf rotem Hintergrund. Rot für die Leidenschaft und Opferbereitschaft des baskischen Volkes, weiß für die christlichen Werte und grün für die Eichenwälder des Landes, ganz besonders für jenen einen heiligen Baum, die Eiche von Gernika, unter dem vom Mittelalter bis 1876 die Ältestenräte aus dem ganzen Land zusammenkamen, um Entscheidungen zu treffen – eine frühe Form der direkten Demokratie. Unter ebendieser heiligen Eiche von Gernika, die durch Neupflanzung aus den Früchten desselben Baumes weiterlebt, falls jener sterben sollte, haben die spanischen Könige geschworen, die besonderen Autonomiegesetze der Biskaya zu achten und zu wahren. Der rebellische Freiheitsdrang und die Beharrlichkeit der Basken sind es gewesen, die im spanischen Bürgerkrieg zu der Entscheidung führten, das symbolträchtige baskische Städtchen durch die deutsche Legion Condor in Schutt und Asche legen zu lassen. Eduardo Vallejo, der frühere Bürgermeister von Gernika, hat das, mit Verweis auf Pablo Picassos gleichnamiges Meisterwerk, auf den Punkt gebracht: »Gernika wurde nicht berühmt, weil es bombardiert wurde. Gernika wurde bombardiert, weil es berühmt war.«

Seit jener Zeit ist viel Wasser die Flüsse Adour und Nive hinabgeflossen, an deren Zusammenfluss Bayonne so gekonnt angelegt worden ist, dass bereits dadurch sein Name gerechtfertigt ist. Er bedeutet übersetzt so viel wie »Guter Hafen«. Die einst so kriegslüsterne Stadt, Hochburg der Waffenproduktion, nach der die auf einem Gewehrschaft angebrachte Stoßwaffe »Bajonett« benannt worden ist, kämpft inzwischen, gemeinsam mit ihrem südlichen Nachbarn Biarritz, höchstens noch gegen die Hinterlassenschaften vergnügungssüchtiger Freizeitsportler, die alljährlich während der Sommermonate einfallen, um sich auf Brettern, die ihnen die Welt bedeuten, in die Wellen des Atlantiks zu werfen. Spätestens Anfang August wird es eng in Bayonne. Dann strömen über eine Million Gäste hierher, die sich weniger für den bekannten Schinken interessieren als für die diversen Spirituosen, »Izarra« genannt, die sie brauchen, um während der *Fêtes de Bayonne* den Stieren zu trotzen, die man während des Volksfestes durch die Stadt treibt.

Hier, im Hinterland des Städteduos Bayonne-Biarritz, verlasse ich die östliche Flanke des Atlantiks, die meine Reise in den ersten zehn Tagen so angenehm begleitet hat. Zum ersten Mal seit meinem Aufbruch habe ich den Ozean im Rücken, als ich den Nordrand der Pyrenäen entlang ins Landesinnere fahre, der Pilgerstadt Lourdes und dem rosafarbenen Toulouse entgegen.

KAPITEL 2

Von Bayonne nach Marseille

Baskische Feste, die Pilgerstadt Lourdes und eine langgezogene Oase

Die zurückliegenden anderthalb Wochen kamen einer Aufwärmübung für das gleich, was jetzt vor mir liegt. Ich verabschiede mich von den Schatten spendenden Pinien, der feinen Meeresbrise, den Rad- und Wanderwegen. Von hier an legt mir die Strecke täglich eine Kette aus Anstiegen in den Weg. An jedem von ihnen bleibe ich kleben, als habe sich der Boden in zähflüssiges Quecksilber verwandelt, obwohl ich mit Nachdruck in die Pedale steige. Mein Wasserverbrauch steigt auf sieben Liter pro Tag. Alle anderthalb Stunden verteile ich Sonnencreme auf Gesicht, Hals und Schultern. Das ärmellose T-Shirt haftet wie eine zweite Haut am Körper.

Georges und die feierwütige Dorfjugend

Die Sonne presst mich aus wie eine reife Orange, als ich mich an der vierten Anhöhe seit Bayonne abmühe, hinter der ich bereits den fünften, ungleich höheren Hügel erkenne. Umso erstaunter bin ich, als ich in der Senke unvermittelt auf einen Haufen auf- und abspringender Menschen treffe. Drei von ihnen schlagen weit ausholend auf gigantische Trommeln ein, die sie um die Hüfte gebunden haben, daraufhin setzt sich die Horde in Bewegung. Weiß gekleidete Männer mit roten Halstüchern beginnen die Ikurriña, die baskische Flagge, zu schwenken. Leintuchgroß flattern die Fahnen über den Köpfen ihrer Träger. Scheppernd setzen Posaunen ein. Männer, Frauen, Kinder laufen ungeordnet durcheinander, dazwischen huschen Hunde in entstehende Lücken. Alle paar Minuten ruft einer aus der Menge eine Parole, die ich nicht verstehe. Nach und nach wird sie von den Umstehenden aufgegriffen und weitergereicht, breitet sich konzentrisch um den Rufer herum aus wie die Wellen, die ein Stein verursacht, den man in eine Pfütze wirft, bis sie schließlich wie aus einem Mund über den Feiernden erschallt.

So singen, schreien, tanzen alle aus Leibeskräften – alle bis auf einen sonnenverbrannten Postradfahrer, der nur zuweilen, Referenz an die ausgelassene Stimmung, einen Arm emporreckt und alle naselang einen Hopser einlegt, eher um einem besonders euphorischen Fahnenschwinger auszuweichen, als um im Takt zu bleiben. Was für sich genommen bereits eine Leistung ist, wenn man ein vierzig Kilogramm schweres Gefährt den Berg hinaufschiebt. Gerade frage ich mich, ob ich an einem Sommerfest teilnehme oder unbewusst für die Loslösung des Baskenlands von Frankreich demonstriere, als das Geschehen eine Wendung nimmt. Sie kommt in Form eines weißhaarigen, spindeldürren Männchens, das wie ein Wurfgeschoss von einem Tross tanzender, junger Männer zur Seite geschleudert wird und mit voller Wucht in meine linke Flanke prallt.

»*Aïe, faut faire gaffe, putain!*«, schreit er den feierwütigen Jugendlichen hinterher, was an dieser Stelle unübersetzt bleiben soll, mir jedoch augenblicklich klar macht, dass ich mit meinem Französisch bei ihm weiterkomme.

»Versuchen Sie erst mal, ein Postrad hier hindurchzuschieben«, merke ich an, als wir unsere Seiten massieren, er seine rechte, ich meine linke.

»Mit einem Auto kämen Sie hier auch nicht schneller voran, junger Mann. Ich bin Georges, zum siebenundsechzigsten Mal beim Dorffest dabei.« Georges streckt mir eine schmale Hand mit langen Fingern, die schon fast weiblich wirken, entgegen.

»*Enchanté*, ich heiße Thomas, und wie du unschwer errätst, ist das heute meine Dorffest-Premiere. Was feiert ihr eigentlich?«

»Keine Ahnung, Thomas«, sagt er reflexartig, um sofort darauf loszuprusten. »Mann, ich weiß es wirklich nicht! Es gibt bestimmt einen Anlass für das hier. Aber soweit ich mich erinnere, ist es Jahr für Jahr so, dass der Bürgermeister zum Fest einlädt, und alle machen mit.«

Feiern um des Feierns willen: Die Leute ringsum scheinen mit einer ausgeprägten Genussorientierung gesegnet zu sein.

»Als ich noch jung und erfahrungshungrig war wie du und die da, bin ich auch einfach losgezogen«, behauptet Georges und deutet vage in die auf und ab wogende Menge. Seine Stimme ist kräftig, er hat keine Mühe, gegen das Tohuwabohu anzukommen.

»Siehst du den Kerl da vorn, der gerade das schwarzäugige Mädchen ein wenig zu lang umarmt? Das ist Adrian. Zweimal sind wir gemeinsam von hier nach Santiago de Compostela gegangen, lange bevor der Jakobsweg eine Fußgängerautobahn geworden ist. Wohin führt dich denn dein Weg?«

»Einmal um Frankreich herum, Georges. Ich bin so oft hier gewesen – in La Rochelle, Le Puy und Lorient, in Metz, Narbonne und Orléans, in Paris, Pau und Perpignan –, dass ich Frankreich inzwischen besser kenne als Deutschland. Doch je öfter ich herkomme, desto weniger meine ich von eurem Land zu wissen! Darum will ich es dieses Mal auf andere Art kennenlernen. Ich will an seinen Grenzen entlangfahren, die Unterschiede zwischen den Regionen nachvollziehen und dabei herausfinden, was Frankreich zu Frankreich macht. Und unterwegs will ich natürlich seine Vorzüge genießen.«

»Da bist du bei uns ganz richtig. Der Bürgermeister lädt nämlich nachher alle zu einem Gläschen Wein ein. Komm einfach mit, du wirst der Höhepunkt aller Erzählungen sein. Einmal um Frankreich herum, auf diesem quietschgelben Postrad, nein so was! He, Adrian, hast du das gehört …«

Mit diesen Worten springt Georges in die Menge, die jetzt auf ein immenses Zelt zuhält, und kommt kurz darauf mit zwei Männern im Schlepptau zurück.

»Da ist er!«, ruft er, zeigt mit dem Finger auf mich und wirkt dabei ähnlich aufgeregt wie Kapitän Ahab bei der Sichtung des weißen Wals. »Ruder hart Backbord, dort vorn bläst Moby Dick!«, füge ich in Gedanken hinzu.

»Willkommen, mein Freund!« Der Bürgermeister strahlt mich an, ehe er auf das Zelt deutet. »Dort drinnen schenken wir gleich die edelsten Tropfen des Baskenlands aus. Etwas so Gutes haben Sie selten probiert, das verspreche ich Ihnen! Ihr komisches Gefährt können sie getrost draußen abstellen, hier passiert nichts.«

Drei Gläser und vier Lebensgeschichten später fahre ich beschwingt und mit dem Segen des halben Dorfes im Ohr weiter, bis ich Hasparren, die »Stadt der Eichen«, erreiche.

Was der Flügelschlag eines Schmetterlings anrichten kann

Eine »Stadt der günstigen Übernachtungsmöglichkeiten« wäre mir lieber gewesen. Das nachlassende Licht des Nachmittags bedeckt leergefegte Plätze, füllt verschlossene Hauseingänge, streicht heruntergelassene Rollläden entlang und bescheint verlassene Straßenkreuzungen. Auf den ersten Blick erinnert mich Hasparren an eine Geisterstadt, wie man sie in der

Nähe ehemaliger Goldabbauplätze in den USA oder Silberschürfstellen in Bolivien findet. Der Gegensatz zur Ausgelassenheit im Festzelt, wo mir Adrian noch vor wenigen Stunden auf die Schulter geklopft und Georges seine Jakobswegerlebnisse zum Besten gegeben hat, könnte kaum größer sein.

Ich stelle mein Rad auf dem zentralen Platz ab, setze mich auf eine Bank und falte die Landkarte auseinander. Eine gute Viertelstunde lang versuche ich vergebens, mich zur Weiterfahrt ins dreißig Kilometer östlich gelegene Saint Palais zu überreden. Dort dürfte sich die nächstgelegene Übernachtungsmöglichkeit befinden. Im Gegensatz zu mir ist meinem inneren Schweinehund längst klar, dass ich die Strecke dorthin nach dem ungewohnten Auf und Ab des heutigen Tages nicht einmal in nüchternem Zustand bewältigen könnte. Dann schnellt plötzlich der Rollladen einer nahen Bar mit einem Rums empor und gibt den Blick auf eine etwa dreißigjährige Frau frei, die mich erstaunt ansieht. Ich warte fünf weitere Minuten, dann schlendere ich hinüber und klopfe vorsichtig an die Fensterscheibe. Gestärkt vom Doppelerfolg auf dem Campingplatz von Biscarrosse hoffe ich auf eine günstige Fügung.

»Heut' ist Montag!«, schallt es mir stattdessen aus dem Inneren der Bar entgegen, ein Argument, das für Nichtfranzosen kaum nachvollziehbar und dennoch ein gängiges Phänomen in der »Provinz«, also in allen Gegenden Frankreichs abzüglich Paris, ist. Um sich der Fünfunddreißig-Stunden-Woche der Angestellten, den achtwöchigen Sommerferien der Schüler und den absurd kurzen Öffnungszeiten vieler Behörden anzupassen, verlängern viele Dienstleister ihr Wochenende gern um einen Tag. Montag also. Die Angestellte ruft es mir nicht unfreundlich zu, während sie Stühle verkehrt herum auf Tischen platziert, aber mit einer Entschiedenheit, die verdeutlicht, dass es frevelhaft wäre, wenn der Gast die heilige Montagsregelung hinterfragte. Im Hinterzimmer der Bar erkenne ich schemenhaft Gestalten, die um einen Tisch gruppiert sind.

»Und die da?«, wage ich einzuwerfen und deute auf die Anwesenden. Da löst sich ein hochgewachsener Mann aus der Gruppe, tritt auf die Angestellte zu und hebt den Zeigefinger.

»Oceane, du sollst nicht immer mit jungen Männern flirten. Unser Restaurant und das Hotel bleiben heute geschlossen, *Monsieur*. Wir feiern die Taufe der Metzgerstochter. Sie werden in ganz Hasparren kein geöffnetes Hotel finden.«

Das also ist die Erklärung für den verlassenen Eindruck, den die Stadt auf mich macht. Wahrscheinlich ist das Gebäude vor mir die einzige Übernachtungsoption, in der ich überhaupt jemanden antreffe. Dieses Mal sieht es jedoch im Gegensatz zum Campingplatz von Biscarrosse so aus, als bliebe mir nur die Weiterfahrt. Schon drehen sich die ersten festlich gekleideten Gäste nach unserer Dreiergruppe um. Jetzt bräuchte ich einen unscheinbaren Auslöser, ein klitzekleines Faktum, das das festgefahrene System erschüttert, den berühmten Flügelschlag eines Schmetterlings, der einen Tropensturm auslöst. Also spiele ich die einzige Karte aus, die ich auf der Hand habe.

»In Ordnung, dann versuche ich mein Glück in Saint Palais, obwohl mir der Weg dorthin schwerfallen wird nach dem Wein, den mir Georges der Jakobswegpilger bei Cambo-les-Bains spendiert hat.«

»Oh, Sie haben Georges kennengelernt! Wie geht es ihm denn?«

»Nun, selbst nach drei Gläsern Baskenwein ist er noch im Festzelt herumgetanzt; insofern geht es ihm wohl ganz gut.«

Ein unscheinbarer Auslöser, ein klitzekleines Faktum: Fast erwarte ich, dass der rettende Schmetterling an mir vorbeifliegt, als mir André, der Ladenbesitzer, die Tür öffnet und zwei Stühle von einem Tisch herunternimmt.

»Die Leute dort hinten essen gerade Seelachs in Paprikasoße, eine hausgemachte Mousse au Chocolat wird folgen. Darf ich dir je eine Portion davon anbieten?«

Nachdem mich André noch mit den Feinheiten des Pelotaspiels und weiterer seltsamer Veranstaltungen wie Mühlsteinstemmen und

Baumstammwerfen, an denen er regelmäßig teilnimmt, vertraut gemacht hat, sinke ich wie ein fallender Kartoffelsack in die weichen Daunen eines Hotelbetts.

Hape Kerkeling zeigt mir seine Jünger

Am nächsten Morgen schiebe ich mein Postrad um acht Uhr aus der Garage des Gebäudes. Dank des gestrigen Tages auf die vor mir liegende Hügelkette eingestimmt, schwinge ich mich mit Elan in den Sattel und fahre bergauf, bergab und wieder bergauf, nach Saint Palais und weiter in die kleine Stadt Navarrenx, der man die Nähe zum ehemaligen nordspanischen Königreich Navarra anhört.

Ich kenne diesen Ort. Auf meinem Fußmarsch nach Santiago de Compostela und Finis Terrae habe ich hier Station gemacht. Also ziehe ich ein Foto aus meiner Reisetasche, das mich mit Saquina, einer Spanischlehrerin aus Paris, und Pierre, einem Musiklehrer aus Annecy, zeigt. Entspannt sitzen wir an einem Tisch, hinter dem die Eingangstür einer Taverne ins Hausinnere führt. Saquina blickt versonnen in eine Teetasse, Pierre hebt triumphierend einen meiner Wanderstöcke über seinen Kopf. Drei Wochen war ich mit den beiden durch Südfrankreich gezogen. In Navarrenx, just vor jener Taverne, war uns dreien schlagartig klar geworden, dass wir uns der spanischen Grenze näherten und sich unsere Wege daher bald trennen würden. Kurz bevor ein Passant auf den Auslöser des Fotoapparats drückte, hatten wir gemeinsam entschieden, dass das Ende des französischen Jakobswegs nicht das Ende unserer Freundschaft bedeuten würde. In der Tat sollten wir uns danach wiedersehen, in Annecy und in Lyon, in Paris und in München.

Gedankenversunken passiere ich die Festungsmauer aus dem sechzehnten Jahrhundert, die Navarrenx malerisch umgibt, und schiebe mein Gefährt die Anhöhe zur kleinen Kirche hinauf, in der wir damals mit einem Pilgergottesdienst begrüßt worden waren. Anschließend hatten uns die Dorfbewohner auf die Schultern geklopft, Wasserflaschen mitgegeben, Glück gewünscht. Inzwischen laden Busse ganze Wandergruppen in Navarrenx ab, ziehen radelnde Jakobswegpilger zu Dutzenden durch das Dorf. Für viele Einwohner ist das ein Segen, Bars und Souvenirläden schießen aus dem Boden.

Das Gärtchen neben der Kirche hat sich hingegen seit meinem letzten Besuch kaum verändert. Die halbmorsche Bank in seiner Mitte lädt müde Pilger und Postradfahrer nach wie vor zu einem Päuschen ein. Außer einer schimpfenden Amsel und entferntem Motorengeräusch von der Landstraße her ist nichts zu hören. Im Süden Frankreichs hat man die angenehme Angewohnheit der Spanier übernommen, den heißesten Stunden des Tages mit einem Mittagsschläfchen zu begegnen. Auch meine Lider hängen auf Halbmast, als ich mich auf dem Bänkchen niederlasse. Dann ziehen sie den Vorhang vollends zu und geben mich ganz in die Hände meiner Erinnerungen. Ich bin wieder auf dem Jakobsweg, in der Ferne leuchten die Pyrenäen. Wie immer läuft Saquina mit ausholenden Schritten vorneweg, sie gleitet eher über den Boden, als zu wandern. Pierre und ich müssen uns beeilen, um mit ihr Schritt zu halten – auch da Pierre gerade über die Feinheiten der Barockmusik doziert und dazwischen den neuesten Hit des Pariser Chansonniers Bénabar intoniert. Doch was ist das …? Linkerhand mündet ein weiterer Weg in unseren, er ist gespickt mit Pilgern. Sie tragen Muscheln am Rucksack und halten die Bücher von Shirley McLaine und Paulo Coelho in den Händen. Von rechts strömen Jugendliche herbei, modische Kreuze um den Hals gehängt, das Radio voll aufgedreht. Plötzlich sind wir in einer Menschentraube gefangen. Saquina hält inne und dreht sich fragend zu uns um. Pierre ist verstummt, verdutzt sieht er den vorbeihuschenden Gestalten nach. Unvermittelt löst sich eine davon aus dem Knäuel und bleibt bei uns stehen. Ich erkenne Hape Kerkelings Vollmondgesicht. »Meine Jünger«, erklärt er und zeigt mit ausladender Geste in den Menschenstrom. »Gut so!«, gibt eine helle Stimme von oben bekannt, die hart am Rand des Brüchigen balanciert. Ich blicke auf und habe das faltenreiche Gesicht Joseph

Ratzingers vor mir, während das Papamobil einen Weg durch die Menge sucht. Saquina und Pierre springen zur Seite, alles schreit durcheinander: »Platz da vorne, wir wollen zur Heiligkeit!«, »Ich will aber der erste in Santiago sein!« und »Kommt weiter, wir wollen den Pilger nicht aufwecken! Oder ist das am Ende vielleicht der Postbote?«

Pilger …? Postbote …? Mit einem Ruck, den die morsche Bank unter mir mit einem empörten Ächzen quittiert, richte ich mich auf. Ein Pilgertrupp steht im Halbkreis vor dem Kircheneingang. Zwei Mädchen beginnen zu kichern, als ich, wohl einigermaßen verschlafen, in die Runde blinzele. Ich lächele verlegen, ehe ich aufstehe und die Schlösser meines Gefährts aufschließe. Dann fliehe ich aus der Reichweite der Blicke, bis mich die Vergangenheit erneut einholt. Fast scheint es, als hätte sie Schlingen ausgelegt an diesem Ort, die sich zusammenziehen, sobald man in sie tritt.

Frontal erhebt sich die Fassade einer Kneipe, vor der Tische und Stühle mit gekonntem Kalkül so aufgestellt worden sind, dass die Anordnung wie zufällig scheint. *Taverne de Saint Jacques*, behauptet eine Inschrift, obwohl Jakobus vermutlich niemals hier eingekehrt ist. Wohl aber Saquina, Pierre und ich! Hier ist es entstanden, das Foto und das Versprechen, unsere Freundschaft über die Ländergrenzen hinweg aufrechtzuerhalten. In Navarrenx hatten wir uns unbesiegbar gefühlt. Gerade der Umstand, dass ein leibhaftiger Teutone den Weg gemeinsam mit zwei Franzosen beschreitet, hat uns damals viel Sympathie eingebracht.

Inzwischen sind die alten Holzstühle durch IKEA-Plastikware ersetzt worden. Die Kneipe, die mir damals so romantisch erschien, kommt mir jetzt vor allem günstig platziert vor. Da ein Weg direkt auf sie zuführt, begrüßt die hochtrabende Inschrift einkehrwillige Pilger bereits von Weitem.

»Wollen Sie etwas konsumieren oder nur unser Schild auswendig lernen?« Die schnippischen Worte einer jungen Kellnerin holen mich zurück in die Gegenwart. Als ich sie mit einem Rest Verklärung im Blick einen Moment lang anstarre, ohne etwas zu erwidern, deutet sie auf mein Rad und fügt, halb fragend, halb konstatierend, hinzu: »Sie sind wohl auf dem Weg«, als wäre dadurch mein seltsames Gebaren erklärt.

»Sind wir das nicht alle?«, gebe ich zurück, eine Antwort, die von Paulo Coelho stammen könnte und mir, würde ich sie unter diesem Namen veröffentlichen, eine hohe Buchauflage sichern würde. Die Kellnerin zuckt mit den Schultern und drückt mir eine Speisekarte in die Hand. Die Zeit, in der man das schöne Geschlecht mit halbromantischen Allgemeinplätzen beeindrucken konnte, ist definitiv vorbei. Vermutlich ist das ein Fortschritt. Rasch lasse ich die Kellnerin und meine Erinnerungen an den Jakobsweg in Navarrenx zurück und fahre schnurstracks aus dem Dorf hinaus.

Unvermutetes Treffen mit einer alten Liebe

Blauer Dunst liegt über den Pyrenäen, die sich halbkreisförmig im Südosten aufgestellt haben. Von den Bergspitzen blinken Schneefelder Morsezeichen herab. Darüber sind Andeutungen von Wolken fein wie Zuckerwatte in den Himmel gestreut. Kirchturmspitzen lugen neugierig aus Talmulden, in denen sich reizende Dörfchen und ausgedehnte Gehöfte verstecken. Der Wind spiegelt die Anwesenheit von Tieren in den Maisfeldern vor. Wie Wächter haben sich Bussarde und Falken am Rand des Sträßchens postiert, dessen Verlauf ich folge. Ich kann meinen Blick kaum von der Landschaft lösen. Keine romantikresistente Kellnerin und kein geschäftstüchtiger Jakobswegguru können mir die zufriedene Gelassenheit streitig machen, die mich umgibt, nach und nach in mich eindringt und mich schließlich ganz erfüllt.

Kurz bevor Oloron-Sainte-Marie ins Blickfeld gerät, stürzt die Straße der Stadt entgegen und katapultiert mich direkt vor eine Herberge. Einer der umgebenden Hügel wirft bereits probeweise einen ersten Schatten auf die Doppelspitze der gedrungen wirkenden, achthundert Jahre alten Kirche, als ich mein Domizil eine Stunde später verlasse und beginne, durch die Gassen zu stromern. Vor allem im höher gelegenen Teil der Stadt sieht man Oloron-Sainte-Marie das Alter an. Schon im dritten Jahrhundert wurde die damals römische Siedlung erwähnt. Je tiefer man jedoch in sie hinabsteigt, desto moderner präsentiert sich die Ortschaft. Am unteren Ende des Hanges, in den sie hineingebaut wurde, wechseln sich neu angelegte Wohnviertel mit großflächigen Supermärkten ab. Ich komme an kleinen Fabriken vorbei, in denen unter anderem die weit über Frankreich hinaus bekannten Basken-mützen hergestellt werden. Einige Historiker führen deren Namen *béret* gar auf die Region des Béarn zurück, der Oloron-Sainte-Marie als Hauptstadt vorsteht.

Der Abend hat einen Stöpsel gezogen – nach und nach wird die Hel-ligkeit des Tages von der Nacht aufsaugt. Das Flüsschen Gave d'Oloron, das lange Zeit das tiefer gelegene Oloron vom alten Sainte-Marie trennte, wechselt allmählich die Farbe von Olivgrün zu einem schattigen, transpa-rent wirkenden Schwarz. Trotzdem schlendere ich noch ein wenig durch den nahen Parc Pommé, dann erst klettere ich hinauf, zurück nach Sainte-Marie, wo alle Gassen entweder nach oben oder nach unten führen, je nach Blickwinkel. In der Nähe des Hauptplatzes mit der kompakten Kirche suche ich aufs Geratewohl ein Restaurant auf – und treffe dort unverhofft auf eine alte Bekannte!

Es war Liebe auf den ersten Blick, als wir das allererste Mal in einer bre-tonischen Küstenkneipe aufeinandertrafen. Zuerst fand ich sie – ich war ja so jung! – einfach nur süß. Dann aber offenbarte sie mir nach und nach ihr wahres Wesen, vertraute mir mehrere Geheimnisse an und stürzte mich in eine lang anhaltende Sehnsucht, die mich, wenn ich ehrlich bin, bis heute nicht losgelassen hat. Zuweilen ertappe ich mich gar bei dem Gedanken, dass mich all die anderen, auf die ich mich nach jener denkwürdigen Begeg-nung eingelassen habe, in Wahrheit nur an jenen Abend erinnern sollten. Und doch können sie niemals mehr sein als ein schaler Abklatsch, unfähig, mich auch nur in die Nähe der Intensität jenes ersten Mals zu führen.

Île flottante, »treibende Insel«, nennt sich die Köstlichkeit, von der hier die Rede ist. Ich war sechseinhalb, als wir uns begegneten. Der bretonische Kellner wusste nicht, was er auslöste, als er nach geglücktem Hauptgang einen tiefen Teller vor mich stellte, aus dem ein kleiner Berg aus geschlagenem Eiweiß und reichlich Zucker ragte. Was an sich bereits dem Alptraum meiner ernährungsbewussten Mutter nahe kam, übertraf diesen in Wahrheit noch. Die Eiweiß-Zucker-Insel pflegt nämlich in einer mit Karamell verfeinerten Vanillesoße zu treiben.

Langsam, sorgsam darauf bedacht, den Löffel jeweils höchstens halb zu füllen, schiebe ich mir wie damals in der Bretagne die perfekte Mischung aus Eiweiß und Vanillesoße in den Mund, genieße mit geschlossenen Augen, wie sich die beiden Massen auf meiner Zunge zu einer neuen vereinigen, stelle sicher, dass diese neue Mischung auch wirklich alle Geschmacksknospen erreicht und schlucke das Ganze schließlich mit dem Ausdruck höchsten Entzückens hinunter. Zu meinem Ritual des Verzehrs einer Île flottante gehört auch, den Teller am Ende pedantisch von Überbleibseln zu säubern, um auf diese Weise dem Erfinder dieser kulinarischen Köstlichkeit zu huldigen.

Statt Straßen und Plätze nach Kriegsherren zu benennen, hätten die Franzosen so viele echte Helden zur Auswahl, die der Menschheit wahre Dienste erwiesen haben, denke ich, als wirklich kein Tropfen Vanillesoße mehr aus dem Teller herauszuholen ist. Der Kellner scheint meiner Meinung zu sein. Verständnisvoll zwinkert er mir zu, als er kurz darauf eine zweite Portion »schwimmende Insel« vor mir auf den Tisch stellt.

Die Romantik des Jakobswegs mag flüchtig sein und wie ein Reh vor der schieren Masse der Pilger davonlaufen, die Kellnerinnen mögen sogar in Südfrankreich ihre Flirtwilligkeit einbüßen, doch manche Werte bleiben glücklicherweise auf ewig, denke ich, als ich lange später mit geschwollenem Bauch und einem höchst zufriedenen Lächeln auf den Lippen zur Herberge zurückkehre.

Eine Magd tritt den größten Kult Europas los

Bernadette Soubirous verließ das Haus, in dem sie mit ihrer Familie wohnte, spät an jenem 11. Februar des Jahres 1858, der ihr Leben von Grund auf verändern sollte. Die Sonne stand bereits hoch am Himmel, als sie über den Gave de Pau setzte, um nahe der Grotte Massabielle Holz zu sammeln. Hier, am Nordrand der Pyrenäen, wurde es im Winter empfindlich kalt. Ein Holzvorrat gehörte zu den Dingen, die der Familie das Leben sicherten, da der Vater als Müller kein Glück gehabt hatte und schließlich gezwungen gewesen war, mit der Familie in ein ehemaliges Gefängnis zu ziehen.

Nicht nur mit diesem Schicksalsschlag haderte Bernadette an jenem Morgen. Warum musste ihr Vater sie ausgerechnet hierher, in die Nähe von Massabielle, dem »alten Fels«, schicken? Jedes Mal, wenn sie sich der kalten, feuchten Felswand näherte, die jetzt vor ihr aufragte, wurde ihr Asthmaleiden besonders schlimm. Missmutig suchte sie den Boden nach geeigneten Holzstücken ab, als sie plötzlich ein Geräusch wie einen Windstoß hörte. Es schien direkt aus der Felswand zu kommen. Sollte dies einer jener üblen Scherze sein, die ihr die Kinder des Dorfes so gern spielten? Überrascht …

… hebe ich den Kopf und starre das Straßenschild an, das Frankreichs berühmtesten Wallfahrtsort anzeigt. Die Zeit hat mir einen Streich gespielt. Ich habe kaum gemerkt, wie gut ich in den vergangenen Stunden vorangekommen bin. Kaum habe ich jedoch das Ortsschild hinter mir, wird klar, dass ich in Lourdes sein muss. Zur Linken und zur Rechten aller Straßen, die volle Länge der Gassen entlang, am Ende jeder Abzweigung, von Ferne blinkend, aus der Nähe mit Spezialangeboten lockend machen Hotels, Pensionen und Gästezimmer auf sich aufmerksam. Manche sind nicht mehr als ein ehemaliges Wohnzimmer, das man zweigeteilt und jeweils mit einem Bett versehen hat. Andere türmen sich mehrere Stockwerke hoch und werden von Gartenanlagen umkreist. Das Stadtzentrum von Lourdes besteht praktisch ausschließlich aus Hotels, Souvenirgeschäften und Schnellrestaurants. Es ist einer jener hektischen, auf raschen Touristenfang ausgerichteten und letztlich austauschbaren Orte, wie es auch die ehemals so eigenwillige Rambla geworden ist, die Besuchermassen von der Plaça de Catalunya zum Hafen von Barcelona leitet, die »Kaufinger Straße« genannte Hauptfußgängerzone Münchens, der New Yorker Times Square und »The Docks«, die an Sydneys Hafen grenzen. In solchen Straßenzügen gibt es sie zuhauf, die immer gleichen Postkarten und überzuckerten Burger, die menschlichen Statuen und langhaarigen Gitarristen, die Flyer verteilenden Mädchen und die »Take-Away-Pommes«.

Mit einiger Mühe schiebe ich mein Postgefährt an deutschen Pilgern, italienischen Jugendgruppen, aufdringlichen Hotelangestellten und abgebrühten Ladenbesitzern vorbei, den Blick fest auf den Wald der Hotelschilder gerichtet, bis ich ein besonders schiefes, von Rostflecken vernarbtes entdecke. Ich arbeite mich durch eine Traube grenzwertig singender Touristen hindurch auf die Eingangstür zu, ziehe die schwere Pforte auf und treffe unvermittelt auf …

… eine Frau! Dort auf der Felswand stand eine Frau! Wie um alles in der Welt war sie dorthin gekommen? War sie die Wand emporgeklettert? Doch dann hätte das Weiß ihres Kleides Schaden nehmen müssen. Es sah jedoch tadellos aus. Ein blauer Schleier fiel der Fremden sanft ins Gesicht. Bernadette sah noch, dass sie auf jedem Fuß eine goldene Rose trug. Die Magd blinzelte ungläubig. Als sie die Augen erneut öffnete, hatte sie wieder die nackte Felswand vor sich. Verwundert rieb sie sich die Augen und drehte sich um. Hatte sie der Hunger an der Nase herumgeführt? War das Ganze doch ein Dummer-Jungen-Streich gewesen? Von klein auf wusste Bernadette, dass sie anders war als andere Jugendliche. Und doch hatte die fremde Frau sie so eindringlich angeschaut, als wollte sie sie fragen …

… »Wofür tun Sie denn Buße?« Die Hotelbesitzerin lächelt mir zu. Nach einigen Erklärungen stelle ich mein Dreieinhalbmetergefährt im Treppenhaus des Hotels ab und beziehe ein Zimmer direkt neben der Küche, in das das Postrad nicht gepasst hätte. Ein eher profaner denn sakraler Geruch nach Fett, Zigarettenrauch und Billigparfum wabert durch die Gänge meiner heutigen Unterkunft. Ich beschließe, mich bald ins Getümmel der Stadt zurückzubegeben, obwohl sich von den Bergen her ein Gewitter ankündigt und direkt vor dem Hotel ein Streit im Gange ist. Eben schreit einer der Kontrahenten so laut, dass es bis in mein Zimmer hinein zu hören ist: …

… »Was weißt du junge Magd schon von der Welt!« Pfarrer Peyramale hob drohend den Zeigefinger. Vor ihm stand dieses Dummchen in der ausgeblichenen Kluft armer Leute und behauptete allen Ernstes, eine Heilige sei ihr erschienen. Drei Mal habe sie sie gesehen, außerdem habe ihr die Frau fünfzehn weitere Treffen angekündigt. Ausgerechnet ihr, brummte Pfarrer Peyramale aufgebracht vor sich hin, ausgerechnet unserer leicht zurückgebliebenen Bernadette, die dem Verhalten, das man in ihrem Alter an den Tag legt, grundsätzlich zwei Jahre hinterherhechelte, sollte dieses Wunder zuteilwerden.

Nicht in dieser Welt wolle sie sie glücklich machen, habe die Fremde Bernadette gegenüber erläutert und versprochen, dies in einer anderen zu tun. »Dann frag deine weißgekleidete Frau nach ihrem Namen«, hatte der Pfarrer das Gespräch unwirsch beendet und gehofft, dem Spuk damit ein Ende zu bereiten. Wäre sie ihm, dem treuen Diener Gottes, dem langjährigen Seelsorger, erschienen, hätte er dies noch nachvollziehen können. Wodurch aber hatte Bernadette das Privileg verdient, Beziehungen zu einer Heiligen zu unterhalten? Jetzt also schritt diese Magd auf sein Geheiß hin erneut auf die Grotte zu, und wahrscheinlich fragte sie sich …

… durch was ich eigentlich das Privileg verdient habe, mich uneingeschränkt bewegen zu können. Eine Armada Rollstuhlfahrer zieht mit mir, Versehrte humpeln auf Krücken vorwärts, Lahme und Blinde strömen dem Ort entgegen, an dem eine Magd vor hundertfünfzig Jahren Erscheinungen hatte. Dort warten bereits gut Tausend Gläubige darauf, ihre Fürbitten vor Gott zu tragen. Bärtige Pilger und kichernde Mädchen, entrückte Bauersfrauen und emsige Fotografen starren auf die berühmteste Felswand der Welt. Wegen jener Frau sind sie hierhergekommen, die sich damals mit den Worten zu erkennen gegeben hat …

… »Que soy era Immaculada Concepcion«. Peyramale stampfte mit dem Fuß auf den Boden der Kirche, als ihm Bernadette diese Worte sagte. Das war einfach nicht möglich! Das konnte nicht sein! Doch plötzlich hielt Peyramale in seiner Bewegung inne.

Was, wenn es doch wahr wäre …? Er merkte, wie alle Farbe aus seinem Gesicht wich. Ein eiskalter Schauer strich seinen Rücken hinab. »Que soy era Immaculada Concepcion«, »Ich bin die unbefleckte Empfängnis«: Hätte die Erscheinung ihm diese Worte gesagt, wäre es schwer gefallen, ihm, einem Geistlichen, zu glauben. Doch eine vierzehnjährige Magd, zumal eine leicht zurückgebliebene wie Bernadette, konnte diesen Ausdruck unmöglich kennen. Erst vier Jahre zuvor hatte Papst Pius IX. das entsprechende Dogma verkündet – den Glauben an die unbefleckte Empfängnis Marias. Bernadette war der Begriff so unbekannt gewesen, dass sie ihn beim Zurücklaufen von der Grotte ständig wiederholt hatte. Der jungen Magd war die Gottesmutter selbst erschienen! Ein letztes Mal dachte Peyramale nach, ob es wirklich keine andere Erklärung für die wiederholten Erscheinungen geben konnte. Dann schloss er sich in seiner Kammer ein und schrieb einen langen Brief an den Bischof. Er begann mit den Worten …

… »Erhöre unsere Gebete, erhöre unser Flehen! Gekommen von den Küstenstädten des Westens, herabgestiegen von den Bergen des Südens, aufgebrochen von den Metropolen des Ostens, aufgestiegen von den Ebenen des Nordens: Hier sind wir, Maria!«

Eine schier endlose Prozession aus Geistlichen, Gesunden und Kranken zieht an der heiligen Grotte vorbei. Jenseits des Gave de Pau, der nur wenige Meter von der Grotte entfernt Kurs auf das Stadtzentrum nimmt, ertönt die Heilige Messe auf Italienisch, gefolgt von einer spanischen Version, unterbrochen von Liedern und Beschwörungsformeln in Dutzenden von Sprachen. Zwei Schritte vor mir sinkt eine Achtzigjährige in die Knie und murmelt Gebete. Ein Jugendlicher mit glasigen Augen hebt die Arme empor. Ein Rollstuhlfahrer starrt wie hypnotisiert auf die Stelle, an der die Madonna der Erzählung nach erschienen ist. Alle erhoffen sich von ihr das Eine: Dass sich ihr Leben …

… schlagartig veränderte. Nicht lange, nachdem sie Pfarrer Peyramale den Satz mit der unbefleckten Empfängnis gesagt hatte, trat Bernadette Soubirous ins Kloster Saint-Gildard der Barmherzigen Schwestern in Nevers ein. Bis zu ihrem Tod im Alter von fünfunddreißig Jahren blieb sie dort, wurde jedoch weiterhin von der Tatsache verfolgt, dass andere Menschen ihr zeitlebens das Leben schwer machten. Ihre Novizenmeisterin, die sie einst in Religion unterrichtet hatte und Bernadette nicht gewogen war, widersetzte sich zunächst erfolgreich der einsetzenden Verehrung des Bauernmädchens. Erst als dessen Leichnam 1909, dreißig Jahre nach dem Tod, exhumiert und dabei völlig intakt vorgefunden wurde, setzte der Kult ein. 1925 wurde Bernadette Soubirous, die unter so vielen Menschen leidende Magd, selig gesprochen. Seither wird ihr Leichnam in der Kapelle des Klosters von Nevers aufbewahrt. 1933 erfolgte die Heiligsprechung. Vermutlich hätte sich das bescheidene Bauernmädchen nicht ausmalen können, …

… dass man die heilige Madonna inzwischen an jede Ecke kaufen kann. Es gibt sie aus Wachs, als überlebensgroße Holzfigur mit Heiligenschein, in Seifenform, gemeinsam mit einem Glas Honig, als praktischen Wasserspender und als Kettenanhänger. Zehntausendfach lächelt die Frau im cremefarbenen Gewand mit der blauen Schärpe von Kerzen, T-Shirts und Stofftüten, von Postkarten und allerlei Gefäßen für Wasser aus den heiligen Quellen. Man kann nicht leugnen, dass die Madonna vielen Menschen Glück beschert hat: Von ihr leben in Lourdes Hotel- und Restaurantbesitzer, Verkäufer und Fremdenführer, Holzschnitzer und Straßenmusikanten, Busunternehmen und Angehörige der katholischen Kirche. Der Pilgertourismus ist zum wichtigsten Wirtschaftsfaktor der Region Midi-Pyrénées geworden. Fünfunddreißigtausend Betten stellt Lourdes den Ankömmlingen zur Verfügung. Jährlich finden etwa sechs Millionen Gäste ihren Weg hierher. Nach Paris ist Lourdes damit der am häufigsten besuchte Ort Frankreichs.

Das liegt weniger daran, dass hier einst Marienerscheinungen gesichtet wurden. Diese gab es auch anderswo. Auch hat es nur am Rande etwas damit zu tun, dass die Stadt ein günstiger Ausgangsort für Erkundungen der Pyrenäen ist, weshalb ausgerechnet hier, im bedeutendsten Marienwallfahrtsort der Welt, eine Dauerausstellung dem Wirken des protestantischen Kartografen Franz Schrader gewidmet ist, nach dem man sogar einen nahen Dreitausender benannt hat. Der eigentliche Grund, warum bis heute jährlich Millionen Menschen hierher strömen – immerhin in ein Land, das den Laizismus, die strikte Trennung von Staat und Kirche, wie kaum ein zweites zum Grundprinzip erhoben hat, und in dem der Katholizismus, außer in Taizé, der zweiten religiösen Kraftquelle Frankreichs, nur noch Rückzugsgefechte gegen die Entheiligung aller Dinge liefert – der eigentliche Grund sind die siebenundsechzig von der katholischen Kirche anerkannten Wunderheilungen, die das Wirken der heiligen Jungfrau in den Augen der Gläubigen eindrucksvoll unterstreichen. Seit Bernadette Soubirous im Zuge einer Marienerscheinung eine Quelle in der Grotte Massabielle freigelegt hat, deren Wasser heilende Kräfte zugeschrieben werden, verbreiten sich Geschichten wie die folgenden in ganz Europa und darüber hinaus wie ein Lauffeuer. Nicht selten raunt man sie Todkranken im Vertrauen zu.

Die Stadt der kleinen Leute

Im besten Frauenalter kommt Jeanne Tulasne in Lourdes an, und dennoch ist die Neunzehnjährige mit einem Abszess am linken Schenkelknochen, einem Klumpfuß und Muskelschwund dermaßen gezeichnet, dass man sie in einem Weidenkorb transportiert. Am 8. September 1897, ihrem zwanzigsten Geburtstag, nimmt sie auf diese Weise an der Prozession mit dem Allerheiligsten teil. Der Bischof ihrer Diözese trägt die Monstranz. Als er an Jeanne vorbeigeht, segnet er sie, dann folgt er einer spontanen Eingebung, kehrt um und segnet sie ein zweites Mal. Genau in diesem Augenblick fühlt sich die Kranke unvermittelt besser. Am folgenden Tag stellen Ärzte die vollständige Heilung fest.

Wenige Monate geben ihr die Ärzte noch, als die zwanzigjährige Belgierin Cécile Douville de Franssu nach Lourdes gebracht wird. Seit sechs Jahren wuchert ein weißes Tuberkulosegeschwulst an ihrem Knie. Die Heilung tritt nach einem Bad ein; Cécile Douville de Franssu stirbt 1991 im Alter von 105 Jahren.

Sieben Jahre schon wird Gabrielle Clauzel von einem Wirbelsäulenrheuma ans Bett gefesselt. Als man sie am 15. August 1943 auf ihre Bitte hin in eine Kirche im algerischen Oran bringt, steht sie nach der Messe unvermittelt auf und geht, begleitet von der fassungslosen Gemeinde, zu Fuß nach Hause. Sie habe während der Messe die Liebe Frau von Lourdes angerufen, erzählt sie später. Gabrielle Clauzel wird achtundachtzig Jahre alt und verbringt ihre zwölf letzten Lebensjahre in Lourdes.

Tuberkulöse Bauchfellentzündung – die Diagnose kommt wie ein Donnerschlag über die Französin Jeanne Frétel. Nach zehnjähriger Leidenszeit und unzähligen Operationen scheint 1948 eine Todgeweihte nach Lourdes zu gelangen. Am dritten Tag empfängt sie die heilige Kommunion, kurz darauf geht das Fieber zurück. Wenig später isst sie mit Heißhunger; die Schmerzen sind verschwunden. Am Tag nach der Wallfahrt nimmt sie ihre Arbeit als Krankenschwester wieder auf.

Professor Barbin von der medizinischen Fakultät in Nantes beschreibt 1952 die spontane Heilung des schweizerischen Benediktiners Leo Schwager in Lourdes: »Er sah aus wie in Ekstase und schaute unverwandt das Allerheiligste an, das sich von ihm entfernte. Er ließ es nicht aus den Augen. Ich bemerkte zugleich, dass er kaum Luft zu bekommen schien, so als habe er einen Schlag oder eine heftige Rührung erfahren«. Kurz darauf steht der Schweizer auf und ist für immer von Multipler Sklerose geheilt.

Bis zu ihrem dreiundzwanzigsten Lebensjahr muss die Französin Juliette Tamburini elf chirurgische Eingriffe, davon vier Knochenausschabungen, über sich ergehen lassen. Im Rahmen einer Diözesanwallfahrt wird ihr 1959 Wasser aus der Grotte in die größte Wunde gespritzt. Ein Jahr später bestätigt Professor Michel Salmon die »sofortige Heilung ohne Konvaleszenz (…), die medizinisch nicht zu erklären ist.«

Schraubt man die religiöse Verzückung angesichts der Wunderheilungen von Lourdes zurück, bleiben interessante theologische, psychologische und nicht zuletzt moralische Fragen übrig. Zunächst fällt auf, dass beinahe ausschließlich Frauen geheilt werden. Sind sie gläubiger als Männer, und lassen sie sich darum eher als jene auf das Wagnis Lourdes ein? Sind sie heilungswürdiger? Ist ihre Beziehung zur Gottesmutter enger als die von Männern? Sind die verbürgten und zum Teil detailliert dokumentierten Heilungsprozesse auf den Heilungswillen der Leidenden zurückzuführen? Oder zeigt sich hier tatsächlich der Einfluss einer göttlichen Macht? Warum werden, wenn Letzteres zutrifft, manche von schwerstem Leiden erlöst, während andere daran sterben? Was haben all diese Leute überhaupt getan, um an derart furchtbaren Krankheiten zu leiden? Sind einige dieser Krankheiten Irrtümer Gottes, kann er Fehlentscheidungen eingestehen und korrigieren? Und wenn ja, behalten alle anderen dann ihre Krankheiten zu Recht?

Lourdes bleibt rätselhaft und wirft mehr Fragen auf, als es Antworten liefert. Bis heute scheiden sich die Geister an der »Stadt der kleinen Leute«, wie Kurt Tucholsky den Ort einst genannt hat. Was mich betrifft, so wird mir, der ich mit dem unverdienten Privileg der Gesundheit ausgestattet bin, die Geschäftigkeit der Stadt rasch zu viel. Nach einigen Stunden, in denen sich die Gewitterneigung langsam, wie in Zeitlupe, verzogen hat, setze ich mich an den Rand des Gave de Pau und schaue dem Spiel des Wassers zu, das in ständig neuen Formationen nach Pau fließt, sich anschließend in den Adour ergießt und seinem Ziel entgegen strebt, dem atlantischen Ozean, der es am Ende mit salzigen Armen empfängt.

Die nie versiegenden Quellen der Flüsse, der Kreislauf aus Verdunstung und Gewitterregen, der unscheinbare Gave de Pau, über den die Anwesenden hinweg zur Grotte, zur Kirche blicken, und der doch auf etwas viel Größeres hindeutet, auf die permanente Kreisbewegung des Lebens selbst, das alles ist wohl das größte Wunder, das es zu entdecken gilt, ohne es verstehen zu wollen. Abseits menschengemachter Verehrung erzählt der Fluss mehr von Leben und Sterben als alle anwesenden Priester zusammen. Auf meinen Reisen habe ich immer wieder erfahren, dass kein Bauwerk der Welt, keine Menschenansammlung und keine religiöse Verzückung das Gefühl des umfassenden Aufgehobenseins, der tiefen Verbundenheit mit allem, was lebt, so rein und intensiv auslösen kann wie eine einzigartige Waldlichtung, eine an die Steilküste donnernde Meeresbrandung oder ein wachsender, sich windender, lebendiger Fluss.

Mein Aufenthalt in Lourdes gibt mir trotzdem etwas mit, eine sakral angehauchte Nachdenklichkeit über die großen Fragen, die nicht zu beantworten sind, und die man dennoch stellen muss. Ein kleiner Teil der Ausstrahlungskraft von Lourdes hat auf mich abgefärbt – auch wenn sich die Geschäftemacher in der Innenstadt alle Mühe geben, die erhabene Stimmung zu zerstören, und ich weiß, dass man inzwischen trotz Franz Werfels großartigem »Lied von Bernadette« mehr Treffer für die Tochter der Sängerin Madonna als für Bernadette Soubirous bekommt, wenn man »Lourdes« in eine Online-Suchmaschine eingibt.

Schöpfung ist Widerstand, Widerstand ist Schöpfung

Kaum lasse ich die Stadtgrenze von Lourdes hinter mir, ebben die gelassenen Gebete, das geschäftige Gemurmel ganzer Gassen, die gregorianischen Gesänge und die großen Gesten gläubiger Gäste ab und machen einer Stille Platz, in der das Spiel das Windes mit Zweigen und Ästen, das Gurgeln querender Bäche und die Flügelschläge der Raben und Bussarde wieder hörbar werden. Beinahe angeberisch verweist die Natur auf ihre Reize. Die Pyrenäen schicken Düfte von Bergblumen und gemähtem Gras herab. Sogar die Straße passt sich der hier vorherrschenden Harmoniesucht an und windet sich im Schatten von Kiefern und Platanen optisch ansprechend die Bergflanken entlang. Die Reifen des Postrads intonieren ein eingestrichenes A. Übermütig löse ich die Hände vom Lenker und lasse mich treiben. Ich bin wieder unterwegs, ich verhalte mich getreu meiner Bestimmung.

Non aux ours!, »Nein zu den Bären!«, hat jemand mit Kreide auf die Straße geschrieben. Viele Bauern wehren sich gegen die Wiederansiedlung von Meister Petz. Sie fürchten um ihre Lämmer und Ziegen, haben es jedoch zunehmend schwer, gegen die Argumente der Umweltschützer anzukommen, die auf den Nutzen der Braunbären als Aaspolizei verweisen, auf die natürliche Scheu der Tiere und auf den touristischen Mehrwert. Die ökologisch Motivierten wissen die politische Großwetterlage zu nutzen. Was bis vor Kurzem undenkbar schien, ist in Zeiten der Weltwirtschaftskrise eingetreten: Frankreich wird *écolo!*

Im Land der Atomkraftwerke, Plastikflaschen und Autostaus hat man begonnen, sich für effektiven Umweltschutz zu interessieren. Überall werden Radwege gebaut, schießen Windkraftanlagen aus dem Boden; die Zahl der Nutzer von Elektrofahrzeugen verzeichnet zweistellige Zuwachsraten. Man lobt Preise für die »grünsten« Städte, die saubersten Flüsse und für ökologisch vorbildliches Verhalten aus. Die von allen etablierten Parteien des Landes propagierte »grüne Revolution« *à la française*, die unter anderem eine Aufwertung heimischer Produkte vorsieht, korrespondiert gut mit dem Widerwillen der Franzosen gegenüber der Globalisierung.

Die Studie »Globescan« der BBC, die 2009 in siebenundzwanzig Ländern durchgeführt wurde, hat ergeben, dass Frankreich noch vor den lateinamerikanischen Staaten die Heimat der meisten Kapitalismuskritiker ist. Dreiundvierzig Prozent, nahezu die Hälfte der Bevölkerung, sind der Ansicht, dass der Kapitalismus »nicht funktioniert« und man »ein neues System« brauche. In Deutschland vertreten, ähnlich wie in den USA, gerade mal acht Prozent diese Meinung. Drei Viertel der Deutschen geben hingegen an, dass der Kapitalismus »alternativlos« sei.

Frankreichs Tabellenführung in Sachen Kapitalismuskritik wird naturgemäß von den politischen Polen her unterschiedlich analysiert. Verfechter einer liberalen Marktwirtschaft mutmaßen, dass die Franzosen, seit jeher an einen aufgeblähten Staatsapparat gewöhnt und auf einer kulturellen und sprachlichen »Insel« lebend, Angst um ihr ruhiges Landleben und die zur Schau getragene Idylle haben, die durch eine »Einmischung von außen« Schaden nehmen könnte. Darum beharren sie trotz ihrer weltweit operierenden Firmen, trotz Renault, Danone und Chanel, hartnäckiger als andere auf ihren Traditionen und Eigenheiten und weigern sich so, sich den Erfordernissen der neuen Märkte anzupassen. Am Ende werden sie die großen Globalisierungsverlierer sein, in ihren Camembert beißen, den andere nicht mehr kaufen wollen, und den »guten alten Zeiten« hinterhertrauern, in denen ihre Produkte noch eine Rolle auf dem Weltmarkt spielten.

Intellektuelle, Kulturbeflissene und Sozialisten verweisen hingegen auf ein interessantes Detail: Mit seinem Sonderweg und der konstanten Weigerung, auf den US-amerikanischen Marketingzug aufzuspringen, ist Frankreich in entscheidenden Punkten bislang besser gefahren als die meisten anderen Länder Europas. So beim Tourismus: Statt nach Deutschland, das seit Jahrzehnten versucht, die US-Kultur in allen Sparten zu kopieren, strömen Besucher lieber nach Frankreich, um das seltsame Volk mit der ihm eigenen Lebensart kennenzulernen. Literatur, Film, Fernsehen und Kunst werden dort als fundamental wichtig für jene Lebensart und für eine gesunde Gesellschaft anerkannt und durch politische Konstrukte wie die *exception culturelle*, die französische Kulturprodukte den Gesetzmäßigkeiten des Weltmarkts entzieht, gefördert. Und während man hierzulande gern auf die überragende Wirtschaftsleistung verweist, die man durch makroökonomische Indikatoren wie das Bruttoinlandsprodukt zu verdeutlichen versucht, wird einem westlich des Rheins oft entgegengehalten, dass Frankreichs materieller Reichtum, obgleich in der Gesamtsumme geringer als der Deutschlands, prozentual mehr Personen zugutekommt, weil er gleichmäßiger auf die Bevölkerung verteilt ist.

Damit verbunden sind die Tatsachen, dass die Französinnen Jahr für Jahr »Fruchtbarkeitseuropameister« werden, wie es französische Medien regelmäßig ebenso triumphierend wie pietätlos verkünden, und in Frankreich dem Statistischen Amt der Europäischen Union zufolge prozentual trotzdem mehr Frauen in Vollzeit arbeiten als in Deutschland, satte achtzig Prozent der fünfundzwanzig- bis fünfzigjährigen nämlich.

Während sich ihre Leidensgenossinnen in Deutschland noch in Leitartikeln und Talkshows über »die Männer« entrüsten, hat man in Frankreich längst die Strukturen so geändert, dass der Kinderwunsch kein Abrutschen in die Armut bedeutet und eine sinnvolle Karriere beider Elternteile begünstigt wird. Das beginnt mit den sechzehn Wochen vollbezahltem Mutterschutzurlaub, die jeder Angestellten in Frankreich zustehen, und hört mit der zusätzlichen »Geburtsprämie« nicht auf. Gleich nach der Geburt können die Kleinen eine öffentliche oder private Krippe in Anspruch nehmen, ehe ihnen ab dem dritten Lebensjahr ein Platz in der *école maternelle*, einer Art Vorschule, in der ihnen Lesen, Schreiben und Rechnen beigebracht wird, zusteht – selbstverständlich kostenlos. Die anschließende schulische Betreuung erfolgt in der Regel ganztägig, sie schließt ein Mittagessen und ein umfassendes Sportprogramm ein.

Neben diesen für Eltern angenehmen Regelungen ist insbesondere die Besteuerung ausschlaggebend für die unterschiedliche Geburtenrate in Frankreich und in Deutschland. Bei unserem westlichen Nachbarn wird nämlich ein Familienquotient in die Berechnung des Steuersatzes einbezogen, der dafür sorgt, dass beispielsweise eine Familie mit drei Kindern und einem mittleren Einkommen praktisch keine Steuern mehr bezahlt – ein Privileg, das hierzulande nur ausgewählten Superreichen zugutekommt, weil zum Beispiel das deutsche Erbschaftsrecht es ermöglicht, dass ganze Konzerne steuerfrei auf den Junior übergehen.

All das verdeutlicht eine grundlegend andere Einstellung: Kinder gelten in Frankreich nicht als Privatsache, sondern als bereichernder Teil des öffentlichen Lebens, der entsprechend gefördert wird. Darum werden in Frankreich durchschnittlich 2,1 statt wie in Deutschland 1,3 Kinder geboren, und genau darum werden die Franzosen langfristig die großen Globalisierungsgewinner sein. Wer zuletzt lacht, lacht am besten.

Seit jeher hat die politische Wachheit der Franzosen den Weg für politische Reformen geebnet und beispielsweise dafür gesorgt, dass die Vereinbarkeit von Familie und Beruf dort nicht nur diskutiert, sondern bereits seit den Siebzigerjahren des vorigen Jahrhunderts auch praktiziert wird. Auch heutzutage sind in Frankreich, in dem 1998 das mächtige globalisierungskritische Netzwerk *attac (association pour une taxation des transactions financières pour l'aide aux citoyens)* gegründet wurde, erstaunliche politische Blitzkarrieren möglich. Gemeinsam ist ihnen, dass sie sich fernab der Parlamente ereignen, und dass die Akteure nicht selten mit einer Radikalität daherkommen, die in Deutschland nicht massentauglich wäre.

Einer der bekanntesten Aufstiege gelang dem Landwirt José Bové. 1999 zerstörte er gemeinsam mit anderen Bauern die McDonald's-Filiale in Millau, um gegen Strafzölle auf französische Käsesorten zu protestieren, die die USA als »Vergeltung« eingeführt hatten, weil die Europäische Union sich weigerte, gentechnisch veränderte Lebensmittel von ihnen zu kaufen. Was als Provinzposse begann, schlug unvermittelt hohe Wellen, als die USA die ihrer Meinung nach zu kurze Haftstrafe für José Bové als »Antiamerikanismus« geißelten und sich Frankreich daraufhin jegliche Einmischung in seine inneren Angelegenheiten verbat. José Bové wurde von den Medien zum Rebellen stilisiert. Sieben Jahre später kandidierte er für das Amt des Staatspräsidenten.

Im selben Jahr, 2007, bewegte ein Pamphlet namens *L'insurrection qui vient* die Massen. »Der kommende Aufstand«, das Gemeinschaftswerk eines »Unsichtbaren Komitees«, ist inzwischen in Dutzende von Sprachen übersetzt und kann auf Hunderten von Internetseiten heruntergeladen werden. In Anlehnung an Karl Marx analysieren seine Verfasser die aktuelle gesellschaftliche Situation, die »in logischer Konsequenz zur Revolution« führen werde. Die »ersten Freudenfeuer« von 2005, als in den Pariser Vororten Dutzende Autos brannten, »sind die Taufe eines neuen Jahrhunderts voller Versprechungen«. Worin bestehen diese? Den Autoren zufolge werden die Massen demnächst »lernen, auf der Straße zu kämpfen, sich leere Häuser zu nehmen, nicht zu arbeiten, sich wie verrückt zu lieben und in den Supermärkten zu klauen.« Neben sozialromantischen Vorstellungen, die man als Punkrockattitüde abtun könnte, enthält das Pamphlet aber auch konkrete Handlungsanweisungen, um das System an neuralgischen Punkten zu treffen. Eine gekappte Zentralstromleitung, ein Anschlag auf das Pendelzugsystem, und der Kapitalismus gerät empfindlich ins Stocken. Pflichtschuldig heulte denn auch die Frankfurter Allgemeine Zeitung auf und warnte schrill vor der totalen Anarchie, in der »von irgendwoher bezahlte Jungs« aus »schwarzen Geländewagen« schießen.

Während die Etablierten hierzulande schon vor einem Pamphlet Angst haben, wird in Frankreich, einem Land mit starken Gewerkschaften und einer leicht zu organisierenden Arbeiterschaft, seit jeher mit deutlich härteren Bandagen gekämpft. Im Sommer 2009 brachten entlassene Arbeiter Gasflaschen im Gebäude eines Autozulieferers an und drohten damit, ihre ehemalige Fabrik in die Luft zu sprengen, falls sie nicht dreißigtausend Euro Abfindung pro Gekündigtem bekämen. Zuvor hatten von der Kündigung bedrohte Arbeiter mehrmals Firmenchefs als Geiseln genommen, um höhere Abfindungen zu erzwingen.

Der neueste Streich aus unserem vermeintlich so romantischen Nachbarland ist ein Bändchen des 93-jährigen ehemaligen Widerstandskämpfers Stéphane Hessel, das binnen Wochen seinen Weg in weit über eine Million Haushalte gefunden hat. *Indignez-vous!*, »Empört euch!«, ist eine leidenschaftliche Anklage des aktuellen Finanzkapitalismus', der die Werte der Zivilisation bedrohe. Ziel sei darum die gewaltlose Revolte, zu der jedermann einen Grund habe. Denn »das allein auf die Produktion ausgerichtete Denken, das der Westen propagiert, hat die Welt in eine Krise gestürzt, aus der sie sich nur befreien kann, wenn sie einen radikalen Bruch mit dem Drang nach »immer mehr« vollzieht (…) Es ist höchste Zeit, dass die Sorge um Ethik, Gerechtigkeit und ein dauerhaftes Gleichgewicht in den Vordergrund tritt.«

Man stelle sich einen Augenblick lang ein ähnliches Werk, aus dessen Verkauf der Verfasser kein Honorar bezieht, in Deutschland vor. Man male sich einen Lidschlag lang aus, dass in unserem Land nicht das selbstverliebte Gestammel von Moderatorinnen, fremdgeschriebene Halbbiografien und die Drittverwertung ehemaliger Fernsehprominenter als Literatur verkauft würden, sondern ein in seiner Radikalität neue Denkweisen evozierendes Manuskript, das mit den Worten schließt: »Und auch weiterhin rufen wir auf zu einem friedlichen Aufstand gegen die Massenmedien, die unserer Jugend keine anderen Ziele anbieten als Massenkonsum, Verachtung für die Schwächeren und für die Kultur, eine allgemeine Amnesie und eine maßlose Konkurrenz aller gegen alle. Den Männern und Frauen, die das 21. Jahrhundert machen werden, sagen wir in tiefer Zuneigung: Schöpfung ist Widerstand. Widerstand ist Schöpfung.«

Auf diese Weise findet sich Frankreich also an der Seite der lateinamerikanischen Staaten wieder, als die einzigen Länder, in denen grundlegend über Alternativen zur neoliberalen Globalisierung nachgedacht wird. Auf der anderen Seite stehen längst nicht mehr die Vereinigten Staaten von Amerika oder Mitläufer wie Deutschland. Diese sind, dessen werden sie sich

langsam bewusst, lediglich die Steigbügelhalter für einen asiatischen Turbo-
kapitalismus unvorstellbaren Ausmaßes gewesen. In fünfzehn Jahren wird
es allein in China zweihundertzwanzig Millionenstädte geben. Im Süden
plant das Reich der Mitte bereits heute die Zusammenlegung von neun Mil-
lionenmetropolen zur größten Stadt der Welt, einem urbanen Monster mit
fünfzig Millionen Einwohnern. Die Vorstellung, dass ausgerechnet Asien,
das derzeit sein kulturelles und spirituelles Erbe in blindem Wahn irreversi-
bel zerstört, noch immer der Hort von Weisheit und Gelassenheit ist, muss
überdacht werden. Eine sinnvolle Beschränkung mit der Chance eines rege-
nerativen Innehaltens findet derzeit noch am ehesten in unseren Breiten statt
– zum Beispiel in Frankreich.

Eine Nacht mit den Expressionisten

Zu meinem Leidwesen begegne ich keinem Braunbären, als ich hügelauf und hügelab fahre, bis ich Tarbes erreiche. Man kann den Siedlern
nur gratulieren, die sich einst entschlossen haben, Häuser und Gehöfte
in diese weite Talmulde zu setzen, durch die sich die Flüsse Adour und
Échez schlängeln. Auch die Veranstalter der alljährlichen Tour de France
haben die landschaftlichen Reize des Bigorre erkannt und bislang insgesamt elf Etappen durch Tarbes geführt, das ansonsten ein eher beschauliches Dasein fristet. Ich flaniere eine Stunde ungestört durch die großzügig
angelegten Massey-Gärten, ehe ich einen letzten Blick auf die Gipfel der
Pyrenäen werfe. Dann gibt es kein Halten und keine Rast mehr. Wie von
selbst pendeln meine Oberschenkel auf und ab, drücken meine Beine das
Postrad voran. Bei den Anstiegen stehe ich hochaufgerichtet im Sattel,
kurz darauf lasse ich meinem Gefährt freien Lauf und schieße, tief über
den Lenker gebeugt, talwärts.

   Die Straße fädelt jene reizenden Dörfchen zu einer Kette zusammen, die
dem Gast in den ersten drei Tagen seines Besuchs als entspannende Idylle

erscheinen, bevor ihm ab dem vierten oder fünften Tag der Himmel auf den Kopf zu fallen droht. Im achten oder neunten dieser scheinidyllischen Nester stürzt eine leger gekleidete, etwa fünfundvierzigjährige Frau aus einem Tante-Emma-Laden und stößt zu meiner Überraschung einen deutschen Fluch aus, als sie fast mit dem Vorderrad meines Fahrzeugs kollidiert.

»Sind Sie etwa Deutsche?«, frage ich, als ich dank einer spektakulären Vollbremsung ein Haarbreit vor ihr zum Stehen komme.

»Na klar«, gibt sie zurück und sammelt eine Packung Butter auf, die ihr während unseres Beinahe-Unfalls aus der Einkaufstasche gefallen ist. »Wir sind vor zwei Jahren hergezogen.«

Mein Angebot, das eben Erlebte im Schatten des gegenüberliegenden Straßencafés zu verarbeiten, kontert sie mit einer Einladung in ihr Landhaus. In den Einkaufstüten, die rechts und links ihrer Hüften baumeln, habe sie alle Zutaten für eine Ratatouille, ein Gemüsegericht der besonderen Art, für das sie weit über ihr Dorf Trie-sur-Baïse hinaus bekannt sei. Als sie hinzufügt, dass ihr französischer Mann ein leidenschaftlicher Radfahrer sei und zudem eine Bibliothek aufgebaut habe, die bis an die Decke reiche, ist das Vorhaben besiegelt.

Wenn Franzosen »aufs Land ziehen«, meinen sie damit keine Vorstadt mit S-Bahn-Anschluss. Stattdessen verfallen sie mit Vorliebe dem Charme eines rustikalen Holzbauernhauses im Nirgendwo ebenso wie der Idee, dieses Anwesen ohne übertriebene Scheu vor Kitsch selbst zu gestalten. So wundere ich mich nicht, dass ich Giselas Peugeot eine halbe Stunde über Feldwege folgen muss, ehe wir an einem Gutshaus ankommen, das zwei Großfamilien Platz böte. Kurz darauf sitze ich meinen Gastgebern, einer dampfenden Gemüseschüssel und einem Glas trockenem Bordeaux gegenüber. Früher hätten sie in Berlin, später in München gewohnt, bemerkt Etienne, das Stadtleben sei jedoch nichts für sie gewesen. So hätten sie ihre Wochenenden immer häufiger im Grünen und schließlich in seiner Heimat Südfrankreich verbracht, bis sie sich in dieses Stück Land verliebt und

Freunden, Gewohnheiten, der Arbeit und Deutschland den Rücken gekehrt hätten.

»Inzwischen sind wir Großgrundbesitzer und Selbstversorger«, gibt Etienne mit einem Anflug von Stolz bekannt, während mir Gisela einen zweiten Teller Ratatouille anbietet. »Wir haben zwei Pferde, unseren Esel Jacques, den wir nach dem ehemaligen Präsidenten der Republik benannt haben, ein Dutzend Hühner und einen Wachhund, der keiner Fliege etwas zuleide tun kann. Das alles am Laufen zu halten bedeutet mehr Arbeit, als wir vorher mit unseren beiden Vollzeitstellen gehabt haben. Aber es ist eben ein Unterschied, ob man sich für jemand anderen den Buckel krumm schuftet oder seine eigenen Projekte verwirklicht, *hein*? Doch wem sage ich das: Sie fahren ja schließlich mit diesem komischen Ding da herum!«

»Genau«, wirft Gisela ein, »was ist das eigentlich für ein Gefährt?«

»Das, meine Liebe, ist ein gelber Blitz mit robustem Stahlrahmen, Dreigang-Nabenschaltung von Shimano und einer Trommelbremse, den selbst eine Böe der Stärke acht nicht umhaut!«, kommt mir Etienne zuvor.

»Also, ich finde vor allem den Anhänger praktisch«, gibt seine Frau schnippisch zurück.

»Auf diese Weise muss ich mein Gepäck nicht am Körper tragen«, versuche ich eine Vermittlung. »Dank der ausgetüftelten Halterung bleibt der Anhänger bei voller seitlicher Bewegungsfreiheit des Fahrrads immer senkrecht auf der Straße. So kann ich mich in die Kurven legen und fühle mich dennoch sicherer als auf einem normalen Fahrrad. Nur wenn mich einer dieser windschnittig gekleideten Rennrad-Halbprofis überholt, komme ich mir zuweilen wie ein Brummifahrer vor, der einem Porsche im Weg ist.«

»Das glaube ich gern! Vor allem die Aufstiege dürften dir mit diesem schweren Gefährt Kopfzerbrechen bereiten, nicht wahr?«, fragt Etienne, ehe er in ein sympathisches Lachen ausbricht und anfügt: »Aber du willst damit ja nicht um Frankreich herumfahren, oder?«

Er klopft sich auf die Schenkel und grinst über seinen gelungenen Scherz.

Doch, Etienne: Eben das habe ich vor.

Als sich herausstellt, dass Etienne die gleiche Schwäche für expressionistische Gedichte hat wie ich, rezitieren wir bis lang nach Mitternacht die düster-genialen Werke unserer tragischen Helden: jene mit den kurzen Namen – Ernst Blass, Paul Boldt, Yvan Goll, Paul Zech – und die »Stein-Trilogie« – Albert Ehrenstein, Alfred Lichtenstein und Alfred Wolfenstein – ehe wir mit August Stramm und Georg Trakl die schwersten Geschütze auffahren. Es ist, als glitten wir an jenem Abend für Stunden in eine andere Welt, in ein Imperium der Extreme, in dem die Naturgesetze verhandelbar sind, Ästhetik alles ist und auf jedem Bewohner ein so immenser Druck liegt, dass alles, was er tut, einer Explosion gleicht. Wir entrinnen diesem Zauberreich erst, als wir gegen zwei Uhr nachts in den poetischen Abenteuerbericht *L'usage du monde* eintauchen, mit dem der Schweizer Reisebuchautor Nicolas Bouvier seine Fahrt in einem Fiat Topolino nach Afghanistan beschreibt. Immer wieder lesen wir uns gegenseitig die besten Stellen vor.

Ich habe keine Erinnerung daran, wann ich, vollauf erfüllt mit Emotionen und Gedanken, in das weiche Daunenbett des Gästezimmers gesunken bin. Es ist jedenfalls schon lange hell, als ich, in Frankreich ansonsten leider untypisch, mit einem beeindruckenden Frühstück auf die Weiterreise vorbereitet werde.

Das Eldorado der Leichtigkeit

Trotz der vergleichsweise kurzen Nacht komme ich gut voran. Ich bin wie elektrisiert von dem Gedanken, noch heute mein nächstes großes Etappenziel zu erreichen. Wenige Stunden nach dem Abschied von Gisela und Etienne kündigt sich eine Metropole mit größer werdenden Straßen, Kilometerschildern am Wegrand und schließlich mit Vororten an, die den Namen der Stadt stolz in den eigenen integrieren. Ich gerate in Hochstimmung und beginne lauthals zu singen, während ich meinen Lenker in Ermangelung eines Schlagzeugs mit den Fäusten bearbeite. »*Dans mon quartier, dans ma cité, c'est épicé – et moi, j'aime ça!*«, schmettere ich meinem Ziel entgegen, »*Toulouse, Toulouse, oh la ville rose …*«

Drei Jugendliche in einem weinroten »B-M-Double-W« brechen ihren Überholvorgang ab, drehen das Beifahrerfenster herunter und rufen mir ein überzeugtes »*Vive Zebda!*« zu, ehe sie mit Vollgas davonbrausen. Wäre ich mit der aktuellen französischen Popmusikszene nicht vertraut, würde ich mich sicherlich fragen, warum um alles in der Welt jemand einem Postradfahrer »Ein Hoch auf die Butter!« zurufen sollte. Ich teile jedoch ihre Verehrung Zebdas, einer vielköpfigen Musikgruppe aus Toulouse, die höchst erfolgreich Einflüsse aus den vier R, aus Reggae, Rap, Raï und Rock, zu einer eigenwilligen, tanzbaren Mischung zusammenrührt.

Zebda, das arabische Wort für Butter, verweist auf das französische *beur*, das wie *beurre*, Butter, klingt und eine leicht abschätzige Bezeichnung für die arabischen Einwanderer ist. Einige der Bandmitglieder haben einen maghrebinischen Hintergrund; auch darum handeln viele Texte von der schwierigen Situation der Migranten in Frankreich. *Qui a construit cette route? Qui a bâti cette ville? Et qui l'habite pas?*, »Wer hat diese Straße angelegt? Wer hat diese Stadt gebaut? Und wer wohnt nicht dort?«, fragen Zebda in ihrem Lied *Le bruit et l'odeur*, eine Anspielung auf das frankreichweite Problem, dass sich Benachteiligte in Vororten ballen, die sich nach und nach zu Problemzonen entwickeln.

Seit jeher profitiert Frankreichs Musikszene unüberhörbar von der Mischung der Ethnien, Kulturen und Traditionen – und vom Geschmack junger Franzosen, die den Mut, eigene Wege zu gehen, goutieren. Statt einem Einheitsbrei weitere Drei-Minuten-Hits hinzuzufügen, die auf Englisch gesungen werden und deren Interpreten krampfhaft versuchen, genau wie die Idole aus den USA zu klingen, mischt die bretonische Combo Manau französischen Rap mit uralten keltischen Rhythmen. Dionysos aus Valence bestechen mit Wortspielen, frischen Gedankenbildern und am Stil der

Fünfzigerjahre angelehnten Melodien. In ihren explosiven Rockkonzerten setzen sie gern klingende Sägen und Glockenspiele, Ukulelen und Hawaii-Gitarren, Ätherophone und Fahrradklingeln als Instrumente ein. Jean-Michel Jarre verfasst Kompositionen für Synthesizer und gelangte mehrfach ins Guinness-Buch der Rekorde, da er Konzerte vor mehreren Millionen Zuhörern gab. Das Popduo Air produziert sphärische, zehnminütige Soundstrukturen, die in fremde Welten entführen. Mickey3D, die Lokalhelden von Saint-Étienne, schreiben politisch motivierte Texte und mischen Akustikgitarren mit Elektro-Motiven. Der französisch-spanische Sänger Manu Chao hat dank einer frechen und eingängigen, an lateinamerikanischen Rhythmen orientierten Stilmischung und dank Texten auf Englisch, Französisch, Spanisch, Portugiesisch, Italienisch, Galizisch, Arabisch, Portuñol und Wolof Hunderttausenden einen Zugang zur Weltmusik eröffnet.

Den Geschmack von Zebdas südfranzösisch-leichten Melodien im Mund, mit dem Oberkörper auf und ab wippend wie ein Tanzbär, erreiche ich das Schild, auf dem der ersehnte Name steht. »*Ça bouge*«, raunen sich französische Jugendliche zu, wenn sie von Toulouse sprechen, »da ist was los«. Es sind weniger die Sehenswürdigkeiten, die den Ballungsraum zu der am schnellsten wachsenden Region Frankreichs machen. Nicht einmal die privilegierte Lage – nahe genug an den Pyrenäen, damit die Hitze nicht so drückt wie an der Côte d'Azur, durch den Canal du Midi und die Garonne direkt mit dem Mittelmeer und dem Atlantik verbunden – und die angenehme Größe – groß genug, damit bekannte Stars hier Station machen, zugleich jedoch übersichtlich und besser in ein reizvolles Umland eingebunden als beispielsweise Paris oder Bordeaux – sind die Hauptverantwortlichen hierfür. Es ist schon eher die sanfte Weiterentwicklung okzitanischer Grundwerte durch fünfundzwanzigtausend Spanier, die während des Spanischen Bürgerkriegs in die Stadt gekommen sind, und durch ebenso viele Algerier, die es im Zuge des Algerienfeldzuges hierher verschlagen hat. Einmal mehr stellen die Variation an Lebensentwürfen und das Nebeneinander verschiedener Identitäten

in der »okzitanischen Stadt mit spanischem Akzent und italienischen Fassaden«, so die Selbstbeschreibung von Toulouse, einen idealen Nährboden für
kulturelle Entwicklungen bereit.

Schön, dass Klischees auch mal zutreffen: Auf dem Wilson-Platz, an den
die Häuser aus rotem Backstein von allen Seiten herantreten, unterhalten
Artisten eine Menschenmenge mit halsbrecherischen Seilkunststücken. In
der Rue Alsace-Lorraine wiegen sich Dutzende Tänzer zu Tangorhythmen,
die zwei riesige Lautsprecher auf sie regnen lassen. Und nahe der Garonne
lassen drei Punks A-cappella-Versionen bekannter Hits der spanischen Polit-
Combo Ska-P auf knapp einhundert Zuhörer los. So sollte es, mit einer
jeweils deutlichen Steigerung zum Abend hin, in den kommenden zwei
Tagen weitergehen. Toulouse untermauert seinen Ruf als feierwütiges Eldo-
rado der Leichtigkeit mit immer neuen Beweisen. Es setzt damit eine lange
Tradition der Anziehungskraft fort.

Seit jeher weckte das fruchtbare Gebiet an der Garonne Begehrlichkei-
ten. Toulouse hat dabei immer eine herausragende Rolle gespielt. Ab 418
nach Christus war »Tolosa« die Hauptstadt des Westgotenreichs, das sich
während einiger Jahrzehnte bis zur Bretagne und weit in die Iberische Halbinsel hinein ausdehnte – insbesondere als Eurich seinen älteren Bruder Theo-
derich II. beseitigen ließ und dessen Stellung als König übernahm. Im Mittelalter wurde Toulouse als Hauptstadt Okzitaniens derart erfolgreich gegen
die muslimischen Invasoren verteidigt, dass arabische Geschichtsschreiber
die Niederlage der Sarazenen am 9. Juli 721 als verheerender bewerteten
als die kurz darauf folgende von Tours und Poitiers, dank der Karl Mar-
tell von Chronisten als »Retter des Abendlandes« überhöht werden konnte.
Anschließend wurde Toulouse Hauptstadt des Languedoc und ein Zentrum
der Katharer-Bewegung. Mittlerweile ist es der unumstrittene kulturelle und
administrative Mittelpunkt der Region Midi-Pyrénées.

Dass es sich in Toulouse auch ökonomisch gut leben lässt, verdankt die
Stadt einer unscheinbaren westasiatischen Pflanze namens Färberwaid, die,

ähnlich wie um die thüringische Hauptstadt Erfurt herum, in den kalkreichen Böden prächtig gedeiht. Ihre Blätter enthalten das farblose Glykosid Indican, das man enzymatisch in Zucker und Indoxyl spalten kann. Nach der Oxidation verwandelt sich Letzteres in Indigo, jenen satten Blauton, den man in ganz Südfrankreich auf Eingangstüren, Fensterläden und Zäunen vorfindet. Da diese »Verwandlung« mehrere Stunden in Anspruch nimmt und praktisch von allein passiert, konnten die Arbeiter währenddessen genüsslich »blau machen«.

Vermutlich war es das Vorhandensein einer industriellen Infrastruktur und ausgebildeter Fachkräfte, das dafür gesorgt hat, dass die industrielle Revolution eine sprunghafte Entwicklung der Stadt mit sich brachte. In jener Zeit wurde Toulouse mit den toskanisch anmutenden roten Ziegelsteinen eingekleidet, die ihr den Beinamen *la ville rose*, »die rosafarbene Stadt«, einbrachten. Zwischen den beiden Weltkriegen siedelten sich mehrere Luftfahrtunternehmen in Toulouse an. Der Standort ist gut gewählt: Bereits um 1890 konstruierte Clément Adler in Muret bei Toulouse mehrere motorisierte Fluggeräte. 1918 flog Pierre-Georges Latécoère zum ersten Mal Postfracht von Toulouse nach Marokko. Neun Jahre später stellte er den jungen Nachwuchsliteraten Antoine de Saint-Exupéry ein, der regelmäßig die Etappe Toulouse–Casablanca–Dakar flog, ehe er mit seiner in einhundertvierzig Sprachen übersetzten Geschichte *Le petit prince* Kinder und Erwachsene auf der ganzen Welt rührte. 1969 verließ die erste Concorde die Startbahn des Flughafens Toulouse-Blagnac; heutzutage stellt man hier die gigantischen Großraumflugzeuge von Airbus her. Der A 350 ist inzwischen für schlappe dreihundert Millionen US-Dollar erhältlich.

Die Eigendarstellung der Stadt stellt mit dem typisch französischen Sinn für gezielte Übertreibung gern die Erfolge heraus (»die rosafarbene Stadt hat aus Himmel und Raum ein Feld der Eroberung und des wirtschaftlichen Erfolges gemacht«) und kehrt die eher unrühmlichen Details wie das abrupte Ende der Concorde nach einem tragischen Zwischenfall im Jahr

2000 unter den Teppich. Der Spagat zwischen lebendiger Jugendkultur und ökonomischer Prosperität, okzitanisch-eigensinniger Tradition und dem High-Tech der *Aérospatiale* ist Toulouse jedoch definitiv gelungen.

In Hochstimmung bin ich in diese Stadt gekommen, gut gelaunt verlasse ich sie wieder. Ich weiß, dass der vielleicht schönste Teil meiner Postradtour unmittelbar bevorsteht.

Staubtrockene Landschaft, ein genialer Architekt und jede Menge Ärger

»Wissen Sie eigentlich, junger Mann, wie lange wir schon eine Wasserstraße durch Südfrankreich ziehen wollen? Haben Sie überhaupt eine Ahnung, wer sich über diese Frage bereits das Hirn zermartert hat? Größere Männer als Sie und ich, das können Sie mir glauben! Die Idee, einen Kanal von Toulouse bis zum Mittelmeer anzulegen, reicht zurück bis zu den Römern unter Kaiser Augustus. *Oui, Monsieur*, und heute kommen Sie daher und behaupten, dass Sie dieses Wunder vollbringen können? Das würde ich Ihnen ja gern glauben. Wir sind es leid, dass unsere Waren auf hochseetauglichen Schiffen verstaut, anschließend um die Iberische Halbinsel herum und auf den Atlantik hinaus transportiert werden müssen, ehe sie in Aquitanien ankommen. Die Piraten rauben uns den letzten Nerv. Aber schauen Sie sich doch bitte schön mal um im Languedoc. Schauen Sie sich die Felder in der Nähe Ihrer Heimatstadt an, *Monsieur*, schauen sie, wie mühsam man sie bewässern muss. Es wird Ihnen nicht entgangen sein, dass Südostfrankreich nicht eben mit Wasser gesegnet ist. Es gibt dort keine großen natürlichen Gewässer. Die Sonne schlürft Pfützen nach einem Regen binnen weniger Stunden aus. Das Wasser Ihres Kanals wird versickern und verdunsten. Im Languedoc kann einfach kein Kanal gebaut werden. Also vergessen Sie die Angelegenheit!«

»Es ist vollbracht, Riquet, es ist tatsächlich geschehen! Vor drei Tagen, am 8. Oktober 1666, hat unser König, Ludwig XIV., Gott sei ihm hold, die Genehmigung zum Bau eines ›Königlichen Kanals‹ erteilt. Und du wirst der Baumeister sein! Du Teufelskerl! Deine Antworten haben Monsieur Colbert aschfahl werden lassen. Du bist mir aber auch einer! Unseren Finanzminister nach seinen schroffen, ablehnenden Worten derart souverän zu belehren. Ihn nicht nur seelenruhig darüber in Kenntnis zu setzen, dass man, indem man den Canal de Briare gebaut hat, eindeutig bewiesen habe, dass dadurch zwei Täler miteinander verbunden werden können. Sondern ihm zudem auch einen bis ins kleinste Detail ausgearbeiteten Konstruktionsplan vorzulegen, der nicht nur den Kanal, sondern auch alle technischen Bauwerke beinhaltet. Das war famos, Riquet. Unser Finanzminister Colbert ist ein Mann der Zahlen. Deine Leidenschaft, die, wie wir wissen, hart am Fanatismus entlangschrammt, hat ihn bestimmt nervös gemacht. Wie das abgelaufen sein muss, als er sich gegen Ende des Gesprächs erschöpft zurücklehnte und seinen allerletzten Trumpf ausspielte! Wie er dann mit einem listigen Lächeln im Gesicht meinte, ihm sei noch etwas Wichtiges eingefallen, es sei ja alles schön und gut mit dem Bau des Kanals, er werde eine Expertenkommission mit der Prüfung der Pläne beauftragen. Wie er dann plötzlich vorschnellte und dir direkt in die Augen sah. »Aber, Pierre-Paul Riquet, eine Frage müssen Sie mir noch beantworten: Woher wollen Sie eigentlich das Wasser nehmen, das Ihren Kanal speisen soll?« Wie du daraufhin eine halbe Minute verstreichen ließest, in der die Spannung wie eine Schicht zähes Quecksilber zwischen euch hing, nur um deine Antwort zur Gänze auszukosten. Und wie du ihm schließlich leise, fast flüsternd, anvertraut hast, dass du das Wasser von den dreißig Kilometer entfernten Hügeln der Schwarzen Berge holen, die dortigen Bäche in einem gigantischen Stausee zusammenfassen und schließlich über einen Kanal zum Scheitel des geplanten »Königlichen Kanals« lenken wirst, das war tollkühn von dir. Das ist ein Plan für Götter, Riquet!

Große Probleme verlangen nach großen Lösungen, nicht wahr? Ich denke, dein Größenwahn hat letztlich den Ausschlag dafür gegeben, dass unser Sonnenkönig die Genehmigung erteilt hat. Er wird das Projekt als bedeutsam genug angesehen haben, auf dass es seine eigene Größe spiegele. Einmal mehr wird Frankreich die Welt anführen, was ökonomischen Sachverstand und technischen Fortschritt betrifft. Und du, Sohn von Béziers, hast dies ermöglicht. Gloria und Halleluja sei Gott in der Höhe! Dein Kanal wird gebaut, und ein Teil deines Ruhmes wird auf unsere Stadt ausstrahlen, auf mich als Ortsvorsteher auch. Du Sohn eines Salzsteuereinnehmers und größter Baumeister unserer Nation, bitte erzähl' mir noch einmal, wie das Gespräch mit unserem Finanzminister abgelaufen ist, nein: erzähl' es gleich der ganzen Gemeinde!«

»Guten Tag, Monsieur Riquet, wir sind, wie Sie sich denken können, zu Ihnen gekommen, um den Todesfall von Malpas zu untersuchen. Von unseren Ergebnissen wird abhängen, ob Ihr Vorhaben, einen Tunnel zu bauen, damit das Wasser Ihres Kanals seinen Weg findet, fortgesetzt werden kann. Ihre Verdienste in allen Ehren, Monsieur Riquet: Dass der westliche Teil des Königlichen Kanals bereits nach vier Jahren fertiggestellt werden konnte, hätte niemand für möglich gehalten. Auch Ihre Idee mit dem Wasserreservoir erwies sich als durchführbar. Inzwischen führt der Kanal, wie ich sehe, bereits weit über Castelnaudary hinaus. Doch jetzt haben Sie den Bogen überspannt. Was für ein aberwitziger Versuch, einen Tunnel durch ein Bergmassiv zu graben! Kein Wunder, dass bei dieser Tollkühnheit ein Arbeiter ums Leben gekommen ist. Sie können sicher sein, dass wir die Vorgänge von Malpas genauestens ... aber ... *non, Monsieur!* ... Sie werden doch nicht ... Sie haben doch wohl nicht ...? Was ist DAS denn?«

»Das, hochverehrte Herren, ist der fertiggestellte Tunnel von Malpas. Wie Sie sehen, haben wir uns erlaubt, das Vorhaben in den vergangenen sechs Tagen erfolgreich zu beenden. Es hat keinen weiteren Verlust von

Menschenleben gegeben. Damit kann nun zur Glorie unseres geliebten Landes und zum Wohle aller, die Waren zu transportieren haben, zügig am Bau des Kanals weitergearbeitet werden.«

❧

»Wie hast du es geschafft, dass die besten Arbeiter Frankreichs für dich tätig werden, Vater?«

»Die Wahrheit, mein Sohn, ist, dass sie wissen, dass ich mehr bezahle als üblich – selbst wenn sie krank werden oder aufgrund eines Unwetters nicht weiterarbeiten können. Das ist nur eine Form des Respekts, der die über zehntausend Arbeiter motiviert. Und ebenso die Arbeiterinnen. Unter den Frauen, lass' dir das gesagt sein, findest du manche, die so tüchtig sind wie zwei Männer!«

❧

»Jean-Mathias Riquet, heute, am 24. Mai 1681, wird die größte Baustelle unserer Nation geschlossen. Es ist dem Sachverstand und der Hartnäckigkeit Ihres Vaters zu verdanken, dass der über zweihundert Kilometer lange Kanal, der seit heute Toulouse mit dem Mittelmeer verbindet, in gerade einmal vierzehn Jahren erstellt werden konnte. Was aber sagen Sie zu den Gerüchten, Ihr Vater habe den Bau mit eigenen Investitionen vorangetrieben und sei darüber in fürchterliche Schulden geraten?«

»Ich bin heute ganz besonders stolz, den Namen meines Vaters zu tragen. Ich danke den Arbeiterinnen und Arbeitern aus dem Languedoc, den Töchtern und Söhnen Frankreichs, die mit Schaufeln und Hacken, mit Eseln und mit Ochsenkarren alle Kräfte aufgewandt haben, um den Traum meines Vaters zu erfüllen. Seien Sie unbesorgt: Die Einnahmen aus der Nutzung des Kanals werden die aufgenommenen Schulden bei Weitem übersteigen. Auch was das betrifft, wird mein Vater posthum Recht behalten – er, der immer in großen Maßstäben gedacht und es am Ende geschafft hat, seine Vision dank Kompetenz und persönlichem Einsatz in ein unvergleichliches Meisterwerk französischer Ingenieurskunst zu verwandeln.«

Ein Gespräch mit Georges Cocker

Mit einem strömungslosen Tümpel im Zentrum von Toulouse beginnt die berühmte Wasserstraße, die die vor mir liegenden Tage so angenehm begleiten wird. Kaum lasse ich die letzten Häuser der Stadt hinter mir, reiht der Kanal Platanen auf beiden Uferseiten auf. Kurz darauf beugen sich Linden und Pappeln über das Wasser. Damit beginnt ein Hasch-Mich-Spiel des Sonnenlichts, das helle Figuren und diffuse Schattenbilder in ewig neuer Variation auf das Wasser projiziert.

Ein Gesicht aus Licht fällt durch die Blätterkronen hindurch und führt einen Veitstanz auf der Wasseroberfläche auf. Ein gezackter Schatten hastet das linke Ufer entlang, im Wettlauf mit Joggern und Radfahrern. Licht legt sich um meine Beine, die sich auf und ab bewegen und das Postrad zur Höchstleistung antreiben. Ein Schatten im Kanal, der, umringt von Licht, auf der Wasseroberfläche zappelt wie ein Fisch an der Angel, reist mit mir. Licht und Schatten überall, das eine ohne den anderen nicht denkbar, wo der eine ist, dort will das andere hin. Ein freudiges Spiel, das nirgendwo auf meiner Reise so formvollendet gespielt wird wie hier, wo der Zerrspiegel des Wassers jede Regung an die Baumstämme wirft, wo das Licht von oben kommt und aus dem Wasser herausscheint, wo der Schatten eine Kompli-zenschaft mit den Bäumen eingeht. Hier, wo das Leben selbst mit seinen bei-den wichtigsten optischen Instrumenten jongliert, fernab von Straßenlärm und grauen Tankstellen, weit weg von hupenden Autos und röhrenden Last-wagen. Hier, wo ich auf keine Straßenmarkierung achten muss, wo mir der Kanal selbst Wegweiser wird, hier, wo ich meine Gedanken von der Leine lassen kann. Sie reißen sich los und biegen in immer neue Abwege ein, bis …

»*Ee-oh*! Du da!«

… bis mich Joe Cocker höchstpersönlich aus meinen Tagträumen reißt. So kommt es mir zumindest vor, als ich in meinem Rücken eine Stimme vernehme, die wie ein Reibeisen klingt.

»Das hier ist die falsche Seite, junger Mann!«

Jeder Konsonant wird von einem Geräusch begleitet, als ziehe man Kreide über eine Tafel. Die Vokale sind stakkatoartig kurz und werden von Zeit zu Zeit von einem keuchenden Husten unterbrochen, das entfernt an die Schreie der Orks in Peter Jacksons Filmtrilogie »Herr der Ringe« erinnert. Angesichts der originellen Geräuschmischung krampfen sich meine Hände augenblicklich um die Bremsen meines Dreieinhalbmetergefährts zusammen. Matsch spritzt rechts und links empor, eine Staubwolke schiebt sich zwischen Joe Cocker und mich. Durch sie hindurch sehe ich einen untersetzten Mann mit angegrautem Vollbart, der nun beginnt, genau die zwischen Genialität und Spastik lavierenden Bewegungen auszuführen, die Joe Cocker bei der Zelebration seiner Lieder einsetzt.

»Hier kannst du nicht weiterfahren! Auf dieser Seite des Kanals hört der Weg nach zwei Kilometern auf. Du musst rüber zum linken Ufer. Glaub' mir ruhig, ich lebe seit zwanzig Jahren hier.«

Da mich vor allem der letzte Halbsatz seiner Aufforderung interessiert, kommen wir ins Gespräch, und ich erfahre, dass bis zu seinem zweiundvierzigsten Lebensjahr nichts darauf hindeutete, dass das Leben von Georges, wie er in Wahrheit heißt, je anders verlaufen könnte als die vorgezeichnete Bahn jener Schiffe, die sich von der Strömung des Canal du Midi treiben lassen. Ein Kind und später mal ein Häuschen im Grünen, so hatte er es sich vorgestellt. Bis das Schiff seines Lebens unvermittelt am Ufer entlangschrammte und schließlich havarierte. Kurz nach dem Konkurs der Firma, der er ein Jahrzehnt lang als Arbeiter gedient hatte, verließ ihn seine Frau. Das Leck, das das Schicksal in sein Leben geschlagen hatte, versuchte er mit Gelegenheitsjobs, zweitklassiger Malerei, drittklassiker Musik und billigem Rotwein zu stopfen. Trotzdem konnte er nicht verhindern, dass er, als seine Manövrierfähigkeit Schaden genommen hatte, von Strömungen erfasst wurde, über die er den Kahn seines Lebens bislang souverän hinweggelenkt hatte. Sie trieben ihn nach und nach unausweichlich in Abwege hinein. Zu

Beginn sei es ihm noch schwergefallen, sagt Georges, ein Laib Brot zuweilen, ein paar Fläschchen Schnaps unter dem Mantel, wenn er den örtlichen Supermarkt verließ. Dann wurde es einfacher. Als ihn die Polizei zum dritten Mal zur Rede stellte, schwor er jeglicher Hoffnung ab, jemals wieder ein Leben zu führen, das sich an den als normal geltenden Bedürfnissen orientiert. Direkt am Kanal, keine zwei Schritte vom Wasser entfernt, baute er sein Zelt auf.

Inzwischen habe er sich hier gut eingerichtet, vertraut er mir an, manche Kapitäne grüßten ihn im Vorbeifahren. Touristen seien rasch mit der Hand am Geldbeutel, wenn er ihnen seine Geschichte erzähle. Er wolle an keinem anderen Ort mehr leben, er brauche das ewige Murmeln des Wassers. Wir teilen ein Baguette, und ich opfere ein Stück Camembert, das dermaßen zerflossen ist, als sei es von Dalí gemalt worden. Hierher habe ihn das Schicksal geführt, hier gedenke er sein Leben zu Ende zu bringen, sagt er noch, ehe wir uns verabschieden. Nicht eben spektakulär sei es verlaufen, meint er, doch es sei jetzt zumindest wieder sein Leben. Ungern lasse ich Georges Cocker, der mehr über den Kanal weiß als drei Reiseführer zusammen, zurück und setze meine Reise nach Südosten fort, am linken Ufer des Kanals entlang. Ich möchte noch heute das nächste große Ziel erreichen.

Zypressen wechseln sich mit Pinien ab. Fliegen gehen auf Kollisionskurs. Hunde in Kalbsgröße ziehen ihre überforderten Halter hinter sich her. In Paralleluniversen entschwundene Liebespaare verknoten sich ineinander. Langbeinige Skaterinnen huschen von Schatten zu Schatten. Vergeblich versuchen muskelbepackte Jogger, sich an ihre Fersen zu heften. Am Canal du Midi feiert sich das Leben selbst, als gäbe es nirgendwo auf der Welt unansehnliche Fabrikschornsteine, stinkende Einfallstraßen und betongraue Vorstadtghettos. Wie viel sinnvoller ist es, eine von sechzigtausend Bäumen flankierte Wasserstraße anzulegen, ein Erholungsgebiet, das sich durch halb Südfrankreich zieht, als einen rostfarbenen löchrigen Turm in Paris aufzustellen, denke ich.

Wie Georges prophezeit hatte, franst der Weg am rechten Kanalufer in einen Treidelpfad aus und verebbt schließlich ganz, während sich linkerhand ein Sträßchen gen Südosten zieht. Ich passiere Castelnaudary, dessen Altstadt sich so stimmungsvoll an einer Stelle des Kanals erhebt, als sei sie extra als Vorlage für ein Porträt von Claude Monet dorthin gesetzt worden. Dann wechsele ich auf einen wurzelübersäten Weg und schließlich auf einen lehmigen Pfad. Das Verkehrsaufkommen am Ufer nimmt mit jedem Meter ab. Von den fünfzigtausend Freizeitkapitänen, die sich jährlich mit gecharterten Booten auf den Kanal begeben, bekomme ich kaum noch etwas mit.

Bereits beim Bau des Canal du Midi hat Paul-Pierre Riquet das touristische Potenzial dieses schattenreichen Erholungsgebiets heraufdämmern sehen. Die Bedeutung als Handelsweg hat die berühmte Wasserstraße mit dem Bau der Eisenbahn, spätestens jedoch mit der zuweilen parallel verlaufenden Autobahn zwar eingebüßt. Als Wirtschaftsfaktor ist der Kanal hingegen bis heute nicht zu unterschätzen. Auch die kanalnahen Städte – Toulouse, Castelnaudary, Béziers, Agde – profitieren von den Touristen, die, seit die UNESCO den Canal du Midi im Jahr 1996 als Weltkulturerbe deklariert hat, immer zahlreicher entlang dieser langgestreckten Oase anzutreffen sind.

Die Stadt, die jetzt, da der überhitzte Sommertag einem lauen Abend das Staffelholz übergibt, unvermittelt vor mir steht, hat solche Unterstützung hingegen noch nie nötig gehabt. Ihre Silhouette gehört zu den bekanntesten der Welt, sie diente unter anderem als Vorlage für Walt Disneys Dornröschenschloss. Mit verlässlicher Regelmäßigkeit strömen Jahr für Jahr drei Millionen Besucher hierher. Heute bin ich einer von ihnen, denke ich, als ich in Carcassonne einfahre.

Jeans Rätselstunde und die Gewerkschaft der Reisebuchleser

»Lassen Sie mich raten: Sie sind Schwede, gerade mit dem Studium fertig geworden und streifen derzeit per Interrail-Ticket durch Frankreich.«

Mit dieser originellen Begrüßung empfängt mich Jean, der sich bald als wichtigster Bestandteil seines Restaurants entpuppen sollte.

»Knapp daneben, *Monsieur*. Ich komme aus Deutschland, habe mein Studium bereits vor sechs Jahren beendet, erforsche Frankreich per Rad und habe derzeit einen Heißhunger auf ein saftiges Entrecôte.«

»Unter diesen Umständen nehme ich an, dass Sie nicht zum ersten Mal in Carcassonne sind«, tippt er und bietet mir einen Platz am Fenster an, von dem aus ich bis hinauf zur alten Festung, der *cité*, sehen kann. Ich scheine in eine Art Ratespiel geraten zu sein und gehe gern darauf ein. Der heutige Tag ist einer gelungenen Komposition aus Licht und Schatten gleichgekommen, die mich in eine heiter-gelassene Stimmung versetzt hat. Und nun bietet Carcassonne dem Abend die Kulisse, die er braucht, um sich in Szene zu setzen. Effektvoll wirft er gelbrote, gezackte Muster auf die Mauern der *cité*, die über der Stadt zu schweben scheint.

»Diesmal haben Sie ganz recht, das ist bereits mein fünfter Besuch Ihrer Stadt.«

»Dann scheint Ihnen Carcassonne trotz der vielen Touristen zu gefallen, was mich aufrichtig freut. Die meisten Besucher streifen ja nur kurz durch die *cité*, schießen hier ein paar Fotos und schicken dort eine Postkarte an die Verwandten, ohne unsere Stadt recht wahrzunehmen. Aber wenn Sie wollen«, kündigt er in konspirativem Flüsterton an und bezieht dabei trotzdem die drei weiteren Gäste an den Nebentischen mit ein, »wenn Sie wollen, erzähle ich Ihnen gern etwas über Carcassonne, das Sie noch nicht wissen.«

»Wetten, dass unser nichtschwedischer Radfahrer den Canal du Midi entlanggekommen ist«, nimmt ein knapp Fünfundzwanzigjähriger mit Vollbart den verschmitzten Tonfall unseres Gastgebers auf, als jener ein ansehnliches Entrecôte vor mich stellt. Sein Tischgenosse, ein Gleichaltriger mit scharfkantigem Gesicht und wachen, schnellen Blicken, fährt sich nervös durchs Haar und sieht mich fragend an. Ich nicke anerkennend. Nähme ich an Jeans Spiel teil, so tippte ich auf zwei Philosophiestudenten aus Paris, die

Sommerurlaub in der »Provinz« machen und sich anschließend die Katharerschlösser anschauen. Die dreißigjährige, etwas gelangweilt wirkende Frau am Nachbartisch verortete ich hingegen in der näheren Umgebung. Zu abgebrüht wirkt sie angesichts der abendlichen Farbenpracht, zu routiniert nimmt sie die *cité* zur Kenntnis. Das ist mehr als die übliche abwehrende Fassade einer jungen Frau angesichts einer männlichen Überzahl.

»*C'est parti!*«, nimmt Jean den Faden wieder auf. »Los geht's! Zunächst müsst ihr wissen, dass die Einwohner von Carcassonne recht findig sind – zum Beispiel wenn es ums Geschäftemachen geht. So floss der berühmte Canal du Midi zu Beginn keineswegs durch unsere schöne Stadt. Unser deutscher Freund hier wäre daher einige Kilometer entfernt vorbeigefahren und hätte keine Chance gehabt, mein legendäres Entrecôte zu probieren. Als sich jedoch die ökonomischen Vorteile des Kanals abzeichneten, leiteten wir ihn kurzerhand um. Den zweiten Grund für unseren wirtschaftlichen Erfolg seht ihr gerade rotglühend vor euch: Auch wenn in der *cité* nur etwas mehr als zweihundert Leute wohnen, profitieren praktisch alle vierzigtausend Einwohner der Stadt von ihr. Ich schätze mal, dass nicht einmal unsere beiden Studenten aus der Hauptstadt wissen, was es mit der Festung auf sich hat und woher der Name unserer Stadt der Legende nach stammt, richtig?«

Bingo, ich habe richtig getippt! Jeans Bemerkung legt nahe, dass er alle Gäste seines Lokals mit einer Vermutung begrüßt. Die beiden Studenten blicken sich einen Augenblick lang ratlos an. Selbst die Frau am Nachbartisch schiebt eine Augenbraue ein Stockwerk höher, was für sie vermutlich eine Geste darstellt, die äußerstes Interesse signalisiert. Jean nimmt unser Schweigen mit Genugtuung auf. Er setzt sich auf den freien Platz an meinem Tisch, fährt sich mit der Hand über den Bauch und räuspert sich, um seiner angekündigten Geschichte die Bühne zu bereiten.

»Gut, dann kann es ja losgehen. Was meint ihr, warum wir die Festung da vorn haben, die dafür sorgt, dass ich mehr Schnitzel verkaufe als mein Cousin in Toulouse?«

Erwartungsvoll blickt Jean in die Runde.

»Man hatte wohl Angst, angegriffen zu werden«, versucht es einer der Studenten.

»Aber warum?«

»Nun«, schaltet sich unvermittelt die bis dahin schweigsame Frau ein, »wir befinden uns auf einem Handelsweg, der das Mittelmeer mit dem Atlantik verbindet.«

Jean klatscht in die Hände. »Bravo, *Mademoiselle*, bravo! Zudem kann man von hier aus weit hinein ins Tal der Aude blicken. Wer sich in Carcassonne befand, der verfügte über einen guten Ausgangspunkt für Prosperität ebenso wie für militärische Stärke. Schon die Römer errichteten darum im dritten Jahrhundert nach Christus eine Festungsmauer um das Dorf, das sie »Carcaso« nannten. Reste davon sind heute noch zu sehen. Im Jahr 725 gelang es den Arabern dennoch, sich hier zu etablieren. Sie hielten diese Stellung noch Jahrzehnte nach ihrer vernichtenden Niederlage bei Tours und Poitiers. Es war Trencavel, der Vizegraf von Béziers, der im elften Jahrhundert das von einem Trockengraben umschlossene fünftürmige Schloss errichten ließ, das man bis heute bewundern kann. Sein Eingangstor wird von einer eisernen Pforte und von zwei Fallgattern geschützt, die, um Verrat zu erschweren, von mehreren Personen gleichzeitig bedient werden mussten. Die königlichen Truppen fügten der Burg das Konzept einer »aktiven Verteidigung« hinzu. Auf die äußere Mauer setzten sie massive, autark funktionierende Türme, den inneren Festungsring bauten sie aus, bis er höher als der äußere war. Selbst wenn es einem Angreifer gelingen sollte, die äußere Verteidigungslinie zu durchbrechen, stünde er im Zwinger, dem Bereich zwischen den beiden Festungsringen, wie auf dem Präsentierteller – ein leichtes Ziel für die über tausend Bogenschützen der Stadt.«

»Jetzt hast du uns aber noch immer nicht verraten, wie Carcassonne zu seinem Namen gekommen ist«, wirft der bärtige Student ein. Vermutlich ist er ein wenig gekränkt vom kompetenten Einwurf der Frau am Nebentisch.

»Gemach, junger Mann, gemach. Eine gute Geschichte muss reifen wie ein Brie, den ich euch übrigens nachher gern anbieten werde. Der Legende nach wurde unsere Stadt, wie so oft zuvor, auch zu einer Zeit belagert, da sich die Fürstin Carcas in der Burganlage befand. Monatelang tauschte man Scharmützel aus, immer neue Angriffswellen verebbten vor der Festungsmauer, Hunger nistete sich in den Blicken der Verteidiger ein. In diesem tödlichen Kräftegleichgewicht kam Frau Carcas auf die abstrus anmutende Idee, ein Schwein zu mästen. Ungläubig sahen die Verteidiger zu, wie das Tier dicker und dicker wurde, während sie selbst mit jedem Tag wandelnden Gerippen ähnlicher sahen. Als das Schwein rund und fett geworden war, ließ es Madame Carcas von der Schlossmauer werfen, woraufhin die Belagerer erschraken. Welche Essensvorräte mussten in der Festung lagern, wenn es sich die Verteidiger erlauben konnten, ein so wohlgenährtes Tier über die Brüstung zu werfen! Entmutigt gaben sie die Belagerung auf. Als der Sieg mit Burgglocken gefeiert wurde, soll einer der Angreifer sich umgedreht und resigniert gesagt haben: »*Madame Carcas sonne*«, »Frau Carcas lässt läuten«. Nicht übel, was?« Jean klopft sich auf die Schenkel.

»Schon, aber ist dieses frühe Beispiel psychologischer Kriegsführung denn verbürgt?«, will der Student wissen.

»Nun, wie ich bereits sagte, sind wir recht findig, was sowohl dafür spricht, dass die Geschichte wahr sein kann, als auch dafür, dass wir sie erfunden haben könnten, *n'est-ce pas*? Sie ist jedoch in jedem Fall schön genug, um erzählt zu werden.«

»Einer Belagerung kann Carcassonne hingegen offensichtlich nicht standhalten«, werfe ich ein, woraufhin sich alle Anwesenden mir zuwenden. »Die Touristen haben diese Stadt nachhaltiger verändert, als es Grafen, Ritter und Könige je vermocht haben.«

»So ist es, junger Mann! Doch mit diesem Einmarsch kommen wir ganz gut zurecht. Vor allem wenn die Besucher vom besten Brie der Region probieren. Und das wollt ihr doch, oder irre ich mich da?«

Auch in diesem Punkt liegt Jean richtig.

Als wir dem obligatorischen Käsegang frönen und Jeans Brie über den grünen Klee loben, kommt er an meinen Tisch und flüstert mir hinter vorgehaltener Hand komplizenhaft zu: »Hand aufs Herz, Thomas, kann man mit Reisegeschichten, wie du sie schreibst, eigentlich Geld verdienen?«

Ich zucke zusammen und blicke mich unwillkürlich um.

»Jetzt bin ich aber wirklich baff, Jean. Kompliment, woher weißt du denn, dass ich Reisegeschichten schreibe?«

»Nun, um ehrlich zu sein, hat bislang noch nie jemand so eifrig mitgeschrieben, wenn ich meine Geschichtchen zum Besten gebe. Die Tatsache, dass du für einen Deutschen braun gebrannt und mit diesem gelben Trumm dort den ganzen Kanal entlanggefahren bist, hat die Sache dann für mich klar gemacht. Ich spiele mit dem Gedanken, meine bisherigen Reisen in einem Büchlein zusammenzufassen. Also, wie ist das nun?«

»Hm, willst du den Stundenlohn erfahren? Dann denk' dir das schäbigste Stück Brie, dessen du habhaft werden kannst, ziehe die Hälfte seines Wertes ab und ziehe danach die Wurzel aus dem Ergebnis.«

»Autsch, das klingt wie beim Zahnarzt.«

»Es tut aber mehr weh, wenn man die Honorarabrechnung in Händen hält. Im Ernst, es fällt inzwischen sogar eingefleischten Reisebuchlesern schwer, angesichts des riesigen Angebots den Überblick zu behalten.«

»Man bräuchte also eine Art Qualitätskontrolle?«

»Natürlich, eine »Gewerkschaft der Reisebuchleser« müsste die Standards definieren und verteidigen! Hier die zentralen Forderungen der GDR: Jeder Reisebuchautor hat verbürgte Gefahrensituationen vorzuweisen. Außerdem muss er eine Humorgarantie auf sein Werk abgeben, bei Nichterfüllung dieses Anspruchs gibt es die Hälfte des Kaufpreises zurück. Eingehende Kontakte nichtsexueller Art zu den Einwohnern der bereisten Länder sind zu belegen, sagen wir, mindestens drei pro Woche. Außerdem müsste man sich dringend um die Vokabeln kümmern. All die ausgelutschten Ausdrücke, die bequemen Belanglosigkeiten, da muss man doch mal ordentlich entrümpeln! »Unterwegs sein« in »der Fremde«, in der sich »ein Nebel lichtet« und sich »Abenteuer ankündigen«, die einen »ganz im Augenblick aufgehen lassen« – fort damit!«

»Nun ja, Thomas …«

»Und erst der Stil! Was hat ein Fragezeichen nach einem Satz zu suchen, der nichts weiter als eine Aussage ist? Der inflationäre Gebrauch von Ausrufezeichen ist zu unterbinden! Auch finde ich, dass einem Autor für jede unnötigen Verwendung des Wörtchens »ich« von jedem Leser heftig auf die Finger geklopft werden sollte. Das arrogante Semikolon; in Schachtelsätzen fühlt es sich offensichtlich besonders wohl; muss verbannt werden – und ein Gedankenstrich ist ab sofort nur noch erlaubt, wenn danach auch wirklich ein Gedanke folgt.«

»Ja nun, Thomas …«

»Die müssten mich mal ranlassen, Jean. Dann würde ich das System von Grund auf umkrempeln.«

Ich halte inne, als ich bemerke, dass mich die schweigsame Dame und die beiden Studenten mit großen Augen anschauen. Eventuell ist mein Vortrag ein wenig zu impulsiv geraten. Jean räuspert sich, ehe er in die Stille hinein konstatiert:

»Ähm, Thomas …«

»Ja, Jean?«

»Deine Forderungen werden sich niemals durchsetzen!«

»Na, Gott sei Dank. Immerhin leben wir in einer Demokratie, das muss sich auch auf die Literatur auswirken. Zudem bin ich von einigen Unzulänglichkeiten der Sprache regelrecht begeistert! Falsche Wortzusammensetzungen finde ich zum Beispiel putzig. Ich stelle mir nun mal gern einen »dreiköpfigen Familienvater« vor und möchte wissen, was den »heißen Würstchenverkäufer« so anziehend macht. Ich will dem »theoretischen Physiker« auch in der Praxis begegnen und frage mich zuweilen, wie sich die

»stehenden Ovationen« wohl auf den Beinen halten. Gut gefallen mir auch die »feinen Sandstrände« Frankreichs, weil mich die groben Strände immer so ruppig behandeln.«

»Ich verstehe. Du bist also ein seltsamer Kauz und hast Glück, dass die meisten Franzosen ein Faible für derlei Sinnverdrehungen und für sprachliche Nuancen haben.«

»Trotzdem werden vermutlich auf beiden Seiten des Rheins munter Stilblüten gezüchtet. Als Reisebuchautor mache ich hierbei fleißig mit. In Deutschland lassen wir außerdem gern Pleonasmen wuchern. Wobei mir, wenn ich ehrlich bin, ohne all die »Examensprüfungen«, die »leitenden Direktoren« und »PIN-Nummern«, ohne »Chai Tea«, die »La-Ola-Welle« und ohne meinen persönlichen Favoriten, den »größtmöglichen Super-GAU«, wiederum etwas fehlen würde, über das ich mich so gern aufrege.«

Belustigt steigen auch die beiden Studenten in die Diskussion ein. Bei Sprachsinnereien taut vermutlich auch der eigenbrötlerischste Franzose auf. Während wir die Vorzüge von Jeans hausgemachter Mousse au Chocolat genießen, reden wir uns politikergleich die Köpfe heiß und werfen mit deutschen und französischen linguistischen Spitzfindigkeiten um uns, bis mein »gelbes Trumm« in völliger Dunkelheit steht und ich einwerfe, dass ich mich bislang noch nicht um eine Übernachtungsmöglichkeit gekümmert habe.

»Kein Problem, Thomas, du kannst gern hier im Restaurant schlafen, wenn du willst. Dein seltsames Gefährt kannst du im Hinterhof abstellen. Mein Hund passt nachts auf. Du musst morgen früh, wenn du aufbrechen willst, nur sicher gehen, dass er im Nebenzimmer ist und nicht im Hinterhof. Er würde dich sonst anfallen.«

»Ähm, sagtest du gerade »anfallen«, Jean?«

»Selbstverständlich. Das ist ein ausgebildeter Wachhund. Aber keine Sorge, meistens bleibt er ja drinnen. Gute Nacht also.«

Mit dieser beruhigenden Ankündigung, die Geräusche der Stadt in den Ohren, die Gedanken an das abendliche Gespräch noch nicht ausgeblendet, schlafe ich ein. In der Ferne schlägt jemand Eisen auf Stahl, zuweilen dringt Gelächter zu mir. Jugendliche unterhalten sich lautstark auf den Straßen. So ist es nicht verwunderlich, dass ich mich unruhig auf dem Holzboden hin- und herwälze. Im Schlaf meine ich, dass der Wind von weit her ein Wort in das Restaurant trägt. Es ist ein Wort, das eine lange Reise hinter sich hat. Ein Wort, das durch die Jahrhunderte hallt und Geschichten voller Hingabe und Hoffnung, voller Verrat und Verruf mit sich trägt. Ein Wort, das die Stimmung im Languedoc und in ganz Südfrankreich auf den Punkt bringt wie kein zweites. Ein Wort, das lodernde Feuer entfachen kann.

Katharsis, flüstert es windgleich um mich herum.

Katharsis.

Im Reich der Katharer und der Troubadoure

»Im Anfang war das Wort, und das Wort war bei Gott, und das Wort war Gott«, deklinierte Lestat den berühmten Anfang des Johannes-Evangeliums. Elaine hatte schon immer befunden, dass die helle Stimme des Bischofs nicht zu dessen gewaltigem Brustumfang passte, der ihr jetzt, da sie vor ihm kniete, mehr denn je wie eine Mauer vorkam. Er verdeckte einen Gutteil der fünfzig Anwesenden. Elaine spürte, wie sich die Blicke der anderen in ihren Rücken bohrten und war froh, als Lestat ein Tuch über sie zog.

»Und das Licht scheint in der Finsternis.«

Obwohl es schwarz um sie geworden war, schloss Elaine die Augen, um vollständig in den Worten aufzugehen. Zwei Jahre hatte sie sich auf diesen Tag vorbereitet. Von heute an würde sie eine Perfecta sein, eine Vollkommene. Sie würde keinen Mann mehr berühren, kein Fleisch essen, nie mehr Wein trinken, kein Fluch durfte ihr von nun an mehr entfahren.

»Und das Wort wurde Fleisch und wohnte unter uns, und wir haben seine Herrlichkeit angeschaut.« Elaine spürte das Gewicht des Evangeliums auf ihrem Kopf, ehe jeder der Anwesenden für einen Moment die Hand auf das Tuch legte, das sie umhüllte.

Zunächst war es ihr seltsam vorgekommen, dass sich ihre große Schwester Martha den Katharern anschloss, nach Carcassonne reiste und genau an der Stelle niederkniete, an der sie jetzt das Gleiche tat. Warum wird Frauen ein Tuch über den Körper gezogen, Männern dagegen nicht, fragte sie ihre Schwester nach deren Rückkehr, sind wir etwa von Natur aus unreiner als unser Bruder?

Da begann ihre Schwester zu erzählen, leise zunächst und zurückhaltend, im schlammigen Untergrund der Ahnungen musste sie nach den richtigen Worten stochern. Vom großen Graben, der unsere Welt vom Reich Gottes trenne, unseren unvollkommenen Körper von dessen reiner Seele, erzählte sie, genau wie es die »Interrogatio Johannes« benennt, jenes geheime Dokument über ein Gespräch des Apostels mit Jesus während des letzten Abendmahls.

Schau dich um, forderte sie ihre kleine Schwester auf, schau auf diese Welt mit ihren Hungersnöten, ihren Krankheiten, ihren totgeborenen Säuglingen! Etwas Derartiges kann unmöglich von Gott gewollt worden sein. Das Gute und das Reine, rief Martha schließlich, sind nur bei Gott zu finden, dorthin möchte ich gelangen. Plötzlich stand sie hochaufgerichtet vor der kleinen Schwester. Ihre Augen sandten Blitze aus. Erschrocken über den eigenen Gefühlsausbruch hob sie eine Hand vor ihren Mund. Elaine blickte ihr unentwegt in die Augen. Dann nickte sie kaum merklich und sagte so nachdrücklich, als sei jedes Wort bereits seit Jahren in ihr gewesen und habe seither darauf gewartet, endlich gesagt zu werden: »In zwei Jahren, Martha, werde ich eine Katharerin sein.«

Es war weniger die Leidenschaft ihrer Schwester gewesen, und es waren schon gar nicht ihre Worte, die Elaine reichlich verklärt und abstrakt vorgekommen waren, die ihr jenen schicksalsschweren Satz entlockt hatten, der vielleicht schon immer in ihr geschlummert hatte, und an den sie sich jetzt, unter dem Tuch verborgen, erinnerte. Schon eher hatte ihre Entscheidung damit zu tun gehabt, dass der Pfarrer ihres Dorfes ständig Bescheidenheit predigte, dabei aber in einem palastähnlichen Haus residierte. Dass er sie auf der Straße niemals grüßte, obwohl sie wie Adèle, die Tochter des Großgrundbesitzers, vor der er sich formvollendet verbeugte, regelmäßig in die Kirche ging. Dass er seine sonntäglichen Predigten auf Latein abhielt, während Lestat, der Katharerbischof, in ihrer eigenen Sprache dozierte. Es mochte auch daran liegen, dass sich ohnehin viele arme Bauersfamilien den Katharern anschlossen, da unter deren Herrschaft kein Zehnt als Kirchensteuer anfiel. Vor allem aber, davon war Elaine überzeugt, war es das authentische, der Enthaltsamkeit und Askese verpflichtete Leben ihrer Würdenträger, das dafür gesorgt hatte, dass sich die Katharer in weiten Teilen Europas als Gegenkirche etablieren konnten. Ihre Popularität brachte ihnen Spenden ein, von denen sie in Südfrankreich Weinberge kauften und Festungen unterhielten. Und sie, Elaine, wurde für wert befunden, dieser mächtigen Bewegung anzugehören! Alles an ihr strömte Glück aus, als Lestat ihr das Tuch vom Kopf zog. Sie war eine Perfecta, aufgenommen in die Gemeinschaft der Reinen und damit allein Gott und Jesus Christus verpflichtet statt irgendeinem Menschen – und sei es der Papst.

Jener ließ sich zur selben Zeit mit wachsendem Missmut von den Erfolgen seiner Widersacher berichten.

»Sie bauen keine Tempel, Eure Heiligkeit, ihre Zeremonien halten sie im Freien ab … das Languedoc und die halbe Lombardei stehen faktisch unter ihrer Herrschaft … das Alte Testament achten sie gering, und von den Evangelien lassen sie nur Johannes gelten … sie leben in Armut, manche von ihnen reichen Spenden an unsere Prälaten weiter, die sie deshalb gewähren lassen … der gesamte okzitanische Adel hat sich auf ihre Seite geschlagen … die Mönche, die wir nach Südfrankreich geschickt haben, um die Häretiker auf den rechten Weg zurückzuführen, sind unverrichteter Dinge wieder abgezogen … selbst die Fürsten stehen mit diesen Ketzern im

Bunde, Heiliger Vater, gemeinsam begehren sie gegen den König auf … es ist unzweifelhaft ein direkter Angriff auf die Einheit der heiligen katholischen Kirche, Eure Hei …«

Unwillig hob Papst Innozenz der Dritte den Arm. Was ihm seine Beobachter da berichteten, erinnerte ihn fatal an seine eigenen Worte, mit denen er die Menschen in seiner Schrift »De miseria conditionis humanae« beschrieben hatte: »Aus Erde geformt ist der Mensch, empfangen in Schuld und geboren zur Pein (…) aus dir aber kommt nur Schleim, Urin und Kot (…) du hinterlässt abscheulichen Gestank«.

Sofort nach seiner Wahl zum Pontifex hatte er die Macht der Kirche zementiert und Familienmitglieder auf hohe Posten in der Toskana gesetzt. Er hatte Konstantinopel plündern lassen und durchgesetzt, dass er das letzte Wort bei der Kaiserwahl im Deutschen Reich hatte. Und nun weigerten sich diese rebellischen Ketzer in Südfrankreich, seine Allmacht anzuerkennen und ihm zu dienen, ihm, der zwar nicht direkt ein Gott war, aber, wie er postuliert hatte, in jedem Fall »größer als der Mensch«.

»Lasst Abt Amaury zu mir kommen!«, herrschte er die Beobachter an, die sich daraufhin unter tiefen Verbeugungen entfernten, um seinem Befehl nachzukommen.

Amaury wusste sich auf der Linie seines Auftraggebers, als er bei der Belagerung von Béziers auf die Frage, wie man denn die Katharer von den rechtschaffenen Katholiken unterscheiden könne, antwortete: »Tötet sie alle! Gott wird die Seinen erkennen.« Wahllos metzelte man daraufhin Männer, Frauen und Kinder nieder, selbst jene, die in der Kirche Zuflucht gesucht hatten.

Wenig später eroberten die Kreuzritter Carcassonne. Nach der Einnahme von Minerve ließen sie vierhundert Katharer öffentlich verbrennen. Um die übrigen restlos zu vernichten, erfand man auf kirchliches Geheiß die Schauprozesse der Inquisition. Tausende Katharer wählten, um diesem Schicksal zu entgehen, die »Endura«, den freiwilligen Hungertod. Einige wenige zogen sich in die schwer zugänglichen Pyrenäenfestungen Montségur, Quéribus und Peyrepertuse zurück und hielten über Jahrzehnte hinweg zahlreichen Belagerungen stand. Die letzte Verhaftung eines Katharers ist für das Jahr 1342 in Florenz dokumentiert.

Geblieben sind dem ehemaligen Okzitanien nicht nur die kühn in die schroffen Felsen der Pyrenäen gesetzten Katharerburgen, sondern auch eine gesunde Distanz zur Pariser Zentralgewalt, verbunden mit einer emotionalen Nähe zu den Katalanen und Basken, mit denen man nicht nur einen gewissen Starrsinn, sondern auch die Popularität von Rugby und Stierkampf teilt. Inzwischen sprechen wieder über eine Million Südfranzosen okzitanisch, das mit einer Mischung aus Stolz und Trotz in acht Akademien, so in Toulouse und in Nizza, gelehrt wird. Auf diese Weise wird das Erbe der Katharer in abgewandelter Form bis heute fortgeführt.

Trotzdem fragt man sich unwillkürlich, was aus Südfrankreich, vielleicht gar was aus dem Christentum geworden wäre, wenn sich die Katharer damals gegen die katholische Kirche durchgesetzt hätten. Vielleicht wären die offiziellen Christen authentischer geworden, vielleicht hätten sie sich menschlicher verhalten, wenn sie ihre eigenwilligen Glaubensbrüder damals nicht mit Stumpf und Stiel ausgerottet hätten, mit ihren Lanzen, ihren Scheiterhaufen, mit ihren menschlichen Bluthunden, die Radau schlugen, als seien sie direkt der Hölle entsprungen.

Moment mal: Bluthunde? Ich reiße die Augen auf und blicke mich verdutzt in Jeans Restaurant um. Das kehlige Bellen des Wachhunds dröhnt durch die Wände des Nebenraums zu mir herüber. Keine Sorge, meistens bleibt er ja drinnen, erinnere ich mich an Jeans Worte vom Vorabend und hoffe, dass sie der Wahrheit entsprechen.

Rasch lasse ich meinen Traum vom größten häretischen Experiment der Geschichte, dessen Auswirkungen noch bis heute nachwirken, in Carcassonne zurück und radele aus der Stadt, die dabei eine besondere Rolle gespielt hat.

Die Farben und Akzente des Südens

Die Uferwege werden immer enger. Kurz hinter Carcassonne schlängelte ich noch übermütig um imaginäre Hindernisse herum, dann begannen Gräser, Sträucher und Äste, sich über den Weg zu beugen, bis sie sich schließlich zu einem Geflecht vereinigten, durch das sich ein Pfad von der Breite eines Fahrradreifens zieht. Unfreiwillig rupfe ich mit den Speichen Gräser und Blumen aus, nehme halbe Sträucher mit auf den Weg und lege seltsame Verbeugungen an den Tag, um dicken Ästen auszuweichen. Erwartungsgemäß brennt die Sonne herab, als wolle sie ein Loch in den Boden bohren. Ich halte ihr drei Zentimeter Creme und einen Hut entgegen, der an Cowboy-und-Indianer-Filme aus den Siebzigerjahren denken lässt. Mein Wildwestaccessoire habe ich im Schaufenster eines Cafés entdeckt, in dem ich das obligatorische Croissant nebst überteuertem Milchkaffee zu mir genommen habe.

Genau wie die Liebesbereitschaft der Damen, der Baguettekonsum und die Anzahl der Baskenmützen ist auch die Qualität des französischen Frühstücks dazu prädestiniert, notorisch überschätzt zu werden. In der Regel bekommt man zwei Scheiben Toastbrot, ein Flugzeugpäckchen Butter und zwei Kleckse Marmelade zu einem wässrigen Kaffee oder einer dickflüssigen Schokolade gereicht. Vielleicht besteht die Lösung, aus diesen knapp bemessenen Ingredienzien etwas Brauchbares herzustellen, ja wirklich in der Eigenart der Franzosen, den bestrichenen Toast so lange ins Getränk zu tunken, bis er sich in eine klebrige, schwammartige Masse verwandelt hat und eine feine Schicht aus Fett und Marmelade an der Oberfläche des Getränks schwimmt. Ich bringe das schlichtweg nicht fertig. Das Klischee, man können schlemmen wie Gott in Frankreich, trifft meiner Beobachtung zufolge nur auf das Abendessen zu. Morgens hat Frankreich in dieser Hinsicht hingegen wenig Aufsehenerregendes zu bieten, und mittags dominieren Schnellgerichte, die Angestellte mit ihren *tickets repas*, Essensgutscheinen, bezahlen.

Obwohl der Weg unter mir zunächst die Breite eines Elefantenpfads annimmt und schließlich kaum mehr als der Schlängellinie einer streunenden Katze gleichkommt, drossele ich mein Tempo nicht und nehme in Kauf, einige Schrammen und blaue Flecken mitzunehmen. Ich eile meinem heutigen Etappenziel entgegen, das ich von mehreren früheren Besuchen her kenne. Während meiner Kindheit haben mich meine Eltern auf ihren Urlaubsreisen dorthin mitgenommen. Mit fünfzehn bog ich dort in einen amourösen Irrweg ein; ein gutes Beispiel für Erfahrungen, aus denen man nicht klug wird. Immerhin kam ich vor gut einem Jahr nochmals zurück und durfte herrliche Tage mit meiner Ehefrau erleben. Vor allem jedoch markiert das vor mir liegende Städtchen Agde einen Wendepunkt in meiner Postradtour. Dort angekommen, würde ich vom Atlantik durch den Südteil des Landes hindurch geradelt und an den zweiten Ozean, an den Frankreich grenzt, gelangt sein.

Als ich in Agde einfahre, kommt es mir vor, als röche ich dessen Salz in der Luft, sähe seine Strände auf der sonnenverwöhnten Haut entgegenkommender Passanten, fühlte seine Wellen in den Bewegungen der Stadtbewohner, hörte seine überschäumende Lebensfreude im Akzent der Begrüßungen, schmeckte sein Temperament in den dampfenden Cassoulet-Töpfen und tropffrischen Meerestierplatten der Restaurants, ehe es mir endlich wie ein blauweißer Spiegel entgegenleuchtet, das Mittelmeer.

Ohne nach dem Preis zu fragen, niste ich mich in einer Herberge der Innenstadt ein, was an deren Besitzer André liegt. Mit derselben Selbstverständlichkeit, mit der man ein Buch vom Boden nimmt, hebt er meinen fünfundzwanzig Kilogramm schweren Seesack aus dem Postradanhänger, als ich vor der Eingangstür halte. Alles an ihm wirkt kantig und scharf gezeichnet. Unter seiner Haut wechseln bei jeder Bewegung Muskelstränge die Form, als hätten sie ihre optimale Lage noch nicht gefunden. Den Händen dieses Zweimetermannes – breite Handrücken, kleine Risse und ausgeprägte Schwielen an den Fingeransätzen – sieht man an, dass sie sich täglich um schwere Eisengewichte schließen. Aus dem hager wirkenden Gesicht, das im Vergleich zum darunterliegenden, aderndurchzogenen Hals und den ausladenden Schultern klein wirkt, funkeln zwei harte, dunkelbraune Augen. Sie deuten auf jenen Ehrgeiz hin, der dafür sorgt, dass man, auch wenn der Körper nicht mehr will, ein paar weitere Wiederholungen einer Muskelübung durchführt.

Es macht Spaß, in diese Augen zu blicken, die Situationen im Bruchteil einer Sekunde erfassen und energisch auf Handlungsoptionen abklopfen. Aus ihnen spricht eine wache Intelligenz, die nichts mit dem Aufsagen eines Goethe-Zitats oder der routinierten Schläfrigkeit jener Hochgebildeten zu tun hat, die für jedes neue Werk gleich eine Kategorie respektive einen Vergleich mit einem unlängst verstorbenen Künstler anbieten. Es sind die Augen eines Mannes, der selbst Dinge erleben, Verrücktheiten anstellen und Grenzen verorten will.

André scheint entschlossen zu sein, seine Intelligenz in eigenem Auftrag einzusetzen. So baut er neben den täglichen Trainingseinheiten seine Herberge aus, bewirbt sie im Internet, serviert zuweilen eigens gefangene Fische zum Abendessen und misst sich mit Gleichgesinnten im örtlichen Schachclub.

Leichtfüßig steigt er mir voran eine enge Treppe hinauf und zeigt mir ein holzvertäfeltes Zimmer direkt unter dem Dach, in dem es mindestens fünfundvierzig Grad Celsius heiß ist. In diesem Moment beschließe ich, mich ausgiebig in Agde umzusehen und keinesfalls vor Mitternacht zurück zu sein.

Die Stadt hat sich kaum verändert, seit ich das letzte Mal hier war. Noch immer locken die Gassen der Altstadt mit üppig geschmückten Fenstern und einer reichen Auswahl an kulinarischen Kleinoden, allen voran mit den Feigen aus dem nahen Nézignan-l'Evêque, denen der wunderbar pikante Fischeintopf *baudroie en bourride* kaum nachsteht. Mein Favorit bleibt dennoch der *rouille de seiche*, ein trotz des abschreckenden Namens – *rouille* heißt übersetzt nichts anderes als »Rost« – äußerst delikater, mit Cognac abgeschmeckter Tintenfisch in einer herrlichen, mit Safran und Cayennepfeffer verfeinerten Aïoli-Soße.

Nicht immer war Agde für seinen angenehmen Lebenswandel bekannt. Tatsächlich könnte man meinen, dass die *Agathois*, wie die Einwohner genannt werden, mit Macht versuchen, die dunklen Seiten ihrer Geschichte durch eine hedonistisch angehauchte Gegenwartsbezogenheit wettzumachen. Bereits im Jahr 725 brandschatzten hier die Sarazenen, kurz darauf verwüsteten die Truppen Karl Martells Agde bis zur Unkenntlichkeit. 1348 und 1504 raffte die Pest jeweils Tausende dahin. Schließlich fiel die deutsche Wehrmacht über das Städtchen her, woraufhin es 1944 von den Alliierten bombardiert wurde.

Die Wende zeichnete sich erst am 1. Juli 1961 ab, als man den ersten kommunalen Campingplatz einweihte. Inzwischen gibt es ein gutes Dutzend teils luxuriös ausgestattete Anlagen. Sechs Kilometer von der eigentlichen Stadt entfernt hat man um den Hafen von Cap d'Agde und in Le Grau-d'Agde ein gigantisches Ferienhaus-Camping-Nacktbade-Paradies geschaffen, in dem überteuerte Angebote, durchaus auch zweifelhafter Art, auf nachtschwärmende Touristen warten. Insofern liegt es unter Umständen nicht nur am Vulkangestein, dass man der Stadt den Beinamen »Schwarze Perle des Languedoc« gegeben hat.

Es mag am Tintenfisch *à la rouille* liegen oder am Motivationsschub, den der Anblick des muskelbepackten André bei mir ausgelöst hat: Am nächsten Vormittag ignoriere ich die afrikanisch anmutende Hitze und brause, umhüllt von einer irrationalen Hochstimmung, ostwärts voran. Vor mir spiegelt sich Sète, die fast rundum von Wasser umschlossene Hafenstadt, die weit eher ein Teil des Mittelmeers als Frankreichs ist, spektakulär im Binnenmeer Étang de Thau. Vor der Stadt ragen die Tische der Austernplantagen in militärisch genauer Anordnung aus dem See. Von ihnen herab baumeln die begehrten Meerestiere an langen Leinen im Wasser. Fast zweitausend

Arbeiter leben von den zehntausend Tonnen Austern, die hier jährlich geern-
tet werden.

Ich komme durch das Dorf Mèze, das die Phönizier sechshundert Jahre
vor Christus auf ihrem Weg nach Spanien anlegten. Vermutlich leitet sich
der Ortsname vom phönizischen »Mansa« ab und bedeutet »hohe Stelle, von
der sich Rauch erhebt« – keine schlechte Lage angesichts der umliegenden
Wassermassen. Wie ein Faden mutet die Straße an, die, linkerhand an den
Thau-See gelehnt, rechts umtost von den Wellen des Mittelmeers, auf der
Sandbank Le Toc zwischen Agde und Sète gespannt ist. Die Gedanken an
zwei Poeten aus der Region, an einen schreibenden und an einen singenden,
begleiten mich auf der Fahrt. Allein in Sète sind diesen beiden Dichtern
vier Museen gewidmet. Ihre Werke spiegeln die erhabene Weite dieser Was-
serlandschaft wider, die dem Gast mit ihren nicht dingfest zu machenden
Lichteinfällen und der typisch südländischen Mischung aus Heiterkeit und
Schwermut augenblicklich den Atem nehmen.

> *Ce toit tranquille, où marchent des colombes,*
> *Entre les pins palpite, entre les tombes;*
> *Midi le juste y compose de feux.*
> *La mer, la mer, toujours recommencé.*

So hat Paul Valéry 1920 in *Le Cimetière marin*, »Der Friedhof am Meer«,
den Ort beschrieben, an dem er nun begraben liegt. Rainer Maria Rilke
übersetzte und interpretierte:

> »Dies stille Dach, auf dem sich Tauben finden,
> scheint Grab und Pinie schwingend zu verbinden.
> Gerechter Mittag überflammt es nun.
> Das Meer, das Meer, ein immer neues Schenken!«

Paul Valérys Werk, das eine Woge aus Langgedichten in halb Europa ausgelöst hat, endet mit den berühmt gewordenen Zeilen:

Le vent se lève! ... il faut tenter de vivre!
L'air immense ouvre et referme mon livre.

»Der Wind erhebt sich! Leben: ich versuch es!
Riesige Luft im Blättern meines Buches.«

Abgesehen davon, dass er Rainer Maria Rilke zu einigen seiner unverges-
senen Verse inspirierte – selbst in seinen Übersetzungen scheint Rilkes
Genialität durch, wer sonst käme auf die Idee, »versuch es« auf »Buches«
zu reimen –, widerspricht Paul Valéry durch sein Werk eindrucksvoll dem
eigenen, ebenso dreisten wie melancholischen Credo, demzufolge Gott die
Welt zwar aus dem Nichts heraus erschaffen habe, das Nichts jedoch bis
heute durchschmecke.

Just als der schreibende Poet um 1921 seinen Zenit erreicht hatte, blät-
terte der Wind das Lebensbuch des singenden auf. Während der Zweite
Weltkrieg tobte, verbrachte Georges Brassens Stunde um Stunde in den Pariser Bibliotheken, um die Gedichte von Paul Valéry und anderen Poeten zu
lesen, ehe das Schicksal zum Sturm anschwoll und ihn als Zwangsarbeiter in
das brandenburgische Basdorf blies. Seine autodidaktisch erworbene literari-
sche Bildung kam ihm zugute, als er seine ersten Lieder vortrug, allen voran
le gorille, das auf zwei Ebenen operiert. Oberflächlich ist es ein rustikales,
teilweise unter die Gürtellinie zielendes Liedchen, erst nach der letzten Zeile
entpuppt es sich als engagiertes Plädoyer gegen die Todesstrafe. Obwohl er
in den Fünfziger- und mehr noch in den Sechzigerjahren in die Bekannt-
heitsliga der allesamt wenige Jahre vor oder nach ihm geborenen französischen Barden Édith Piaf, Juliette Gréco, Charles Aznavour, Jacques Brel und
Serge Gainsburg aufgestiegen war, hielt er es privat eher wie der Anarchist

Léo Ferret und zog die Anwesenheit guter Freunde jedem Starrummel vor. Dadurch ging er ebenso wie durch seine herb anmutende Wortkunst und der bewussten Übersteigerung von Erotik ins Konkrete und Obszöne ganz bewusst auf Distanz zu den blasierten Caféhaus-Intellektuellen seiner Zeit.

Als ich Montpellier entgegenfahre, das Meer, »ein immer neues Schenken«, eine blau-grüne Komposition rechts von mir, schmettere ich *La mauvaise réputation* förmlich heraus. Brassens' Schlüsselstück, von der französischen Reggaegruppe Sinsemilia musikalisch kongenial erweitert, beschreibt einen Mann, der in seinem Dorf aneckt, weil er einen eigenen Weg geht, am französischen Nationalfeiertag *quatorze juillet* im Bett bleibt und einem Apfeldieb hilft. Man braucht nicht viel Fantasie, um zu ahnen, wie sehr sich der Chansonnier selbst in jenem *je-ne-sais-quoi*, jenem »Was-weiß-ich«, widerspiegelt:

> *Au village, sans prétention,*
> *J'ai mauvaise réputation.*
> *Qu'je m'démène ou qu'je reste coi,*
> *Je passe pour un je-ne-sais-quoi!*
> *Je ne fais pourtant de tort à personne*
> *En suivant mon chemin de petit bonhomme.*
> *Mais les brav's gens n'aiment pas que*
> *L'on suive une autre route qu'eux …*

> In unserem kleinen bescheidenen Ort
> Wird mein Name genannt wie ein schändliches Wort.
> Ob ich mich anstreng' oder nicht,
> Ich gelte nur als Bösewicht!
> Ich tue doch niemandem Schlimmes an,
> Geh meinen eignen Weg, als kleiner Mann.
> Doch die biederen Bürger mögen es nicht,
> Wenn jemand einfach nur anders ist …

Mehr oder weniger rhythmisch gestikulierend und mit dem Oberkörper entengleich auf und ab wippend, fahre ich in Montpellier ein. Kopfstein-gepflasterte Gassen schlängeln sich entlang großzügig angelegter Park-anlagen. In konzentrischen Kreisen nimmt die legere, alle Sinne anspre-chende Jugendlichkeit der Stadt zu, bis sie an der Place de la Comédie ihren Höhepunkt erreicht. Hier, umrahmt von Kinos und Straßencafés, Musikpavillon und Oper, scheint das Leben ein paar Gramm weniger zu wiegen als andernorts. Dieses Mal beschränke ich mich darauf, nahe des Platzes zwei belegte Sandwiches mit einem Glas *Muscat de Frontignan* hin-unterzuspülen, jenem süßlichen Muskatwein, der bei Sète angebaut wird, und an den man sich erst gewöhnen muss, bevor man ihn mag. Ich bin schon mehrmals in Montpellier gewesen und habe die famose Stimmung dieser Mittelmeermetropole ausgiebig aufgesaugt, die mich immer an Tou-louse erinnert, mit ihrer privilegierten Lage, dem intellektuellen Charme einer hochmodernen Studentenstadt und den alten Gassen, die ständig von leichter Musik zu vibrieren scheinen.

Von hier aus kehre ich zurück an den Rand des Mittelmeeres, wobei ich zugeben muss, dass ich die nächste Ortschaft ausschließlich aufgrund ihrer phonetischen Anziehungskraft aufsuche. Einmal mehr falle ich also auf einen jener wohlklingenden Ortsnamen herein, bei denen meine Fantasie sofort Purzelbäume schlägt und Abenteuerszenarien entwirft. Ich kann nicht anders, bei »Kathmandu«, »Sansibar« und »Timbuktu« werde ich schwach und kann derartigen Orten einen Besuch nicht verwehren, auch wenn sie, wie im vorliegenden Fall, zuweilen kaum aufregender sind als Wanne-Eickel oder Castrop-Rauxel.

Ein Dorf, das Les Quatre Vents, »Die vier Winde«, heißt und auf einem schmalen Grat zwischen den Lagunen von Arnel und Méjean balanciert, sollte mindestens die Heimat eines Dichters von Weltruhm sein. In Wahr-heit stammt nicht einmal Auguste Comte, der Hauptbegründer der Sozio-logie, von hier. Immerhin wurde er nur wenige Kilometer nördlich geboren.

Und statt schräg im Meer stehenden Segelbooten und wild galoppierenden Pferden, deren Mähnen im Wind flattern, wie ich es mir ausgemalt habe, trägt jener lediglich einen etwas modrigen Geruch über die Hauptstraße, aus der Les Quatre Vents mehr oder weniger besteht.

Erst das benachbarte La Grande Motte erscheint wie die Manifestation von Auguste Comtes Fortschrittsgläubigkeit, die ihren Ausdruck in der Devise »Ordem e Progreso« in der Flagge Brasiliens gefunden hat. *L'ordre pour base, le progrès pour but,* »Ordnung als Grundlage, Fortschritt als Ziel«: In La Grande Motte hat Frankreichs Vorzeigearchitekt Jean Balladur dieses Motto berücksichtigt und terrassierte Hotelanlagen errichten lassen, die mit ihren geschwungenen Formen wie gigantische Segel anmuten. Vor ihnen liegen die zugehörigen Gäste am Strand und blicken mit geübter Lässigkeit auf die fünftausend Luxusmanifestationen im gegenüberliegenden Yachthafen Port-Camargue. Vor Glück kreischende Wasserskischüler, Surfanfänger in Designerklamotten und Damen mit den neuesten Minihandtaschen von Prada und Gucci prägen das Bild von La Grande Motte, mit dem ich – ein verschwitzter, sonnenverbrannter Postradfahrer, auf dessen T-Shirt der Schweiß weißgraue Schlieren zieht – heftig kontrastiere.

Glücklicherweise beachtet mich kaum einer der Anwesenden. Ein Sportereignis hält die Stadt in Atem. Ich sehe gerade noch, wie etwas Silbernes am Stadtrand aufblitzt, als mir klar wird, dass ich soeben die Strecke des bekanntesten Radrennens der Welt gekreuzt habe.

»Du veranstaltest wohl deine eigene Tour de France«, lachen mir einige Jugendliche zu, die sorgsam darauf achten, möglichst nicht sorgsam auszusehen und sich ständig gegenseitig überzeugen müssen, dass ihre Kleider noch immer angesagt sind. Ich grinse kurz, als ich sie passiere, dann nehme ich erneut Kurs aufs Landesinnere – sofern man eine Region, die praktisch nur aus Wasser besteht, überhaupt so bezeichnen kann.

Was mein Körper in den ersten Reisetagen noch als Bestrafung verbucht hat, empfindet er mittlerweile als großes Glück. Das permanente Pendeln

zwischen Be- und Entlastung der Beinmuskeln, zwischen Schweißausbrü-
chen unter der gleißenden Sonne und dem Frösteln, wenn sich eine dicke
Regenwolke vor den gelben Himmelsball schiebt, zwischen der totalen Frei-
heit der Gedanken und der punktgenauen Fokussierung auf das Hier und
Jetzt in gefährlichen Augenblicken, die ständige Veränderung der Umstände,
die rasche Anpassungen von mir fordert, all das schlägt mich in den Bann.
Was ich erlebe, ist mehr als ein Glücksgefühl. Ich verlange danach. Ich brauche die um mich herumpfeifenden Fahrtwinde und den ausschweifenden
Blick in die gefällige Landschaft. Ich lechze geradezu nach dem Widerstand
der kommenden Steigung, ich fühle mich aufgehoben im ganz und gar
unmittelbaren Prozess des Werdens und des Vergehens.

Spätestens seit dem Canal du Midi hat die Landschaft begonnen, einen
Zauber zu entfalten, dem ich mich nicht entziehen kann. Hier, zwischen
Agde und Marseille, steigert er sich zu einer hartnäckigen Faszination, die
sich durch alle Tage zieht. Diese werden von hier an eingeläutet von einer fast
waagrecht stehenden Sonne und von würzigen Winden, die mich wie eine
postradgelbe Pistolenkugel vor sich her schieben. Irgendwann gewinnt die
schläfrige Zufriedenheit des südfranzösischen Nachmittags die Oberhand
und führt mich im Schlenderschritt durch die unaufgeregten Gassen eines
Ortes, von dessen Existenz ich bislang nichts geahnt habe. Lustvoll zögert
das hierauf unweigerlich folgende Gewitter seinen Einsatz hinaus, bevor es
ein Wolkengebirge auf den Boden hinabtreibt, das mir in den Abendstunden
einen weiteren Motivationsschub nahelegt, damit ich die nächste Station
trockenen Fußes erreiche.

Morgens erhebe ich mich täglich früher von der Matratze, dem Stroh-
ballen, der Alumatte oder was sonst aufzutreiben war, rase ohne allzu große
Anstrengung übers Land und lasse mich dabei rückhaltlos in die Reize der
Umgebung fallen. Erst wenn die Sonnenstrahlen unter die Krempe meines
Hutes blicken oder mir ein Gewittersturm im Nacken sitzt, schaue ich mich
nach einer Bleibe um.

Auf diese Weise angeschoben passiere ich die Mittelalterfestung Aigues-Mortes, das Eingangstor zur Camargue. Aufgrund der zunehmenden Verlandung hat der Name der Stadt, »Tote Wasser«, eine neue Bedeutung erhalten. Inzwischen liegt die Festung, die einst am Ozean errichtet wurde, fast sieben Kilometer nordöstlich des Mittelmeers. Lange Zeit war Aigues-Mortes so kriegerisch, wie es anmutet. Aus dieser hermetisch abgeriegelten Festung mit ihrer sechs Meter dicken, begehbaren Außenmauer und dem berüchtigten Hugenottenkerker Tour de la Constance, aus dieser Bastion der Intoleranz heraus zogen einst die Kreuzzügler gen Arabien.

Umso erstaunter bin ich, als ich sofort nach der Machtdemonstration, die Aigues-Mortes bis heute ist, in eine diffus anmutende, wasserreiche Steppe gerate. Ein Ozean aus Feldern und Wiesen, zwischen die vereinzelt Dörfer gesetzt sind, erstreckt sich in alle Himmelsrichtungen. Ich folge der einzigen Straße weit und breit, lasse Sumpfgebiete und leuchtend weiße Salinen beidseitig zurück. Nur an heißen und nahezu windstillen Tagen bildet sich in den Gewässern der Camargue die berühmte *Fleur de Sel*, die »Salzblume«, als hauchdünne Schicht an der Wasseroberfläche, die in mühsamer Handarbeit abgeschöpft wird.

Zweieinhalb Kilometer nach der Petit Rhône zweigt ein unscheinbarer Seitenarm von der Straße ab, die nach Arles führt – jene Stadt, der die Camargue fast vollständig zugehörig ist, was Arles zur flächenmäßig größten Gemeinde Frankreichs macht. Ohne zu zögern folge ich diesem Seitenarm, der immer enger wird, ehe er seinem natürlichen Ende entgegenfällt, dem Städtchen Saintes-Maries-de-la-Mer, wo sich die sumpfigen Wasser der Camargue endgültig mit den salzigen des Mittelmeers vermischen. Dorthin möchte ich heute gelangen.

Doch während ich in Gedanken bereits in Saintes-Maries vor einer immensen Meerestierplatte sitze, reißt urplötzlich ein Donnerschlag meine schöne Illusion in Fetzen. Im ersten Moment halte ich, da sich über mir weißblauer Himmel ausbreitet, nach einem Flugzeug Ausschau, das die

Schallmauer durchbrochen hat. Erst als ich hinter mich blicke, sehe ich die tropfnasse Wolkenwand, die sich direkt über dem Boden auf mich zuschiebt. Keine Minute später zerspringt der Himmel in tausend Stücke, die auf die Erde herabfallen. Bei dieser innigen Umarmung der Elemente entweichen Blitze nach allen Seiten. Ich bin so beeindruckt, dass ich wie angewurzelt stehen bleibe und dieses Naturschauspiel mit offenem Mund anstarre, selbst dann noch, als erste taubeneigroße Hagelkörner die Erde um mich herum aufreißen. Erst als eines davon auf meiner Nase zerbirst und von deren Spitze in Einzelteilen auf die Erde herabfällt, steige ich mit aller Kraft in die Pedale und haste den Weg zurück, bis ich durch einen Vorhang dicht an dicht fallender Regentropfen hindurch die kleine Brücke erkenne, die sich über die Petit Rhône spannt. Dort angekommen, lenke ich das Postrad ungebremst ins Gebüsch, springe ab, ziehe meine kleine Tasche mit den Landkarten und Wertgegenständen vom Lenker und drehe geistesgegenwärtig den Anhänger mit dem neongelben Seesack von der Straße weg, damit das Gefährt von dort nicht allzu gut zu sehen ist. Dann springe ich beherzt die Böschung hinunter.

Die spontane Gemeinschaft der Rhône-Brücke

Die meisten Brücken überspannen nicht nur einen Fluss, sondern auch einen kleinen Uferweg. An der Petit Rhône angekommen, atme ich erleichtert auf, als ich erkenne, dass auch dort eine Art Steig angelegt worden ist. Auf diesem führen die Wassertropfen gerade ein Ballett auf, das ich nicht weiter würdigen kann, weil ich von einer illustren Gesellschaft abgelenkt werde, die zusammengepfercht unter der schmalen Brücke steht und erwartungsvoll zum Himmel schielt.

Am Nässegrad ihrer Kleider kann man gut erkennen, in welcher Reihenfolge die Anwesenden die rettende Brücke erreicht haben. Sieger des Wettlaufs ins Trockene ist demzufolge Marco, ein Halbitaliener aus Avignon, der seine himmelblaue Vespa kurzerhand die Böschung hinabgelenkt hat, als das Unwetter losbrach. Alles an ihm strömt Energie aus. Seine Blicke wandern unablässig zwischen den Mit-Obdachsuchenden, dem Fluss und dem Himmel umher. Marco möchte bald Touristen auf Mopeds durch die Camargue führen und ist hier, um die Lage zu sondieren. Vermutlich hat der Wolkenbruch einige Zweifel am Erfolg seines Unternehmens in ihm gesät. Die Romafamilie neben ihm ist in prächtiger Stimmung. Ihre T-Shirts sind zwar deutlich stärker vom Regen gezeichnet als jenes von Marco, und die zehnjährige Tochter fährt sich zuweilen mit der Hand durchs nasse Haar, ihre Eltern und ihr Bruder erzählen einander jedoch mit leuchtenden Augen, wie sie die Beine in die Hand nahmen und durch den einsetzenden Platzregen lachend hierher hechteten. Derartiges müsse man eben in Kauf nehmen, wenn man den ganze Weg vom Piemont hierher gegangen und auf der Wallfahrt nach Saintes-Maries-de-la-Mer bislang von Unwettern verschont geblieben sei.

Am heftigsten hat es ein Hochzeitspaar erwischt, das in einem Oldtimer unterwegs ist, der leider ein entscheidendes Manko aufweist: Er verfügt über kein Dach. Das Brautkleid könnte man auswringen, aus der Krawatte des frischgebackenen Ehemanns fallen Tropfen auf den Uferweg. Die Nässe dieses Pärchens wird nur noch von jener meiner Wenigkeit übertroffen.

Herzlichen Glückwunsch, sage ich zur Begrüßung, nachdem ich in die Runde genickt habe. Vor dreieinhalb Stunden habe das Ereignis stattgefunden, gibt die Braut bekannt, nun wollten sie von Arles aus zwei Tage lang durch diese romantische, aus der Zeit gefallene Region fahren. Ihr frischgebackener Ehemann zieht derweil ein Kartenset hervor, mit dem wir uns die Zeit vertreiben. Das Tarotspiel kenne ich von früheren Frankreichaufenthalten. Trotzdem verliere ich ohne Unterlass, da mich die Erzählung der Roma-Eltern ablenkt. Das an- und abschwellende Geräusch der Regentropfen, die das Wasser aufwühlen, als halte man ein Rührgerät in einen Kuchenteig, erhebt die Erzählung ihrer Wallfahrt in den Rang eines spektakulären Abenteuers.

»Weißt du, Thomas, für Touristen ist die Stadt, die du heute Abend erreichen willst, nur ein Zwischenstopp, in dem eine kleine romanische Kirche
steht«, eröffnet mir Alberto mit Tenorstimme und dem vor Temperament
strotzenden Singsang der Italiener, der mich augenblicklich an alte Mafia-
filme denken lässt, in denen Paten Zigarren rauchen und Angebote nicht
abgelehnt werden können. Da sich der Regen mit dem Wind verbündet und
nachdrücklich Einlass in unseren Unterschlupf begehrt, rutschen wir näher
zusammen.

»Für uns aber ist Saintes-Maries-de-la-Mer einer der bedeutendsten Orte
der Welt. Der Legende nach gingen dort die Schwarze Sara, Dienerin einiger
Frauen aus dem Umfeld Jesus von Nazareths, sowie Maria Magdalena, Maria
Salome von Galiläa und Maria, Frau des Kleophas, an Land und begannen,
der Rhône nordwärts folgend, in Frankreich zu missionieren.«

»Wirklich?«, schaltet sich Marco ein. »Ich habe gehört, dass die Schwarze
Sara in Wahrheit gar nicht gemeinsam mit den Heiligen Marien aus dem
Nahen Osten gekommen ist, sondern eine einfache Frau aus der Camargue
war.«

»Nun, eine gute Geschichte lässt immer einige Fragezeichen stehen, *n'est-
ce pas?*«, hält Alberto, ein wenig pikiert, fest, während Windböen einzelne
Regenfahnen unter die Brücke jagen.

»Um eine Geschichte mit dieser Bedeutung müssen sich einfach ein paar
Legenden ranken«, springe ich ihm zur Seite, hauptsächlich weil ich will,
dass er weitererzählt.

»So ist es, Thomas. Eine weitere Legende besagt übrigens, dass Sara-la-
Kâli, wie wir die Schwarze Sara nennen, auch das Tarot erfunden hat, bei
dem du gerade so hartnäckig verlierst. Jedenfalls scheint Sara durch Betteln
für den Unterhalt der Gruppe gesorgt zu haben, bis zu ihrem Lebensende
blieb sie in Frankreich. Was immer man von den verschiedenen Versionen
dieser Geschichte halten mag, Fakt ist, dass im Jahr 1448 die Gebeine mehrerer Menschen bei Saintes-Maries-de-la-Mer gefunden wurden, die man als

Überreste orientalischer Frauen identifizierte. Wie du dir vorstellen kannst, hatte es die Nomadin Sara, die durch ihren Einsatz das Überleben der Heiligen sicherte, dabei aufgrund ihrer Andersartigkeit überall aneckte und sich bei alledem für ein Leben voller Kraft, Hingabe und Eigensinn entschied, nicht schwer, zu unserem Vorbild zu avancieren – auch wenn die meisten von uns inzwischen seßhaft geworden sind. Darum huldigen wir Sara-la-Kâli jedes Jahr am 24. und 25. Mai zu Tausenden auf unsere Art. Nachdem wir in Campingwagen, Kleinbussen, mit Motorrädern und auf Pferden nach Saintes-Maries gepilgert sind, tragen wir ihre Statue in einer feierlichen Prozession ins Meer hinaus. Anschließend findet eine einmalige Mischung aus katholischer Hingabe und rauschendem Volksfest statt, die man einmal erlebt haben muss!«

Alberto ahnt nicht, was er mit seinen Worten anrichtet. Er kann ja nicht wissen, dass ich in diesem Moment, unter der Brücke, die die D 58 über die Petit Rhône führt, inmitten eines tosenden Unwetters den Entschluss fasse, auf meiner Frankreichumrundung nicht nach Saintes-Maries-de-la-Mer zu fahren. Heute nicht, und morgen auch nicht. Stattdessen will ich mir den Besuch dieses Städtchens für eine neue Abenteuerreise aufbewahren, die mich gemeinsam mit den Sinti und Roma auf einer Wallfahrt dorthin bringen soll. Vielleicht ist der Regenguss ein Hinweis, vielleicht hat er mich eben unter diese Brücke führen sollen, denke ich, als das Unwetter, noch während Alberto den letzten Satz ausspricht, so abrupt aufhört, als hätte jemand die Dusche abgestellt. Misstrauisch lugen wir aus unserem Unterschlupf und kriechen, als wir sehen, dass die Sonne ein Loch durch die Wolken bohrt, nach und nach heraus. Wir schütteln uns die Hände, wünschen einander eine gute Reise, dann brechen wir in verschiedene Richtungen auf. Vorher zeigt mir Alberto noch sein Medaillon, in dem er das Porträt der Heiligen Sara aufbewahrt.

Seine Erzählung hallt in mir nach, auch dann noch, als ich erneut Kurs auf Saintes-Maries-de-la-Mer nehme. Zehn Kilometer vor dem Wallfahrtsort stoße ich auf eine Jugendherberge, die jemand falsch abgestellt haben muss. Denn das um sie herum liegende Pioch Badet ein Dorf zu nennen, wäre zu viel der Ehre. Es handelt sich eher um ein paar Häuser, unmotiviert ins Schwemmland gesetzt.

»Immer hereinspaziert«, ruft eine Stimme erfreut, als ich unschlüssig vor dem Gebäude stehe, das vorgibt, eine Jugendherberge zu sein, »Sie sind heute der einzige Gast!«

Unglücklicherweise trifft die Ankündigung des Besitzers dann doch nicht zu, wie ich merke, als es kurz nach Einbruch der Nacht in der Schlafkammer, in der ich eines von fünfzehn Betten belege, zu summen beginnt. Bald verteilen sich die anwesenden Stechmücken äußerst ungleich im Raum. Sie scheinen hocherfreut zu sein, einen verschwitzten Postradfahrer vorzufinden, der heute Nacht nicht sonderlich gut schlafen wird. Selbst ein nächtlicher Mordrausch mit Dutzenden Opfern zieht keine dauerhafte Erholung nach sich, zumal ich mir durch »friendly fire« einen blauen Fleck zuziehe, als ich statt auf eine Mücke auf die Bettkante schlage. Die überlebenden Artgenossen rächen ihre gefallenen Kameraden die gesamte Nacht hindurch mit Blutabnahmen, deren Folgen ich noch Tage später spüren sollte.

Der folgende Morgen gehört dennoch zu den schönsten, die ich auf meiner Reise erleben darf. Gemeinsam mit der Sonne stehe ich auf, dann fahre ich, ohne einer Menschenseele zu begegnen, durch die Weiten des Camargue-Nationalparks. Um mich herum hat die Rhône ein gigantisches Mündungsdelta geschaffen, durch das man im neunzehnten Jahrhundert Kanalisationen und Deichanlagen zog. Darum besteht heute in der Camargue eine heikle Balance aus Salz- und Süßwasser, die ebenso als Grundlage für die Vielfalt an Zugvögeln dient wie für den Anbau von jährlich etwa einhunderttausend Tonnen Reis. Westlich der kleinen Straße, die ich entlangbrause, nehmen die Wasserflächen solche Ausmaße an, dass das Festland wie eine Kette aus Inseln erscheint. Ich habe das Gefühl, auf einer nur knapp über Normalnull erhobenen labilen Linie durch einen Ozean hindurchzufahren.

Welch ein Schock erwartet mich, als ich bei den Meerwassersalinen von Salin-de-Giraud über die Rhône setze! Am östlichen Ufer, praktisch direkt im Anschluss an den Camargue-Nationalpark, stoßen Industrieanlagen auf Dutzenden von Kilometern schmutzigbraune Wolken aus, hämmern schwere Geräte Materialien zurecht, fiepen Lastwagen im Rückwärtsgang. Die Luft stinkt bestialisch nach industriellen Abfallprodukten, Abgasen und Schwefel. *Port Autonome de Marse* nennt sich dieses Scheusal von Industrie-gebiet, was wohl darauf hindeutet, dass die Bewohner von Marseille auch phonetisch nichts mit diesem stinkenden Industriehaufen zu tun haben wol-len. Andererseits bürgen eben diese Anlagen, von denen aus Pipelines unter anderem bis zur Mineralölraffinerie Oberrhein in Karlsruhe verlaufen, für den Reichtum der angrenzenden Metropole.

In Fos-sur-Mer, das im Zentrum des Hafenkomplexes liegt, esse ich ein-mal mehr süß-sauer. Was nicht bedeutet, dass ich ein asiatisches Restaurant aufsuche. Vielmehr verleiht mir ein Salatteller, angereichert mit Meerestie-ren, die nötige Ration Vitamine, während eine Kreation aus weißem Nou-gat – eine kaloriengesättigte Paste aus Pistazien, Mandeln und Lavendel-honig, die mit Eischnee verrührt wird und anschließend einen Dreh in die Geschmacksrichtungen *abricot* oder *café* bekommt – auf angenehme Art für die notwendige Energiezufuhr sorgt. Es gibt schönere Orte für ein Mittag-essen als das größte Industriegebiet des Mittelmeerraums. Wie sich jedoch bald herausstellen sollte, tue ich gut daran, meine Kräfte hier aufzufrischen. Die Ankunft in Marseille würde schwieriger und langwieriger werden, als ich es mir erträumen kann.

Als ich Martigues erreiche, bleibt der schmutziggraue Industriehaufen hinter mir zurück. Im Triumph reiße ich die Arme empor, als ich den Étang de Berre hinter mir lasse, an dem der Flughafen von Marseille liegt. Mein großes Etappenziel ist in greifbare Nähe gerückt. So denke ich zumindest, als ich die letzte Wegstrecke vor Marseille in Angriff nehme. Doch mit dem Rad nach Marseille zu fahren, ist eine Zumutung. Um den parallel verlaufenden

Autobahnen zu entkommen, bin ich gezwungen, zwei Stunden lang mehr oder weniger parallel zur Stadt zu fahren, die doch direkt vor meiner Nase liegt. Hernach legt mir die Landschaft kurz vor der Ankunft eine Hügelkette in den Weg. Es ist keine Kleinigkeit, nach einem Tag wie diesem bei fünfunddreißig Grad Celsius ein fünfzig Kilogramm schweres Postrad nebst dem eigenen Körper einen Anhang emporzuschleppen, selbst wenn dieser nicht sonderlich steil ist. Ich beiße die Zähne zusammen und gelange schließlich, vor mich hin fluchend und einigermaßen aus der Puste, zu einem großen Kreisverkehr, an dessen zweitem Ausgang das ersehnte Schild *centre ville* steht.

Ehe ich jedoch diesen Weg einschlage, schleppe ich mein Gefährt zu einer Tankstelle, die sich dankenswerter Weise direkt neben dem Kreisverkehr befindet, und genieße nach dem Eintreten den durch die Klimaanlage herbeigeführten Temperatursturz um gefühlte zwanzig und reale zehn Grad Celsius. Der Tankwart, ein solide gebauter Mittfünfziger mit großflächigen Tätowierungen, die in ihrer Drastik nicht zu seinen sanft-verschlafenen Augen passen, zieht eine Grimasse, als er mich erblickt. Zu sagen, dass ich schwitze, könnte man, was die Aussagekraft betrifft, in diesem Moment mit der Behauptung vergleichen, dass die Sonne doch recht warm oder der Verzehr eines Knollenblätterpilzes der Gesundheit eher abträglich sei. Tatsächlich läuft mir der Schweiß in Strömen das Gesicht herab, T-Shirt und Hose kleben längst wie eine zweite Haut am Körper, und mein sprießender Bart verstärkt vermutlich den reichlich dubiosen Eindruck, den ich auf mein Gegenüber mache. Dabei ist ihm bis zu diesem Zeitpunkt noch nicht einmal klar, dass sich sein Staunen noch steigern lässt.

»An meiner Tankstelle kommen eine Menge Lastwagen- und Motorradfahrer vorbei. Aber Sie sind, wie ich sehe, unterwegs mit einem …«

»Postrad«

»…«

»Ich will einmal um Frankreich herumfahren, wissen Sie?!«

»…«

»Dabei lerne ich die verschiedenen Gesichter Ihres Landes kennen.«

»…«

»…«

»Jetzt mal ehrlich: Lösen Sie eine Wettschuld ein?«

»Keineswegs. Ich mache das freiwillig.«

»Aha.«

»…«

»…«

»Ja, also ich nehme dann diese drei Liter Wasser, den Eistee, die Packung Madeleines und die drei Magnum mit den Mandelstücken, ja doch, alle drei, *Monsieur*.«

»Ah, na das ist etwas Anderes! Es sollten mehr Leute wie Sie mit seltsamen Fahrzeugen in der Provence unterwegs sein, ja, das ist mein Ernst …«

Nachdem dies geklärt ist, setze ich mich direkt neben der Tankstelle auf eine bereitstehende Bank und verzehre das eben Gekaufte unter den erstaunten Blicken eines Ehepaars und den neidvollen ihrer etwa neunjährigen Tochter. Auf diese Weise gestärkt fädele ich mich erneut in den Kreisverkehr ein, rolle über den Kamm der Hügelkette hinweg und lasse dann dem Postrad freien Lauf.

Was für eine Belohnung für die durchlittene Mühe der vergangenen Stunden! Dreißig Minuten lang stoße ich auf die größer werdende Metropole herab. Ein Pulk Mopeds, eine Armada Autos und diverse Lastwagen rasen mit mir, ehe der Verkehr auf einer vierspurigen Einfallstraße zusammengequetscht wird. Vorsichtig schlängele ich mich um die im Stau stehenden Fahrzeuge herum, biege aufs Geratewohl in Seitenstraßen ein, folge mir unbekannten Gassen und rolle auf gut Glück immer weiter abwärts, bis ich unvermittelt am alten Hafen und damit mitten im Zentrum von Marseille stehe.

Ich bin angekommen in Frankreichs eigenwilligster Großstadt.

SPECIALITÉS   LYONNAISES

KAPITEL 3

Von Marseille nach Strasbourg

Lavendelfelder, stundenlange Aufstiege
und Heimatgefühle am Rhein

Ein anderer Reisender war, von der Camargue kommend, im Jahr 1888 nach Marseille unterwegs, und obwohl ihm weitaus bequemere Verkehrsmittel zur Verfügung standen als ein dreieinhalb Meter langes Postrad, sollte er nie dort ankommen. Genausowenig konnte ihn einer seiner Lebensentwürfe ans Ziel führen. Die provokative Kompromisslosigkeit, die er an den Tag legte, hatte daran keinen geringen Anteil. Erfolglos hatte er versucht, bei seiner Cousine und bei einer Prostituierten zu landen. Beruflich war er zunächst in der niederländischen Provinz Nordbrabant, dann in London, Paris, Brüssel und in Antwerpen gescheitert. Nachdem ihm auch die Stelle als Hilfsprediger im belgischen Steinkohlerevier Borinage gekündigt worden war, da er sich nach Meinung seiner Vorgesetzten zu sehr mit den Kumpeln identifiziert hatte, beschloss er, Maler zu werden.

Nun gibt es Maler, die in Wahrheit nur sich selbst vorstellen wollen. Sie drängeln sich vor ihre Bilder und versuchen mit all ihren Werken, auf sich aufmerksam zu machen. Es gibt aber auch Maler, die sich vorstellen, Bilder zu malen, die strahlender sind als sie selbst, und Werke zu schaffen, die eine Huldigung menschlicher Fähigkeiten sind. Anders ausgedrückt gibt es Maler, die sich etwas versprechen von ihren Werken, eine einsetzende Berühmtheit zum Beispiel oder eine endende Einsamkeit. Es gibt aber auch Maler, die sich etwas versprechen, das sie halten müssen, und das sie in allen Werken offenlegen, weil sie davon getrieben sind. Man erkennt es in ihren Bildern. Und dann sieht man sie selbst, nicht im Vordergrund, von wo aus sie den Blick auf ihr Werk verstellten. Man sieht sie wasserzeichengleich hinter jedem Bild auftauchen, unaufdringlich und gerade darum unentrinnbar, weil wir direkt in ihre Augen blicken, wenn wir ihre Bilder betrachten.

Vincent van Gogh war ein solcher Getriebener, als er, auf der Suche nach den leuchtenden Farben des Südens, 1888 in Arles eintraf und in eine rauschartige Produktivphase fiel. In den folgenden sechzehn Monaten schuf er einhundertsiebenundachtzig Gemälde. Spontane Motivfindung, rasche Pinselstriche mit unverdünnter Farbe und eine radikale Vereinfachung zugunsten einer unmittelbaren Intensität waren seine Markenzeichen. Eine Marke wurde er trotzdem Zeit seines Lebens nicht. Vor dem zu spät einsetzenden Erfolg fürchtete er sich. Wäre der Ruhm rechtzeitig gekommen, hätte er ihn vielleicht gerettet, so aber zerstörte er ihn vollends. Zu lange und zu bequem hatte er sich im Habitus eines ewig Zurückgestoßenen eingerichtet.

»Protect me from what I want«, diesen hellsichtigen Spruch ließ die US-amerikanische Textkünstlerin Jenny Holzer einst auf Hochhäuser projizieren. Zu spät für Vincent van Gogh, der, nachdem er sich erschossen hatte, zum Inbegriff des verkannten Genies stilisiert wurde, zur willkommenen Projektionsfläche intimer Ängste und Hoffnungen.

Ironischerweise beriefen sich vor allem Monet, Matisse und die Fauves, die Künstler des Blauen Reiters, Munch und Picasso auf ihn, allesamt Frühberufene mit rasch einsetzender gesellschaftlicher Anerkennung. Heute ist Vincent van Gogh, glaubt man dem Biografen Matthias Arnold, der bekannteste und beliebteste Maler aller Zeiten. Seine Motive finden sich auf unzähligen Gebrauchsgegenständen. 1990 wurde eines seiner Bilder bei Christie's in New York für über achtzig Millionen US-Dollar verkauft.

Vincent van Gogh, der so intensiv mit der Camargue verbundene niederländische Maler, ist nur einer von unzähligen Künstlern, die die französische Provinz als Ort ihrer Kunst wählten. Schon aus diesem Grund liegen die zahlreichen Buchautoren und politischen Kommentatoren falsch, wenn sie behaupten, von Frankreich zu berichten und anschließend eine Abhandlung über Paris abspulen. Natürlich steht der französischen Hauptstadt eine herausragende Stellung zu, seit ihr Einfluss besonders unter Ludwig XIV. und Napoléon Bonaparte deutlich vergrößert wurde. Die Redewendung *monter à Paris*, »nach Paris aufsteigen«, zeigt bis heute, dass, wer Karriere machen möchte, gut daran tut, seinen Lebensmittelpunkt in die Hauptstadt zu verlegen – und zwar auch dann, wenn er beispielsweise zum Bürgermeister seines Geburtsortes gewählt worden ist. Auch hier trifft jedoch die beliebte Unterstellung eines allumfassenden französischen Zentralismus' bereits seit dem Amtsantritt des sozialistischen Präsidenten François Mitterand im Jahr 1981 nicht mehr uneingeschränkt zu. Noch im selben Jahr gelang es ihm nämlich, die zentral ausgeübte Macht der Präfekten zu brechen, Regionalräte einzurichten und die französische Verwaltung zu dezentralisieren.

Den Franzosen selbst ist das Zentralismus-Postulat, das in keinem Französischlehrwerk fehlen darf, ohnehin nie gerecht geworden. Denn selbst jene, die in Paris wohnen, fühlen sich nach wie vor als Auvergnat, als Marseillais, als Südfranzose, als Scht'i. Übers Wochenende fahren sie zurück »in die Heimat«. Vor allem in den vergangenen Jahren hat Frankreich eine ungeahnte Aufwertung des Regionalen erlebt, verbunden mit einer Renaissance genau jener Regionalsprachen – Baskisch, Bretonisch, Elsässisch, Okzitanisch –, deren Gebrauch die Machthaber in Paris jahrhundertelang unterbinden wollten. Und spätestens seit dem Megaerfolg von Dany Boons Filmkomödie »Willkommen bei den Scht'is« erfreut sich auch der Norden Frankreichs einer sprunghaft gewachsenen Popularität.

Die Kluft zwischen der von Hauptstadtbesuchern proklamierten mondänen Pariser Lebensart und dem realen, stark ländlich geprägten Grundgefühl vieler Franzosen ist nur einer von vielen Widersprüchen, auf die man trifft, wenn man hinter die Fassade von liebenswerter Lebenskunst und rustikaler Romantik blickt:

Frankreich ist das Land der Revolution, des Aufstiegs des »Dritten Standes«, der Verteidiger von *liberté, égalité, fraternité*. Warum lässt es sich dann von einer aristokratisch anmutenden Machtelite leiten, für die der Volksmund in Abwandlung des Wortes Monarchie den Begriff *enarchie* gefunden hat, benannt nach der ENA, Frankreichs politischer Kaderschmiede?

Frankreich ist der europäische Umweltsünder par excellence. Warum gibt es dann, im Gegensatz zum offiziellen ökologischen Musterland Deutschland, Mautstellen und eine Geschwindigkeitsbegrenzung auf der Autobahn?

Frankreich stellt sich wie kein anderes europäisches Land dem Einfluss der Vereinigten Staaten von Amerika entgegen. Warum steht das EuroDisney-Ressort dann in der Nähe von Paris statt zum Beispiel in London? Warum fahren die über eintausendeinhundert McDonald's-Filialen im angeblichen Feinschmecker-Eldorado Frankreich regelmäßig den zweithöchsten nationalen Jahresprofit nach jenen in den USA ein?

Wie einen Menschen machen Widersprüche, Ungereimtheiten und kleine Schwächen auch ein Land erst interessant. Frankreich gewinnt an Faszination, wenn man hinter der zur Schau getragenen nationalen Identität, unter den Flugzeugen, die am Nationalfeiertag die drei Flaggenfarben über den Himmel ziehen und zwischen den Zeilen der pathosdurchtränkten Reden seiner Politiker den Flickenteppich aus regionalen Traditionen, Eigenheiten und Akzentverschiebungen ausmacht, der Frankreich in Wahrheit ist. In ihrer sympathischen, Asterix-und-Obelix-artigen regionalen Verbocktheit überflügeln viele Auverngnats, Bretonen, Elsässer, Gascognier, Marseillais, Normannen und Provenzalen – von den Basken, den Flamen und den Korsen ganz zu schweigen – so manche Bewohner deutscher Bundesländer. Am ehesten erinnern sie an bayerische Zustände. Ehe man über Frankreich urteilt, sollte man daher längere Zeit in Condom oder Lectoure, in Arcachon oder Valence, in Bergues oder Lannion gelebt haben – schon um auszuschließen, dass man die Hauptstadt mit dem Land verwechselt.

Dass Frankreich längst nicht mehr als Paradebeispiel für Zentralismus taugt, und dass man den Franzosen Unrecht tut, wenn man ihr Land über einen Kamm schert – ganz besonders wenn dieser Kamm eine Hauptstadt ist, die beinahe ausschließlich von zugezogenen Provinzlern und Touristen bewohnt wird – wird in keiner Metropole deutlicher als in Marseille.

Eine Köstlichkeit für arme Leute
und der einarmige Bandit von Marseille

Marseille unterscheidet sich von Frankreich, es bildet quasi einen vom Restland unabhängigen Mikrokosmos. Das beginnt bereits damit, dass Marseille lange Zeit eine griechische Stadt war. Auf der Suche nach Zinn gründeten griechische Seefahrer sechshundert Jahre vor Christus »Massalia« in einer geschützten Meeresbucht, was Marseille zur ältesten Stadt Frankreichs macht. Seit jeher gelten ihre Einwohner als stolz und unabhängig. Als die Römer Südgallien eroberten, blieb die Stadt noch mehrere Jahrzehnte autark, erst im Jahr 49 vor Christus wurde sie nach sechsmonatiger Belagerung der römischen Provinz »Gallia Narbonensis« zugeschlagen. Im dreizehnten und vierzehnten Jahrhundert hatte Marseille gar den Status einer selbständigen Republik, ehe es 1481 mit Frankreich vereinigt wurde.

Angesichts dieser Vorgeschichte verwundert es nicht, dass die Aufständischen der Französischen Revolution besonders viel Hilfe aus Marseille bekamen. Die Marseillaise, die die Kämpfer aus dem Süden in den Straßen von Paris sangen, wurde drei Jahre später zur französischen Nationalhymne erklärt.

Marseille blieb bedeutsam für Frankreich: Während der französischen Kolonialkriege in Afrika und Indochina, besonders nach Eröffnung des Suezkanals 1869, verfügte es über den strategisch wichtigsten Hafen des Landes. In den Siebzigerjahren setzte allerdings eine Verwahrlosung der Stadt ein, die durch unkontrollierten Straßenverkehr, bauplanerische Fehlentscheidungen und dem Bedeutungsverlust der Hafenanlage forciert wurde. Zehn Prozent der Einwohner verließen die Stadt, Marseille wurde zum Auffangbecken für maghrebinische Einwanderer und *sans-papiers*. Erst in neuester Zeit rappelt Marseille sich wieder auf und investiert massiv in die Verschönerung des Stadtbilds.

Beeindruckend ist Marseille trotzdem nur, wenn man es von oben betrachtet, denke ich, als ich den einhundertfünfzig Meter hohen Kalk-steinfelsen südlich des Stadtkerns erklimme und schließlich vor dem städt-ischen Wahrzeichen, der Wallfahrtskirche Notre Dame de la Garde, stehe. Im Gegensatz zu den grandiosen Schönheiten, die mir die Natur auf meinen Reisen ständig von Neuem auftischt, vermögen es nur wenige von Menschen geschaffene Bauwerke, mich nachhaltig zu beeindrucken. Die Basilika von Marseille gehört dazu.

Dank ihrer byzantinischen Anklänge – dem hell gehaltenen mehrfarbi-gen Mauerwerk, den geschwungenen Rundbögen, den vergoldeten Mosa-iken – weist sie hinaus in die Welt und weit hinein in die Geschichte. Ihr weltläufiger Charakter zeigt sich auch darin, dass das Bild über dem Hochal-tar, auf das der Blick bereits beim Eintreten gezogen wird, keine Darstellung Mariens oder Jesu ist, sondern jene eines Schiffes. Notre Dame de la Garde ist ein Ort, an dem man sich sammelt, ehe man zu Eroberungen aufbricht. Seit jeher strömen Seefahrer und Abenteurer hierher.

Schon die kühne Außenkonstruktion, die darin gipfelt, dass eine elf Meter hohe goldfarbene Madonna leuchtturmgleich auf der Spitze des ein-undvierzig Meter hohen Glockenturms steht und das Jesuskind emporhält, das beide Hände segnend über die Stadt und das Meer erhebt, verdeutlicht, dass Notre Dame de la Garde mehr als eine gewöhnliche Kirche ist. Im Grunde genommen handelt es sich bei ihr um drei Kirchen in einer: der weithin sichtbaren, wahrzeichenhaften Außenform mit der charakteris-tischen Fassade und der monumentalen Marienstatue, dem mit Marmor, Mosaiken und Meeresmotiven überreich ausgeschmückten Innenraum der Basilika und schließlich der darunterliegenden Krypta, in die man hinab-steigt, als betrete man eine vergangene Welt.

Der in den Fels getriebene Raum ist eine Enklave der Ruhe inmitten des Marseiller Trubels, ein gewölbter Gegenentwurf zur Hektik und Reizüberflutung der großen Stadt. Verharrt man dort unten vor der marmornen Mater Dolorosa von Jean-Baptiste Carpeaux, inmitten einer Umgebung, die Schritte wie Getöse klingen lässt, feuchtkalten Wänden gegenüber, die jedes laute Wort als persönliche Beleidigung auffassen, ist man voll und ganz auf sich selbst zurückgeworfen. Tritt man hernach blinzelnd zurück ins Freie, sieht man die anbrandende Stadt mit neuen Augen.

Bis in den späten Abend hinein genieße ich die Vogelperspektive, bestaune den großen Schichtwechsel von Sonne und Mond und werde Zeuge, wie das umtriebige Marseille der Touristenbusse, Reisegruppen und geschmückten Fassaden nach und nach vom umtriebigen Marseille der Nachtschwärmer, Modegurus und blitzenden Lichtreflexe ersetzt wird. Lediglich der Anblick des nahen Château d'If bleibt eine Konstante. Diese Felsenfestung im Meer ist seit 1516 frankreichweit bekannt, da hier das erste Nashorn, das jemals in Europa zu sehen war, Station machte, und seit 1844 weltberühmt, da Alexandre Dumas in seinem Abenteuerroman den Seemann Edmond Dantès vierzehn Jahre dort einkerkern ließ, ehe er ihm gestattete, zum Rächer par excellence, zum Grafen von Monte Christo, zu werden.

Gegen elf Uhr abends steige ich von meinem privilegierten Aussichtspunkt herab, folge kurz der Canebière, Marseilles ehemaliger Prachtstraße, deren beste Zeit allerdings lang zurückliegt, und verliere mich dann in den Seitengassen, ehe ich auf gut Glück in ein kleines Restaurant trete. Ein einziger Gast sitzt am letzten der vier Tische. Seine linke Hand presst sich um den hellen Holzgriff einer Shisha. Er saugt den mit Erdbeeraroma angereicherten Tabakrauch in sich hinein wie ein Ertrinkender den letzten Luftzug. Das Innere der Wasserpfeife gerät in Bewegung, sie lässt ein tiefes Gurgeln hören. Die schlanken Gesichtszüge des Rauchers entspannen sich zu einem Lächeln. Er löst den Griff, stellt sich als Ahmed vor und bietet mir mit der Linken einen Platz an seinem Tisch an. Die Rechte steht ihm nicht mehr zur

Verfügung. Schlaff hängt der Ärmel seines Sweatshirts mit dem Konterfei von Zinedine Zidane von der Schulter herab.

»Ein Arbeitsunfall«, sagt er, als wolle er sich rechtfertigen, ehe er einen weiteren tiefen Zug aus der Shisha nimmt. Seine Stimme klingt weich, lediglich der arabische Akzent verleiht ihr etwas Würze. »Es passierte zwei Tage nach meinem vierzehnten Geburtstag. Ich arbeitete ich in einer Konservenfabrik, als ein Autoklav in die Luft flog.«

»Ein Auto…?«

»…klav, ein Druckbehälter, der Produkte haltbar macht. Da wir sparen mussten, wurde das verdammte Ding nicht regelmäßig gewartet. Meine Schicht war zu Ende, eben wollte ich die Halle verlassen, als das Gerät direkt neben mir explodierte. Hätte ich an jenem Abend nur fünf Minuten früher aufgehört zu arbeiten! Doch seitdem … schau mich doch an! Kennst du etwa jemanden, der körperbehindert ist und trotzdem Erfolg im Leben hat?«

»Aber sicher, Stephen Hawking zum Beispiel, der berühmte Physiker. Unser Innenminister sitzt ebenfalls im Rollstuhl.«

»Die kommen aber zu allem Unheil nicht auch noch aus Algerien!«

Trotzig widmet sich Ahmed wieder seiner Wasserpfeife. Im Grunde genommen macht er den Eindruck eines harmlosen und schlaksigen, etwas schwächlich wirkenden jungen Mannes, dessen Gesichtszüge durchaus filigrane Züge aufweisen. Doch wenn ihm etwas wichtig ist, spricht er wie ein Getriebener, gerät bei manchen Worten ins Stottern und streut arabische Flüche ein, ehe er einige Sätze später wieder zum Normaltempo zurückfindet. Allzu schlecht scheint es ihm nicht zu gehen, schmunzelnd wird er mir wenig später von der Vereinbarung erzählen, die er mit dem Wirt abgeschlossen hat, freies Essen inklusive Wasserpfeife gegen diverse Reparaturen im Wirtshaus und Werbung auf der Straße. Ebendieser Wirt stellt gerade eine Schüssel auf meinen Tisch, die betörend duftet, dazu gesellt sich ein Teller mit Meeresspezialitäten. Ich widerstehe vorerst der Versuchung der Bouillabaisse und gebe Ahmed sanft Kontra.

»Nun, das Schicksal deiner Herkunft teilst du, soviel ich weiß, mit vielen *Marseillais*.«

»Stimmt, in dieser Stadt leben über zweihunderttausend Moslems. Selbst der berühmteste Sohn der Stadt hat algerische Wurzeln, auch wenn viele Franzosen das nicht wahrhaben wollen. Weißt du denn, wer das ist …?«

Ich weiß es wohl, ein Blick auf Ahmeds Sweatshirt genügt, doch um ihm eine Freude zu machen, tippe ich zunächst falsch.

»Soheib Bencheikh?«, frage ich gespielt naiv, woraufhin er zum ersten Mal heute Abend in ein helles, offenes Lachen ausbricht und mir anerkennend auf die Schulter klopft.

»Gar nicht schlecht geraten. Aber der Großmufti von Marseille wurde in Saudi-Arabien geboren, nicht in Algerien. Allerdings kann man ihn gar nicht genug loben für den Mut, mit dem er für einen offenen und modernen Islam eintritt.«

»Aber seit seiner Kopfstoßattacke bei der Fußball-Weltmeisterschaft 2006 ist Zinedine Zidane kein Held mehr, oder?«

»Für euch vielleicht nicht. Für uns bleibt er das weithin schillernde Symbol dafür, dass auch unsereiner es schaffen kann. Als mir vor zwei Jahren ein blassgesichtiger Tourist gesagt hat, dass Zidane am Ende seiner Karriere als größter Verlierer aller Zeiten vom Platz gegangen ist, und mich dabei hämisch anlachte, habe ich kurz darauf seinen Fotoapparat mitgehen lassen und ihn erst spät am Abend zurückgegeben. Heute mache ich so etwas natürlich nicht mehr.«

Zufrieden lehnt sich Ahmed zurück, was mir Gelegenheit gibt, den ersten Löffel Bouillabaisse zu probieren. Ein Geschmackszauber beginnt auf meiner Zunge zu tanzen.

»Hier werden die drei goldenen Regeln der Bouillabaisse-Zubereitung noch befolgt«, bemerkt der Wirt, als ich ein wohliges Grunzen von mir gebe. »Die Grundlage von allem bildet eine Mischung aus festfleischigen Fischen wie dem Seeteufel, dem Drachenkopf und dem Knurrhahn, und zartfleischigen, darunter die Rotbarbe und der Wolfsbarsch. Idealerweise kommen Meerestiere, zum Beispiel Muscheln und Crevetten, hinzu. Zweitens muss man diese köstliche Mischung zunächst aufkochen, *bouillir*, und anschließend bei reduzierter Hitze köcheln lassen, *baisser* – daher wohl auch der Name. Und drittens ist keine Bouillabaisse vollständig ohne eine kräftige Portion Rouille und einem Baguette. *Voilà*!«

Triumphierend zeigen er und Ahmed auf meinen Teller.

»Dabei habe ich gehört, dass die Bouillabaisse, die ihr so rühmt, ursprünglich ein Essen für arme Leute gewesen ist«, gebe ich mit vollem Mund zu bedenken.

»*C'est ça*«, übernimmt Ahmed wieder. »Früher haben die Fischer die nicht verkauften Fangreste nach Hause mitgenommen und zusammen mit Kräutern und Kartoffeln in einem Kessel zu einer Suppe verkocht. Kein Gericht der Welt passt besser zu Marseille als die Bouillabaisse. Auch unserer Stadt ist eine Mischung provenzalischer, maghrebinischer, afrikanischer, griechischer und korsischer Zutaten. Zuweilen kocht die Stimmung hoch, *bouillir*: Dann ist Marseille scharf und feurig, heißblütig bis kurz vor die totale Unvernunft. In der Regel legen sich solche Ausbrüche aber rasch wieder, *baisser*. Sie machen Marseille zu einem der spannendsten Orte der Welt, weil die verschiedenen Komponenten am Ende immer etwas ergeben, das größer ist als ihre Summe, *n'est-ce pas*?«

Ich blicke aus dem Fenster der Taverne, vor dem eine Gruppe feiernder Jugendlicher stehen geblieben ist. Weit hinter ihnen wacht Notre Dame de la Garde über die Stadt. *N'est-ce pas?* Doch, so ist es, Ahmed, denke ich. Ähnlich wie du den vom Leben hart getroffenen Arbeiter ebenso wie den hedonistischen Lebenskünstler verkörperst, zeigt auch Marseille die ganze Bandbreite menschlicher Schicksale auf. Es ist eine Stadt voller Gräben, ein Ort, an dem man kämpft und entweder untergeht oder gewinnt. Eine alte Dame mit hässlicher Fratze ist Marseille, laut und überfüllt, eine monströse Metropole mit magnetischer Anziehungskraft, berstend vor Leben, wunderschön, eigenständig und ungebrochen. Marseille ist seit jeher geprägt von der Tatsache, dass hier ein ständiges Kommen und Gehen stattfindet, Einkommen und Eingehen liegen nur eine Haaresbreite voneinander entfernt. Ein gelungenes Vorstellungsgespräch, ein zufälliges Treffen auf der Straße, ein halblegaler Coup entscheidet über Wohl und Wehe.

Dank dir, Ahmed, dank der Bouillabaisse, dank Notre Dame de la Garde und dank der zwischen Ausgelassenheit und Fiebrigkeit schwankenden Grundstimmung wird Marseille, die spannendste Metropole Frankreichs, die sich in jeder Minute neu definiert, lange in meiner Erinnerung nachhallen.

Unterwegs mit einem aufdringlichen Begleiter

Die klimatischen Bedingungen favorisieren Frankreichs Status als abwechslungsreichstes Land Europas. Ungehindert strömen atlantische Winde über das Land und schaffen fruchtbare Böden, ehe sie an die gewaltige Gebirgskette der Alpen prallen. Westlich davon ist das Zentralmassiv vorgeschaltet, wodurch die zwischen diesen beiden Erhebungen liegende Landschaft einem Windkanal gleichkommt. Dieser Umstand wäre famos, wenn mich der Wind von Süd nach Nord ins Landesinnere schieben würde. Leider streichen mir jedoch stattdessen die Ausläufer eines polaren Tiefs von Norden her mit sechzig Stundenkilometern dicht über dem Boden entgegen. Obwohl kaum ein Wölkchen am dunkelblauen Himmel zu sehen ist, schlagen mir Böen den Lenker aus der Hand. Windstrudel zerren an meinen Hosenbeinen wie bissige Hunde. Alle Bäume sind nach Süden hin gebogen. Seit kurz hinter Marseille reise ich mit einem aufdringlichen Begleiter. Er hört auf den Namen Mistral. An diesen permanenten Gegenwind würde ich mich gewöhnen müssen, an die vor mir liegenden Anstiege auch. Mühsam trete ich mich voran, arbeite mich Stück für Stück auf die nächste Stadt zu. Immerhin ist es die, in der Umfragen zufolge die meisten Franzosen leben wollen.

Aix-en-Provence verhält sich zu Marseille wie Beverly Hills zu Los Angeles oder der Starnberger See zu München. Es bildet ein vorgelagertes, gut angebundenes und lebenswertes Refugium für den betuchteren Teil der Stadtbewohner. Bereits auf den letzten Kilometern vor der Stadt wird die Landschaft gefälliger. Wald-und-Wiesen-Romantik ersetzt die Marseiller Hochhausschluchten. Aix-en-Provence selbst duftet überall nach Kräutern und Gewürzen, die auf den Freiluftmärkten feilgeboten werden. Obwohl der Vormittag kaum begonnen hat sich zu entfalten, stelle ich das Postrad vor einem Café ab, dessen Türaufkleber *ticket repas* auf günstige Speisen hinweist. Als ich der Verkäuferin erkläre, was ich mit dem seltsamen Gefährt vor ihrer Tür vorhabe, setzt sie sich neben mich.

»Dann erzähl' doch mal«, fordert sie mich auf. Sie hat Zeit, außer uns beiden ist niemand im Laden. Im Gegenzug erfahre ich, dass sie eine echte *Aixoise* ist. Derzeit studiert sie *sciences po*, Politikwissenschaft also, dazu Kunstgeschichte und gehört damit zu den fast dreißig Prozent der Einwohner, die an einer Hochschule eingeschrieben sind. Den Kellnerjob übt sie nebenher aus. Natürlich liebt sie ihre Stadt, die sich südlich der Hügelketten Luberon und Trévaresse gekonnt vor dem Mistral in einer lang gezogenen Talmulde versteckt. Diese beiden Hügelketten würde ich bald genauer kennenlernen, fügt sie kokett hinzu. Seine Anziehungskraft habe Aix erst im vorigen Jahrhundert entfaltet, als es aus dem Windschatten Marseilles heraustrat, gezielt den Hightech-Sektor an den Universitäten förderte und die Altstadt tourismuswirksam sanierte. »Zuvor war unsere Stadt aber bereits bekannt, weil sich hier nämlich eine ganz besondere Jugendfreundschaft entwickelt hat«, sagt sie dann und blickt mich erwartungsvoll an.

»Ähm, und ist die schuld daran, dass Paul Cézanne so romantische Bilder gemalt hat, die hart am Kitsch vorbeischlittern?«, schieße ich auf gut Glück einen Ratepfeil ab. Mein Gegenüber klatscht daraufhin zunächst begeistert in die Hände, schwächt das Lob aber unmittelbar darauf deutlich ab. Eine echte Südfranzösin eben.

»Bravo, das war wirklich gut geraten! Obwohl Cézanne eigentlich wenig Anlass zu romantischen Gefühlen hatte. Da er früh mit den bis dato gängigen Malstilen brach, wurde er jahrzehntelang verspottet.«

»Ganz wie van Gogh also.«

»Genau. Am Anfang hielten lediglich Künstlerkollegen wie Monet und Renoir zu ihm. Erst nach seinem Tod hielt er als »Wegbereiter der Moderne«, der unter anderem Pablo Picasso und Georges Braque zum Kubismus inspiriert hatte, Einzug in die Kunstgeschichtsbücher. Vielleicht hat die lebenslange Zurückweisung auch dafür gesorgt, dass seine Aixer Jugendfreundschaft zu Émile Zola eine solche geblieben ist. Der wurde nämlich rasch als genialer Autor gefeiert, wohnte in einem großzügig ausgestatteten Haus in Médan und veröffentlichte früh einen Roman über einen gescheiterten Maler, der schließlich Selbstmord begeht. Cézanne, der sich darin wiedererkannte, beendete daraufhin die Freundschaft zu ihm. Erst viel später erbte Cézanne von seinem Vater ein kleines Vermögen und kaufte ein Grundstück bei Aix.«

Eine Weile genieße ich die Nachhilfestunde, doch als die Studentin beginnt, vom spezifischen Pinselstrich Cézannes zu schwärmen, merke ich vorsichtig an, dass ich heute noch bis Sault kommen möchte, und bestelle abschließend einen Espresso Macchiato. Das denke ich zumindest, ehe ich merke, dass meine Bestellung in Wahrheit der Auftakt zu einer weiteren, für mich allerdings äußerst hilfreichen Diskussion ist.

»Was hast du da eben gesagt?«

»*Pardon?*«

»Na, was du eben gesagt hast!«

»Dass ich heute gern noch bis Sault kommen möchte. Ja, ich weiß, die beiden Gebirgsketten …«

»Nein, das meine ich nicht. Mit welchen Worten hast du gerade einen Espresso mit etwas Milch bestellt?«

»*Un expresso macchiato, s'il-vous-plaît.*«

»Ojemine, das ist ja schlimmer, als ich gedacht habe!«

»Wieso, habt ihr denn keinen Espresso?«

»Natürlich haben wir Espresso, guten sogar. Aber wenn du ihn auf diese Weise bestellst, bekommst du ihn zusammen mit einem saftigen Touristenaufpreis. Ich empfehle dir, stattdessen beim Anblick einer Kellnerin mit an Interesselosigkeit grenzender Selbstverständlichkeit *une noisette* zu murmeln und deinem Gegenüber kaum merklich zuzunicken. Sonst gibst du dich unweigerlich als Fremder zu erkennen, der die hiesigen Sitten nicht kennt und daher offensichtlich auch nicht über das angebrachte Preisniveau Bescheid weiß. *Eh ben, c'est comme ça:* Nur wer unseren Code kennt, bezahlt den korrekten Preis.«

»Kannst du mir denn erklären, warum ihr einen Espresso mit etwas Milch nicht einen Espresso mit etwas Milch nennt, sondern *noisette*, Nuss?«

»Leider nein. Ebenso wenig kann ich dir sagen, warum du niemals einen *café au lait*, sondern stattdessen *un crème* bestellen solltest. Vielleicht drücken wir durch solche albernen Wortspielereien aus, wie sehr wir Angst haben, erwachsen zu werden.«

»Gut, statt Milchkaffee muss ich also einen Kremigen ordern.«

»Unbedingt. Und wenn du ein kleines Wasser bestellst, wird dir ein kostenpflichtiges Mineralwasser aufgetischt, während du ansonsten eine ganze Karaffe kostenfrei zum Essen dazubekommst.«

»Du musst aber zugeben, dass eure Sprache viele Fallstricke dieser Art für uns Gäste bereithält. Werdet ihr ohnmächtig, so »fallt ihr in die Äpfel«, *tomber dans les pommes*, habt ihr Hunger, dann »brecht ihr die Rinde«, *casser la croûte*. Nicht wenige eurer Worte klingen identisch, bedeuten aber Grundverschiedenes: *ver*, Wurm, *verre*, Glas, *vert*, grün, *vers*, draufzu. Das ist doch verrückt! Ganz abgesehen davon, dass es bei euch kein Wort für neunzig gibt und ihr stattdessen auf dem komplizierten »vier mal zwanzig plus zehn«, *quatre-vingt-dix*, beharrt. Wer soll denn da noch durchblicken?« Im Gegensatz zu meinem Postrad, das noch immer vor dem Café auf mich wartet, bin ich bei der Aufzählung meiner Schwierigkeiten mit dem Französischen in Fahrt gekommen. »Gut«, gebe ich mich daraufhin versöhnlich, »vermutlich machen wir es euch auch nicht leicht mit unseren Zugabteilfenstern, Bodenreinigungsgeräten und Donaudampfschifffahrtsgesellschaften.«

»Das kannst du laut sagen«, seufzt sie. »Spätestens bei solchen Komposita steige ich aus, obwohl ich in der Schule Deutsch gelernt habe. Bei uns gibt es nicht einmal eine Haustür, sondern nur eine Tür des Hauses, kein Surfbrett, sondern nur ein Brett mit Segel. Seltsam finde ich auch eure Hinweisschilder, auf denen »Warnung vor dem Hunde« steht – Hunde in der Mehrzahl, der Rest des Satzes in der Einzahl! Oder nimm den Ausdruck »sich treffen«, den wir so nicht kennen. Deutet der auf die Hoffnung hin, dass man Neues über sich erfährt, wenn man sich mit jemandem trifft?«

»Nun, eine Fremdsprache zu lernen zeigt einem manchmal, wie rätselhaft die eigene Sprache ist.«

»Vielleicht ist der Umgang mit der Sprache, ob eigen oder fremd, ja ein wenig wie Rad fahren. Von mehreren möglichen Wegen musst du einen wählen, doch am Ende kommst du schon am richtigen Ort an.«

»Danke für das Stichwort. Nach so viel Gehirnjogging werde ich jetzt wieder meine Beine in Anspruch nehmen.«

Ein gefährlicher Keltenberg und ein Luftkurort namens »Gott hat es gemacht«

Von Aix-en-Provence aus gesehen fächern die Hauptverkehrsadern nordwärts auf. Die A 7 bringt Fahrzeuge nordwestlich über Avignon nach Lyon, die A 51 zeigt nach Nordosten, wo sich hinter Gap die Schweiz ankündigt. Statt mich an eine der beiden Autobahnen zu halten, wähle ich die goldene Mitte und fahre schnurstracks gen Norden. Die deutsch-französische Grenze erreiche ich auf diese Weise nicht unbedingt schneller, in jedem Fall ist die Route aber spektakulärer. Immer wieder fällt der Blick mit

Felsbrocken gesprenkelte Abgründe hinab, legt sich in raue Schluchten, gleitet wie im Flug durch weite Täler und grüßt die Wolken auf Augenhöhe.

Allerdings ist der optische Genuss teuer erkauft. Steile Anstiege, halsbrecherische Grate und mit Schnee besprenkelte Pässe stellen meine Kondition auf eine harte Probe. Die vor mir liegenden Savoyen, die ich in einigen Tagen erreichen werde, sind die höchstgelegene Region Europas. Sie gehören erst seit einhundertfünfzig Jahren zu Frankreich. Graf von Cavour, der erste Ministerpräsident Italiens, schenkte Napoleon dem Dritten einst die Savoyen und Nizza als Dank für die militärische Unterstützung gegen Österreich. Nizza sorgt seither für verlässliche Tourismuseinnahmen. Was aber bringt Frankreich die *Savoie*? Weitaus mehr als die Mittelmeermetropole, sagen viele Franzosen und verweisen auf die Vorzüge der Bergregion, auf die Wintersportmöglichkeiten, auf noch mehr Käsesorten für Frankreich, darunter den europaweit begehrten *Tomme* und den *Reblochon* – und nicht zuletzt auf die Schornsteinfeger. Früher stiegen die Savoyarden von den Bergen herab, um zahme Murmeltiere auf Jahrmärkten vorzuführen, weshalb man die Musterkoffer der Handelsreisenden bis heute *marmottes* nennt; inzwischen verdingen sie sich vor allem als Kaminkehrer.

Kurz nach dem Städtchen Rognes mogele ich mich auf einer engen, weitgehend ebenerdigen Schneise nach Cadenet, während sich links und rechts erste Gebirge erheben. Kaum habe ich über die Éze gesetzt, zeigt der Straßenasphalt vor mir schräg nach oben. Wenig später umfängt mich das Massiv des Luberon, das die Straße zu tollkühnen Verrenkungen zwingt und mir den Schweiß aus allen Poren treibt. In den folgenden vier Stunden treffe ich keinen weiteren Verkehrsteilnehmer und nutze die Zeit, um mich ausgiebig mit meinen schmerzenden Oberschenkeln auseinanderzusetzen. Ich werfe ihnen Arbeitsverweigerung vor, sie nennen mich einen verbissenen Tyrannen. Als ich auf diese Weise hinauf nach Lourmarin schnaufe, sind sie kurz davor, zum Generalstreik aufzurufen. Erst als ich mich anschließend auf einem ebenen Wegstück erhole, nehmen sie ihre Arbeit mürrisch wieder

auf. Kurz darauf ächze ich erneut aufwärts, bis ich das reizende Bergstädt-
chen Apt erreiche, das den Beginn der Alpen markiert.

Obwohl das auf halber Höhe liegende Lourmarin nicht mit atemberau-
benden Sehenswürdigkeiten aufwartet, muss ich dort zu Ehren eines meiner
Helden eine Rast einlegen: 1958 hatte Albert Camus sich hier ein Haus
gekauft. Es war ein tragischer Tag für die europäische Literatur, als er am
4. Januar 1960 von Lourmarin aus Richtung Paris fuhr. In der Nähe des
Städtchens La Chapelle Champigny verlor Michel Gallimard, ein Neffe von
Camus' Verleger, die Kontrolle über den Wagen, in dem auch der Literatur-
nobelpreisträger saß. Camus' autobiografischer Roman *Le premier homme*,
»Der erste Mensch«, erschien posthum. Die Grabstätte des existenzialisti-
schen Schriftstellers, der es wie kein anderer verstand, einem breiten Publi-
kum philosophische Erkenntnisse in Erzählungen nahe zu bringen, kann auf
dem Friedhof von Lourmarin besichtigt werden.

Als ich Apt erreiche, fällt mir augenblicklich auf, dass hier eine andere
Stimmung als auf meiner bisherigen Reise herrscht. Schon am frühen Abend
kriechen die Schatten der Berge auf die Stadt zu. Deren Bewohner gehen mit
weit ausholenden, federnden Schritten vorwärts. Die wenigen Gäste ähneln
Hochleistungssportlern und berichten vorzugsweise von Bergüberquerungen
in Rekordzeit. Selbst im August stellen die Cafés Wärmestrahler nach
draußen. Die Luft wirkt, als habe man sie in den Tälern zusammengepresst
und hier komprimiert wieder freigelassen. Seit ich das Departement Bouches-
du-Rhône verlassen und die Vaucluse erreicht habe, fühle ich mich zum
ersten Mal auf meiner Reise fernab des Meeres. In Apt bin ich unbestreitbar
in den Bergen angekommen – auch wenn das Städtchen von Obstplantagen
umgeben und für seine kandierten Früchte bekannt ist.

Von hier an steigt die Wegstrecke stetig bergan. Ein *col*, Pass, folgt dem
nächsten, bis ich das Wort in Gedanken zu *colère*, Wut, vervollständige. Die
Zeit zieht sich wie Kaugummi in die Länge. Als wären die Uhrzeiger bei ihrem
Dauerlauf ins Stocken geraten, als hätten die Minuten ihre Entschlossenheit,

permanent vorwärtszuschreiten, eingebüßt. Fast kommt es mir vor, als führe ich in einem Wurmloch bergauf, immer bergauf, schwitzend trotz des kalten Windes, der mir nach wie vor stramm entgegenbläst, keuchend trotz der glasklaren Luft, in die sich der Duft Dutzender Lavendelteppiche legt, und umgeben von den Reizen, die die Vaucluse großzügig verschenkt.

Jene sind auch zahlreichen Engländern nicht verborgen geblieben. Hier, fernab großer Städte, praktizieren sie eine *retour à la nature*, die mit modernen Standards einhergeht. Die Mischung aus Naturverbundenheit und Anspruchsdenken teilen sie mit Sportkletterern, die an den Innenseiten steilwandiger Täler und ganz besonders an den Kalksteinfelsen von Buoux kleben.

Abgesehen von grandiosen Ausblicken in farbgesättigte Täler hinein gibt mir die Strecke keine Anhaltspunkte an die Hand. Keine Stadt, kein markanter Punkt teilt mir mit, wie lange es noch dauern mag, ehe ich mein heutiges Etappenziel erreiche. Mit jeder Stunde, in der ich auf Sault zukrieche, malt sich meine Fantasie dieses Bergdorf größer und schillernder aus. Auf sechshundert Metern über dem Meeresspiegel hat sie bereits eine ansehnliche Stadt gezeichnet. Zweihundert Meter höher hat sie einen von der Dorfjugend lässig drapierten, mittelalterlich anmutenden Hauptplatz entworfen, auf dem zwei bärtige Straßenmusiker, die erschreckend an die Wildecker Herzbuben erinnern, folkloristische Lieder über die Lust am Bergsteigen zum Besten geben. Eine Stunde später hat sie eine Schlemmergasse samt anheimelndem Hotel für müde Postradfahrer und andere Verrückte angelegt.

Die Realität übertrifft jedoch alle Skizzen meiner Fantasie um ein Vielfaches. Unvermittelt fällt die Steigung der Straße in sich zusammen, sodass ich entspannt auf den zentralen Platz von Sault rollen kann. Direkt dahinter, von einer steinernen Mauer notdürftig verdeckt, stürzt die Landschaft jäh ab und breitet sich hunderte Meter tiefer in den intensivsten Farben aus, bis sie an die Gebirgskette der Alpen stößt, die das Gebiet von West nach Ost durchzieht. Das satte Lila der Lavendelfelder, pointilistisch in die Landschaft

gemalt, wird auf das Feinste unterbrochen vom leuchtenden Ocker recht-
eckiger Getreideflächen, die ein Mähdrescher aberntet. In dieses Meer aus
Buntheit hinein sind Gehöfte gesetzt, deren klar gezogene Konturen die
Illusion von Nähe erzeugen. Meine Augen können sich nicht satt sehen an
diesen von Farben durchfluteten Flächen, die der Mistral ständig in Bewegung hält. Es ist, als blicke man aus dem Ausguck eines Dreimasters hinaus
auf den wogenden Ozean.

Zahlreiche Hobbymaler, in Reih und Glied an der Steinmauer aufgestellt, versuchen, dem privilegierten Blick gerecht zu werden, indem sie die
unter ihnen liegende Landschaft auf einem Stück Leinwand komprimiert
darstellen. Trotzdem liegen Welten zwischen dem Original und den Abbil-
dern, was kein Wunder ist: Kaum hat man einen Pinselstrich beendet, ist
einem der Wind auch schon in die Parade gefahren. Er hat Details neu angeordnet, Getreidehalme und Lavendelspitzen in neue Richtungen gedreht.
Welcher Moment ist der richtige? Der jetzige oder jener in fünf Sekunden?
Für welchen entscheidet man sich? Wie will man es überhaupt anstellen, die
Bewegung, die in alldem ist, in einem statischen Bild einzufangen?

Als die Sonne beginnt, das Farbenmeer weich zu malen, folge ich einem
spontanen Impuls, löse mich abrupt vom schönsten Blick der Vaucluse und
schwinge mich erneut auf mein Postrad. Dann gleite ich einen der sternför-
mig von Sault hinwegführenden Wege hinab. Der Teppich aus Feldern, auf
den man von Sault wie aus einem Greifvogelnest heraus blickt, strömt auf
eine kaum greifbare Weise Kraft aus und entfacht meinen Bewegungsdrang.
Entsprechend zügig folge ich dem Sträßchen, das sich um Lavendelfelder
wickelt, endlose Reihen Raps durchschneidet und mich schließlich zu den
Dörfern Aurel und Montbrun-les-Bains führt.

Beide sind römische Festungen, kühn in die Felsen geschlagen, dem
Abgrund direkt gegenübergestellt. Permanent umpfeift sie der Mistral. Es
sind raue Kleinode in einer gigantischen Landschaft, Rohdiamanten statt
Edelsteinschmuck, die je nach Sonneneinfall hart und klar oder weich und

einladend wirken können, in beiden Fällen aber stolz und eigenwillig sind. Die davorliegenden Lavendelfelder fließen auf die beiden Dörfer zu, deren altrömisch geschwungene Formen herrlich mit dem lilafarbenen Strom zu ihren Füßen kontrastieren.

Aurel sieht aus, als zeige es mit dem untersten, einzeln stehenden Haus wie mit einem Finger auf das vor ihm liegende Lavendelfeld. Montbrun-les-Bains thront mit herrisch anmutender Geste über den Feldern und ist so forsch in den Fels gesetzt, als drohe es jederzeit, von dort herunterzufallen. Kurz vor Montbrun-les-Bains biege ich links in das enge Tal des Loncousan ab, das mich an den Innenflächen zweier Gebirgsketten entlang westwärts führt.

Die Nacht stürzt auf die Erde wie ein Raubtier auf eine nichtsahnende Beute. Eben habe ich mich noch umgeblickt und gesehen, wie ein unsichtbarer Riese im Osten einen immensen Tintenklecks gegen den Himmel geworfen hat, der sich nach allen Seiten ausbreitet. Kurz darauf zieht die Nacht einen schwarzen Vorhang um mich zu. So wäre ich um ein Haar am Gästehaus von Brantes vorbeigefahren. Ich sehe lediglich ein unscheinbares Gebäude, aus dem das sich wiederholende Geräusch aneinanderstoßender Gläser, unterbrochen von dröhnendem Lachen, dringt.

Auf gut Glück halte ich auf das erleuchtete Erdgeschossfenster des Hauses zu und klopfe an die Scheibe. Im Innern drehen sich vier Köpfe nach mir um. Der zuvorderst Sitzende zeigt mit dem Finger auf mich. Ich setze mein gewinnendstes Lächeln auf, dann mache ich die international verständliche Geste des Schlafens, halte meine ineinander gefalteten Hände an den schief gelegten Kopf und blicke die vier Männer fragend an. Der Fingerzeiger nickt daraufhin bedeutungsschwer, als hätten wir uns eben ausführlich über Nietzsches Spätwerk unterhalten, ehe er gemessenen Schrittes zur Tür schreitet. Licht flutet mir entgegen, als er mir die Pforte zum Paradies öffnet.

»Wir haben heute Abend eigentlich keinen weiteren Gast erwartet«, beginnt er. Im selben Augenblick weiß ich, dass ich einem Elsässer gegenüberstehe. Zu lang zieht er die Vokale, beinahe so schroff wie im Deutschen spricht er manche Konsonanten aus. Er sagt »sche« statt dem weichen »je«, wenn er »ich« meint. Ich tippe darauf, dass seine Stimme eigentlich in der Tenorlage angesiedelt ist, durch den Alkoholeinfluss ist sie jedoch in den Bariton abgerutscht. Die massige Gestalt meines Gegenübers hätte ohnehin am ehesten einen Bass nahegelegt. Es vergehen einige Sekunden, in denen wir einander auf Herz und Nieren prüfen. Anscheinend heißt er meine Absichten schließlich gut. Er macht eine einladende Handbewegung in den Raum hinein.

»Trotzdem herzlich willkommen in Brantes. Unser Gastgeber ist zwar schon zu Bett gegangen, hat aber bestimmt nichts dagegen, dass du heute Nacht im letzten freien Zimmer dieser Absteige schläfst.«

Offensichtlich nimmt sich mein Gönner Zeit, den Dingen auf den Grund zu gehen, was mich spontan für ihn einnimmt. Für jeden geäußerten Satz braucht er zwar länger als allgemein üblich, das Ergebnis basiert dafür auf Gründlichkeit und entspricht zumeist den Vorgaben der Logik. Vielleicht ist er darum der Wortführer der Gruppe. Unter Umständen ist er es auch nur in diesem Moment, weil sich zwei seiner Kompagnons vor Müdigkeit kaum noch auf den Beinen halten können. Der vierte im Bunde, ein schlaksiger Mittfünfziger, versucht derweil tapfer, sich mit Scherzen und flapsigen Bemerkungen am Gespräch zu beteiligen.

»Willst du damit um Frankreich herumfahren?«, tippt der Wortführer und deutet auf das Postrad, das vom Lichtkegel der noch immer geöffneten Eingangstür effektvoll in Szene gesetzt wird. Zum ersten Mal hat einer meiner Gesprächspartner mein Vorhaben auf Anhieb erfasst. Der Spaßmacher klopft sich auf die Schenkel. »Der war gut!«, befindet er.

»So ist es«, sage ich langsam. »Ich bin in La Rochelle gestartet und habe bis Brantes ungefähr die Hälfte der Strecke zurückgelegt.«

»Halbzeit des Wahnsinns also.« Der Lustige legt mir einen Arm um die Schulter, als seien wir seit Jahren befreundet. »Das muss gefeiert werden!

Cidre, Wein und Cognac, in dieser Reihenfolge, und dann alles nochmal von vorn.«

Da ich die Tour morgen fortsetzen möchte, statt eine Intensivstation von innen kennenzulernen, nehme ich seinen Vorschlag nur zögerlich an. Während der Gruppenclown damit beginnt, seine Drohung ernst zu machen, mustert mich der Wortführer mit unlesbarer Miene. Um ihn zu aktivieren, schieße ich eine Vermutung ab.

»Und ihr seid Wanderer und habt euch vorgenommen, den Mont Ventoux zu stürmen, *c'est bien ça?*«

Zu meiner Freude bleibt ihm zunächst der Mund vor Staunen offen. Bei näherer Betrachtung ist mein Tipp allerdings nicht eben weit hergeholt. Die Bergstiefel und die am unteren Rand schmutzigen Hosen meiner Herbergsgenossen deuten genauso auf lange Wanderungen hin wie sie die überdimensionierten Rucksäcke als Anfänger in dieser Disziplin ausweisen. Und der Mont Ventoux dominiert die gesamte Region derart monopolistisch, dass für eine Gruppe Elsässer kaum ein anderes Ziel infrage kommt.

»Auf einen so markant aufragenden, fast zweitausend Meter hohen Keltenberg müssen wir einfach hinauf«, stellt der Wortführer klar. Langsam reiht er Wort an Wort, als wäge er jedes von ihnen gegen einige andere ab, ehe er sich entscheidet. Sein spaßiger Adjutant malt derweil die berühmten Konturen ihres Sehnsuchtsziels in die Luft, von der flachen Südseite bis zu den schroff abfallenden Felswänden am nördlichen Ende.

»Vom Gipfel aus können wir, wenn das Wetter mitspielt, das Mittelmeer und zugleich die Gipfel der Alpen und der Pyrenäen sehen«, fährt der Tonangebende fort.

»Bei wirklich intensivem Sonnenschein sogar New York und den Seeweg um Kap Horn«, fügt der Zweite verschmitzt hinzu.

Ich verkneife mir zu erwähnen, dass ich dem Mont Ventoux lediglich darum Bedeutung beimesse, weil der Dichter Francesco Patrarca ihn ungesicherten Quellen zufolge am 26. April 1336 bestiegen hat. Seine Erzählung

des Gipfelsturms ist ein frühes und gelungenes Beispiel für einen Reise-
bericht, der naturbeschreibende und kontemplative Sichtweisen vereint.
Inzwischen wird eine Kontemplation jedoch von der Autostraße vereitelt,
die Touristen und Radfahrer auf den Gipfel bringt. Von Sault oder Bedoin
kommend, quälen sich Letztere hinauf, immer auf den Spuren der Helden
der Tour de France, die vor allem die Stürme auf der lang gezogenen Kuppe
des Keltenbergs fürchten. 1967 brach der Engländer Tom Simpson kurz
unterhalb des Gipfels vor Erschöpfung zusammen und starb noch an Ort
und Stelle. Sogar der legendäre Eddy Merckx verausgabte sich drei Jahre
später auf dem Anstieg dermaßen, dass ihm auf dem Gipfelgrat Sauerstoff
verabreicht werden musste. Meine Gesprächspartner haben sich vor diesem
Hintergrund für ein äußerst eigenwilliges Rennen entschieden.

»Bei uns bekommt morgen Abend derjenige eine Freirunde Cidre, der
zuletzt auf dem Mont Ventoux ankommt«, geben sie freimütig bekannt.

Erwartungsgemäß höre ich lautes Schnarchen aus dem Nachbarzimmer,
als ich mich am nächsten Morgen aus dem Bett schäle, einen Briefumschlag
mit dem geschätzten Entgelt für ein Einzelzimmer bei meinem Gastgeber
hinterlasse und anschließend auf Zehenspitzen aus der Herberge schleiche.
Noch bevor die Sonne die Horizontlinie von unten berührt, führt mich die
Toulourenc-Schlucht, die Gorges de Toulourenc, im Halbkreis nördlich
um den Mont Ventoux herum. Im Inneren dieser Schlucht fühle ich mich
geborgen. Als die Sonne nach und nach eine zerklüftete Welt entwirft und
den Blick mit einem spektakulären Zusammenspiel der Farben und Formen
umschmeichelt, spuckt mich die Toulourenc-Schlucht aus und setzt mich
in Vaison-la-Romaine, einem reizenden Städtchen an der Kreuzung zweier
antiker Straßen, ab. Die Römer statteten den Ort an den Ufern der Ouvèze
einst mit prächtigen Gebäuden und Bädern aus, die Franken rissen alles wieder ein. Im Jahr 1992 starben über dreißig Bewohner, als die Ouvèze über
die Ufer trat. Der römischen Brücke kommt hingegen bis heute eine große
Bedeutung zu, da sie der einzige Weg über den energischen Fluss ist.

Die Kühe sind seit der Toulourenc-Schlucht stämmiger geworden, die Menschen ebenso. Als ich an diesem Morgen durch die Gassen des Stadtkerns fahre und der Mistral pünktlich seinen Dienst aufnimmt, fühle ich mich ins Mittelalter zurückversetzt. Ehrfürchtig steige ich ab und schiebe mein Postrad über das Kopfsteinpflaster, über malerische Plätze hinweg und an illustren Brunnen vorbei. Dies sollte die letzte Ruhepause des heutigen Vormittags sein. Kaum habe ich Vaison-la-Romaine im Rücken, folge ich dem Westrand der Alpen nordwärts, gelange über Nyons nach Montjoux und immer weiter, auf kleinsten Straßen zunächst, dann auf kaum markierten Pfaden, und immer abseits aller großen Handels- und Verkehrswege.

Hinein in die Berge führen mich die Landkarten, die ich studiere und nach Gebrauch zurücklasse, um Gewicht zu sparen, zum ebenso schwer erreichbaren wie auszusprechenden Saou, schließlich wieder hinaus aus den Bergen und im Zickzack auf Valence zu. Gierig frisst das Postrad unter mir Wegstrecke in sich hinein. Es drückt Furchen in die lehmigen Böden und schleudert kleine Kiesel in die Straßengräben.

Welch ungehobenes touristisches Potenzial besitzt diese Ecke des Hexagons! Während ich mich im Süden bisweilen fühlte, als habe mich jemand in einen Suppentopf geworfen, streicht hier ständig eine Brise bergan oder bergab, ohne dass der Sonnenschein dadurch unterbrochen wird. Zudem wartet die Region Rhône-Alpes mit herrlichen Alpenseen und mit weitläufigen Wander- und Radwegen auf.

In bester Laune erreiche ich den Luftkurort Dieulefit, »Gott hat es gemacht«, und schiebe mein Postrad an aufgereihten Marktständen vorbei. Ein französischer Markt ist bereits für sich genommen eine Mischung aus lokalpatriotischer Leistungsschau, rhetorischem Feuerwerk und psychologischer Verhaltensstudie. Wenn er sich noch dazu an der Grenze zwischen der Provence und den Alpen befindet und darum die Erzeugnisse zweier Klimazonen vereint, meint sich der Gast endgültig in ein tricolorefarbenes Scharaffenland versetzt. Ich koste *Tomme* mit Feigensenf, tunke Bauernbrotecken in

Kräutersoßen, wehre einige Gewürzangebote ab und nehme dafür dankbar diverse Beweise feinster Patisseriekunst an. Anderthalb Stunden fachsimpele ich mit Wildfremden über die beste Zubereitung von Doraden, Leberpasteten und Ziegenkäse. Wohltuend eigenwillig und erfrischend neugierig kommen mir meine Gesprächspartner vor.

Die Dauphiné, in der ich mich befinde, scheint ihrem Ruf gerecht zu werden. Mehrmals hat diese Region, seit jeher Heimat der Aufmüpfigen, in Frankreichs wechselvoller Geschichte eine große Rolle gespielt. Ihre Bewohner kochen gern ihr eigenes Süppchen und setzen sich erfolgreich zur Wehr, wenn Fremde versuchen, ihnen in jenes hineinzuspucken. Schon 1763, lange vor der Französischen Revolution, weigerten sie sich, die königlichen Steuern zu bezahlen, ein Jahr vor Ausbruch der Revolution verteidigten sie Grenoble wirkungsvoll gegen die königstreuen Truppen. Nach der deutschen Niederlage bei Stalingrad entwickelte sich insbesondere das Vercors, das unzugänglichste Gebiet der Dauphiné, zu einer der wichtigsten Bastionen der *Résistance*, des Widerstands gegen die Besatzer.

Ich werfe noch rasch einen Blick in die romanische Kirche Saint Pierre, ehe ich die Fahrt wieder aufnehme. Anstiege folgen Anstiegen, hinter Dieulefit kommt lange Zeit kein Ort mehr. Wie von selbst bewegen sich meine Oberschenkel auf und ab. Mein Bart hat mittlerweile das Urwaldstadium erreicht, auf andere Verkehrsteilnehmer muss ich recht waldschratig wirken. Dabei bin ich einfach ganz nahe bei mir selbst, weiß, dass alles so ist, wie es sein soll, und fühle mich vollkommen geborgen. Ich fahre und fahre, ohne an irgendetwas zu denken, ohne ein Gefühl für Zeit oder Raum zu entwickeln. Vielleicht brause ich einige Minuten auf diese Weise voran, vielleicht auch einige Tage.

Unvermittelt stoße ich auf eine steil aufragende Felswand, eine *crête rocheuse*, die der vor ihr liegenden Stadt Crest ihren Namen gegeben hat. Die Siedlung wird zur Gänze beherrscht von einem fahnenbestückten, über fünfzig Meter hohen Burgturm, der beinahe arrogant auf die Häuser zu seinen

Füßen herabblickt. Sein massiver, furchteinflößender Charakter täuscht nicht: Lange Zeit diente er als berüchtigtes Gefängnis.

Seit meiner Abfahrt von La Rochelle hat mich Frankreich mit immer neuen Gesichtern überrascht. Im Südwesten, wo sich ausgedehnte Waldgebiete an den Atlantik schmiegen, vollmundiger Wein gedeiht und der Blick unweigerlich in die Weite gezogen wird, wirkt es sanft und unaufgeregt. Im Süden beginnt es zu flimmern und führt Gästen stolz die eigene Individualität vor. Jeder Schritt erscheint wertvoll, weil an genau derselben Stelle mit hoher Wahrscheinlichkeit ein charismatischer Chansonnier, ein melancholischer Maler oder ein politischer Poet gegangen ist. Hier hingegen, in Frankreichs zweitgrößter Region, die man ebenso schlicht wie zutreffend Rhône-Alpes getauft hat, hier im Departement Drôme bin ich weit entfernt von allem Flimmernden, Angesagten und Hektischen. Abseits von Orten, die Schlagzeilen machen wollen, und mitten in einer für französische Verhältnisse rauen, ursprünglichen Gegend, in der sich die wenigen Menschen, die meinen Weg kreuzen, Zeit für ein Schwätzchen nehmen, fühle ich mich spontan willkommen geheißen. Die Drôme bildet für mich seit jeher eine Art Gegenpol zum modebewussten, flippigen Paris. Hier ist sie also, *La France profonde*, das unverfälschte, rurale Frankreich. Der einträgliche Wintertourismus spielt sich weiter im Nordosten ab, die spektakulären Schluchten befinden sich nebenan in der Ardèche, und die großen Städte Lyon und Vienne liegen fernab in der Ebene.

Vielleicht ist die von ausländischen Touristen noch immer links liegen gelassene Region Rhône-Alpes eben darum einer der besten Nährböden für französische Kreativität. Die Popgruppe Mickey3D, die eingängige Akkordwechsel gekonnt mit elektronischen Samples kombiniert, hat ihre ersten Erfolge in Saint-Étienne gefeiert. Das gilt auch für die wilden Energiebündel der Gruppe Nomades et Skaetera und ihre Mischung aus osteuropäischem Ska und orientalischen Rhythmen, der ich verfallen bin, seit ich die Combo im zweiten Jahr ihrer Karriere zusammen mit fünfundzwanzig weiteren

Besuchern im Pariser Flèche d'Or erlebt habe. Die rebellischen Sinsemilia präsentierten ihre Mischung aus Reggae, Ska und Rock zunächst in Grenoble. Und eine der originellsten und verspieltesten Rockgruppen Europas ist in Valence beheimatet, auf das ich weiterhin zuhalte. Hier, am Rand des schroffen Gebirgsstocks des Vercours, eines Gebiets, das erst im zwanzigsten Jahrhundert für den Straßenverkehr zugänglich gemacht wurde und bis heute über kaum erschlossene Felsabschnitte verfügt, fühle ich mich heute trotz aller Motivation, als habe jene Rockgruppe aus Valence, Dionysos, über mich gesungen: *Il siffle comme un vieux train, enrhumé jusqu'au ventre.* »Er pfeift wie ein alter Zug, bis in den Bauch hinein erkältet«.

Ich keuche steile Anstiege hinauf, die sich in immer geringeren Abständen vor mir aufreihen. Erst als mich die Häuser von Valence umgeben, lächele ich wieder.

Die Dorfschönheiten von Ardoix
und ein Gourmettempel im Rhônetal

Samuel wirkt saturierter als damals, zufriedener auch, als er mir auf dem Hauptplatz von Valence entgegenläuft. Er hat es nicht verlernt, dieses verschmitzte, auf unbegreifliche Art intelligent wirkende Lächeln, das ihm schon früher beim schönen Geschlecht in und um das Bergdorf Ardoix einige Möglichkeitsfenster geöffnet hatte. Statt verwaschenen Jeans und T-Shirts mit dem Konterfei US-amerikanischer Rockgrößen trägt er inzwischen Anzug und eine Bauchwölbung zur Schau, die bei unserem letzten Treffen zwei Jahre zuvor bestenfalls zu erahnen gewesen war. Unter Umständen ist Céline, eine Bankbeamtin aus Lyon, mit der er seit anderthalb Jahren zusammen ist, nicht unschuldig an dieser Entwicklung.

Als wir klein waren, eroberten wir gemeinsam die Berggipfel in der Umgebung, erforschten entlegene Höhlen, versuchten uns an Abseilaktionen und spielten *cache cache*, Verstecken, auf dem riesigen Anwesen, auf dem mein damaliger Schulaustauschpartner Samuel mit seinen Eltern und drei Brüdern wohnte. Später lasen und hörten wir uns stundenlang durch die FNAC-Filiale von Valence. Noch später schraubte sich Samuels uralter Peugeot in halsbrecherischem Tempo die Serpentinen hinauf zu jenem winzigen Dorf, Ardoix, das sich spektakulär über den Rand eines steilen Tals beugt. Von hier aus unternahmen wir in den folgenden Jahren größer werdende Ausflüge in die Umgebung. Wir bewunderten den *Palais Idéal*, den »idealen Palast« in Hauterives, den der Briefträger Ferdinand Cheval in dreißigjähriger Arbeit aus unzähligen Einzelteilen errichtete, die er auf seinen Botengängen gefunden hatte. Wir fuhren bis nach Annonay und Chambéry, um das beste Eis der Region zu probieren und eine Flamme zu begutachten, die sich dann doch als eher kleines Licht herausstellte. Im Zoo von Peaugres, in dem die Tiere frei herumlaufen, Bisons und Bären zu den Autos kommen und Affen die Antenne verbiegen, fühlten wir uns wie Indiana Jones oder Winnetou, nur ängstlicher eben. Vor zwei Jahren kreuzte ich mit einem schrottreifen Kleinbus bei der Familie auf. Jetzt schaue ich auf einem Postrad in Valence vorbei. Vermutlich fragt sich Samuel bereits, womit ich das nächste Mal bei ihm aufschlagen werde.

Nachdem wir uns bis spät in die Nacht hinein über unsere entgleisten Frisuren von damals amüsiert, über die richtige Zubereitung eines Cassoulet gestritten, uns über Nicolas Sarkozy und die ganze Pariser Politikerbande lustig gemacht, über ein verpatztes Rendezvous mit zwei Dorfschönheiten lamentiert und uns über die wenigen Vor- und die vielen Nachteile eines Postrads beim Alpaufstieg ausgetauscht haben, fragt mich Samuel, ob er mir in dieser Gegend überhaupt noch etwas Besonderes zeigen könne. Machen wir's doch einfach wie immer, schlage ich vor, und am darauffolgenden Morgen schaukelt uns Samuels neuer Renault nach Tain l'Hermitage. Über dieses am Ufer der Rhône gelegene Dorf gäbe es wenig zu sagen, wenn dort nicht ein Gourmettempel beheimatet wäre, der die Herzen von Feinschmeckern schon beim Klang des Wortes höher schlagen lässt.

Valrhona nennt sich der Edelchocolatier, den wir heute heimsuchen, um uns für die vor uns liegenden Wochen mit reichlich sortenreinem Proviant einzudecken. 1922 kam der Konditor Alberic Guironnet auf die famose Idee, eine lukullisch und ökonomisch interessante Nische zu besetzen. Er gründete das Unternehmen, das sich seither auf die Herstellung feinster Schokolade ohne viel Schnickschnack konzentriert und ausschließlich handverlesene Feinkostläden, Edelrestaurants und Konditoreien beliefert.

Nachdem wir uns ausgiebig die Bäuche vollgeschlagen haben und ein wenig durch das angrenzende Tournon gestreift sind, verabschiede ich mich unter Beteuerungen meiner baldigen Wiederkehr von meinem ehemaligen Schulaustauschpartner und drehe das Vorderrad des Postgefährts erneut gen Norden. Ich übernachte wenige Kilometer weiter in einem freistehenden Schuppen bei Beaurepaire und lege tags darauf kurze Pausen in den Ortschaften Revel-Tourdan, Primarette und Cour-et-Buis ein, die bislang selten im Epizentrum weltbewegender Ereignisse standen. Ein Postbote grüßt mich mit selbstverständlicher Kollegialität und bricht, als er seinen Irrtum bemerkt, halb amüsiert, halb erschrocken, in prustendes Gelächter aus. Kurz darauf wird die Gegend flacher und urbaner, dann dauert es keine halbe Stunde mehr, ehe ich das Stadtschild von Vienne passiere.

Die stimmungsvolle, geschichtsdurchtränkte Stadt am Ufer der Rhône, in der dereinst die römischen Kaiser Julian und Valentinian II. residierten, ist eng verwoben mit der Legende um den römischen Statthalter Pontius Pilatus – eben jener, auf den die Christen in aller Welt beim Aufsagen des Glaubensbekenntnisses Bezug nehmen. Mehreren Quellen zufolge soll Pilatus, der der Nachwelt als Christusmörder im Gedächtnis bleibt, obwohl er versucht hat, seine Hände »in Unschuld« zu waschen, nach Vienne verbannt worden sein und sich hier das Leben genommen haben. Historisch verbürgt ist dieses Ereignis nicht; viele Einwohner von Vienne verweisen jedoch darauf, dass die Namen des nahe gelegenen Städtchens Ponsas und des Mont Pilat vom hiesigen Wirken des römischen Prokurators inspiriert worden seien. Zuweilen wird gar der erhalten gebliebene Teil des Circus Maximus im Süden der Stadt als Grab des Pilatus bezeichnet.

Damit behauptet sich Vienne gegen die Konkurrenz aus der Schweiz, die den Pilatus bei Luzern und den Pilatussee im Emmental ins Feld führt, gegen Italien, das das Pilatusschloss bei Aosta vorweist, gegen Spanien, das angebliche Spuren des Prokurators bei Tarragona in die Waagschale wirft, sowie gegen Schottland, Österreich, Oberfranken und das Saarland, die ebenfalls reichlich »Evidenz« aufbieten – wohl auch, um geschichtsbewusste Touristen im Windschatten des berühmten Römers in ihre Städte zu locken.

Für mich ist Vienne ein willkommener Stopp auf dem Weg zum nördlich gelegenen Lyon. In der Mittagshitze verspeise ich ein mit kandierten Früchten durchsetztes Brot, dann genieße ich nach den Auf- und Abstiegen der vergangenen Tage die Weiterreise am Ostufer der Rhône entlang nordwärts, die stetig zunehmende Intensität des Verkehrs und den näher rückenden Lärm einer Großstadt, die ich seit jeher zu meinen bevorzugten Aufenthaltsorten in Frankreich zähle.

Warum der Unscheinbarste die Fäden zieht

Wo fängt man an, wenn man den wahnwitzigen Versuch unternimmt, Lyon in all seiner Mannigfaltigkeit zu charakterisieren? Man könnte auf die privilegierte Lage direkt am Zusammenfluss der Rhône und der Saône verweisen, die früh erste Siedler an diesen Ort gelockt hat. Lyons Altstadt legt bis heute an vielen Stellen Zeugnis davon ab. Auch könnte man die ideale Größe der Stadt ins Spiel bringen. Eine halbe Million Einwohner bürgen dafür, dass die wichtigsten Stars und Sternchen hier Station machen, trotzdem gelangt man rasch aus der Stadt hinaus, in die weitläufigen Weinanbaugebiete der Umgebung und weiter in die wuchtigen Alpen. Erwähnen müsste man auch, dass Lyon ohne die Fourvière undenkbar ist. Von jenem markanten Hügel beugt sich die Basilika über die Stadt.

Oder man behauptet mit Fug und Recht, dass im Wesentlichen zwei Dinge Lyon ausmachen. Einen Großteil ihres heutigen Erscheinungsbildes verdankt die Stadt nämlich zwei poetischen, kaum greifbaren Wundern, die man im Alltag kaum wahrnimmt: den Raupen und dem Licht. Es waren die *canuts*, die Weberinnen und Weber feinster Seide, die die Stadt in der industriellen Revolution groß gemacht haben. Keiner hat das eingängiger beschrieben als der italienische Bestsellerautor Alessandro Baricco in seinem spielerisch leichten Roman »Seta«, »Seide«. Lyon war darüber hinaus die erste französische Stadt, in der ein *Plan Lumière* umgesetzt wurde: Seit 1989 illuminieren die funkelnden Kunstwerke des Lichtplaners Roland Jéol mehrere Dutzend Bauwerke der Stadt in großem Stil.

Vielleicht aber sollte man, um Lyon zu beschreiben, ganz anders anfangen. Nämlich so: Hört ein Franzose den Namen dieser Stadt, denkt er sofort ans Essen. Gut, daraufhin könnte man mit einigem Recht argumentieren, dass das nun nichts Besonderes sei, weil die meisten Franzosen ohnehin ständig ans Essen denken, sofern sie nicht durch Fußball, Boule oder die Eskapaden der jeweils aktuellen Politikerkaste abgelenkt werden. Lyon ist jedoch selbst im Feinschmeckerland Frankreich *la ville de gueule*, eine Stadt mit exquisiter Gastronomie also, die von den nahen Alpen ebenso profitiert wie vom schiffbaren Zugang zum Mittelmeer. Die Bergflüsse bringen ständig Nachschub an Forellen und Krebsen, in den umliegenden Seen tummeln sich Karpfen, Hechte und Saiblinge. Das Geflügel kommt aus Bourg-en-Bresse, im Rhônetal gedeihen saftige Früchte. Das weitläufige Departement Ain eignet sich hervorragend für den Gemüseanbau, die naturbelassenen Landschaften der Dauphiné und der Ardèche sorgen für höchsten Käsegenuss. Im Norden schließen sich mit dem Beaujolais, im Süden mit den Côtes du Rhône zwei der bekanntesten Weinanbaugebiete Frankreichs direkt an die Stadt an. Siebzehn Mineralquellen, darunter das bekannte Evian, vervollständigen den Reigen der Köstlichkeiten. Am Anfang bereiteten vor allem die *mères Lyonnaises*, die »Mütter von Lyon«, die typischen Gerichte zu, die ihre Männer stark und zuweilen auch treu machten: allen voran den Coq au vin, ein in Wein geschmortes Hähnchen, dann das kaum minder bekannte Gratin dauphinois, ein deftiger Kartoffeleintopf, und schließlich Gaumenfreuden wie die Poularde demie-deuil, ein Hähnchen mit Trüffeln unter der Haut, die Andouillette à la lyonnaise, eine deftige Wurst aus Kalbfleisch, sowie Kaninchen mit Kastanien, gebratene Froschschenkel und karamellisierte Äpfel.

So musste Paul Bocuse, der bekannteste Vertreter der Nouvelle Cuisine, die reiche Tradition, die er in Lyon vorfand, lediglich verfeinern. Er tat das so erfolgreich, dass er vierundzwanzigmal in Folge mit drei Michelin-Sternen ausgezeichnet wurde. Heute betreibt er fünf Restaurants in Lyon und zwei weitere in seinem Geburtsort Collonges-au-Mont-d'Or. Neben den Gaumengenüssen kommen bei ihm auch die Sinnesfreuden nicht zu kurz, seit vielen Jahren lebt er mit drei Frauen zusammen.

Die kometenhafte Karriere von Paul Bocuse wäre nirgendwo so spektakulär verlaufen wie hier, in einer Region, in der zweihundert Jahre zuvor ein Richter die Disziplin der Gastrosophie begründet hat – ein Wissenschaftsgebiet, das mit »Restaurantkritik« völlig unzureichend übersetzt würde, wenn man bedenkt, dass das Hauptwerk jenes Richters Jean-Anthèlme Brillat-Savarin den stolzen Titel »Physiologie des Geschmacks oder Betrachtungen über das höhere Tafelvergnügen« trägt. Seither sind zwei Dinge unlöschbar ins Kulturgut Frankreichs eingeschrieben: Essen ist eine von kulturellen und gesellschaftlichen Vorstellungen beeinflusste Kunstform, welche die gesamte Vorgeschichte eines Mahles einschließlich des Anbaus und der Erzeugung umfasst. Und: Unsere Einstellung gegenüber dem, was wir wo, wann und wie essen, spiegelt unsere Einstellung dem Leben gegenüber wider. Vielleicht folgen nicht alle Hedonisten dem berühmten Ausspruch des Meisters, demzufolge ein echter Feinschmecker, der ein Rebhuhn verspeist, sagen könne, auf welchem Bein es zu schlafen pflegte. Ich zumindest bemühe stattdessen lieber mit schöner Regelmäßigkeit ein anderes Zitat des ersten Gastrosophen der Welt: Ein gutes Essen ohne Dessert kommt einer einäugigen Schönheit gleich.

Ob es an den lukullischen Genüssen liegt, an der reizvollen Umgebung oder an der frühen ökonomischen Potenz: Die Berühmtheitendichte in Lyon ist gewaltig. Allen voran steht ein Lyoner, nach dem nicht nur der Asteroid 2578, sondern auch der Flughafen der Stadt benannt ist, obwohl er der Nachwelt weniger als Profipilot denn als Verfasser der Parabel »Der kleine Prinz« bekannt ist.

Antoine Marie Roger Vicomte de Saint-Éxupéry, der, wie sein Name verrät, in eine gut situierte Adelsfamilie hineingeboren worden war, durfte 1912 als Zwölfjähriger zum ersten Mal in einem Flugzeug mitfliegen. Sofort war er begeistert; während des Wehrdienstes bei der Luftwaffe in Strasbourg ließ er sich zum Piloten ausbilden. Seine erste Novelle, die er mit sechsundzwanzig publizierte, hieß folgerichtig *L'aviateur*, »Der Flieger«. Schon im Jahr darauf flog er für die Luftfrachtgesellschaft Latécoère auf der Strecke Toulouse–Casablanca. Anderthalb Jahre lang war er Chef des kleinen Flugplatzes Cabo Juby bei Tarfaya, auf dem heute ein Denkmal an ihn erinnert. Hier entstand auch sein erster Roman *Courier Sud*, »Südkurier«, der von einem Fliegerschicksal erzählt. Anschließend rief Antoine de Saint-Éxupéry Flugpostlinien nach Argentinien ins Leben und schilderte seine Erfahrungen mit den ersten Nachtflügen im Roman *Vol de nuit*. Er ließ sich als Streckenpilot in Westafrika einsetzen, testete die Brauchbarkeit von Wasserflugzeugen und heiratete eine junge Witwe aus El Salvador. Als sich kurz nach Hitlers Machtergreifung die neue französische Luftfahrtgesellschaft Air France gründete, flog er in deren Auftrag nach Saigon. Wenig später veröffentlichte er eine Artikelserie über seinen Aufenthalt in Moskau – Russland war Frankreichs Verbündeter im Kampf gegen die Nazis geworden.

Bei seinen Flügen ging Saint-Éxupéry nicht selten an seine Grenzen – und bisweilen auch darüber hinaus. Bereits 1935 musste er beim Versuch, den Streckenrekord von Paris nach Saigon aufzustellen, in der ägyptischen

Wüste notlanden, wo er nach fünftägigem Marsch auf eine Karawane stieß. Drei Jahre später, kurz nachdem er für die Zeitung *Paris-Soir* den Spanischen Bürgerkrieg geschildert hatte, stürzte seine Maschine beim Rekordversuch New York–Feuerland in Guatemala ab. Während er von den Folgen dieses Unfalls genas, schrieb er den Kurzgeschichtenband *Terre des hommes*, »Wind, Sand und Sterne«, der ein erster Erfolg wurde.

Vermutlich wäre das Leben von Antoine de Saint-Éxupéry noch eine gute Weile so abenteuerlich und unstet weitergegangen, wenn nicht der Zweite Weltkrieg ausgebrochen wäre. Der dichtende Pilot wurde Teil eines Aufklärungsgeschwaders, von dem er sich nach kaum einem Jahr in die USA absetzte. 1943 erschienen in New York zwei kürzere, deutlich vom Kriegsgeschehen beeinflusste Texte. Der eine, *Lettre à un otage*, ist ein fiktiver Brief an einen jüdischen Freund, mit dem Antoine de Saint-Éxupéry auf das Schicksal der Franzosen unter der deutschen Besatzung aufmerksam machte.

Der andere, *Le petit prince*, wurde binnen Kurzem zur bekanntesten Parabel, die jemals geschrieben wurde. Sie liegt heute in über hundertvierzig Sprachen übersetzt vor. In jener märchenhaften Erzählung, in der sich reale und surreale Elemente mischen und ein in der Wüste notgelandeter Flieger auf einen ebenfalls dort gestrandeten Jungen trifft, der behauptet, von einem Asteroiden zu stammen, hat der Autor vermutlich mehr autobiografische Aspekte zum Ausdruck gebracht als in allen zuvor veröffentlichten Werken. Das Unverständnis des kleinen Prinzen gegenüber den Wert- und Moralvorstellungen der Erwachsenen korrespondiert mit dem mehrfach offengelegten Unbehagen Saint-Éxupérys gegenüber der US-amerikanischen Gesellschaft. Der Sorge des Protagonisten um seine Rose entsprechen, so die offizielle Lesart, die Schuldgefühle des Autors gegenüber seiner in Frankreich zurückgelassenen Frau.

Am 31. Juli 1944 startete Antoine de Saint-Éxupéry schließlich zu jenem Flug, der ihn und seine Geschichte des Kleinen Prinzen endgültig weltberühmt machte. Das Letzte, was man von ihm sah, war, dass er an Bord einer Lockheed P-38 Lightning kletterte. Seither reißen die Gerüchte um den mysteriösen Tod des Verfassers des Kleinen Prinzen nicht ab. 1998 fand ein Fischer südlich von Marseille ein silbernes Armband, in das der Name des berühmten Autors eingraviert ist. Fünf Jahre später wurden Teile der Unglücksmaschine aus dem Mittelmeer geborgen.

Ob sein weltberühmtes Buch die seinem gigantischen Erfolg angemessene Bedeutung für die Leserinnen und Leser entfaltet, darf indessen bezweifelt werden. Interessanterweise ist jeder, den man fragt, erleichtert, dass nun gerade er nicht so ist wie die »großen Leute«, die der Lyoner so entlarvend schilderte. Allerdings könnte man argumentieren, dass Leben und Werk des berühmtesten Sohns der Stadt auf einige Persönlichkeiten aus dem Großraum Lyon in besonderem Maße abgefärbt haben.

Beispielsweise auf den Schriftsteller Éric-Emmanuel Schmitt, der ebenfalls versucht, komplexe emotionale Regungen mit einfachen Worten zu schildern.

Der Wegbereiter der elektronischen Musik Jean-Michel Jarre wiederum teilt Antoine de Saint-Éxupérys uferlose Kreativität und den Wunsch, die Grenzen des Machbaren zu sprengen. Bereits zu seinem allerersten Konzert, einem Licht- und Soundspektakel auf der Pariser Place de la Concorde, kamen über eine Million Zuhörer. Später trat er als erster westlicher Popmusiker in China auf. Auf die Kommerzialisierung der Musikszene reagierte Jarre, indem er von seinem Album *Music for Supermarkets* genau ein Exemplar veröffentlichen und für zehntausend Pfund Sterling versteigern ließ. 1986 machte er auf Einladung der NASA ganz Houston zur Bühne. Doch selbst jene anderthalb Millionen Zuhörer waren wenige, verglichen mit den fast doppelt so vielen, die 1990 in den Pariser Stadtteil La Défense strömten, um Jean-Michel Jarres Konzert zu erleben.

Gute Voraussetzungen für eine Standortwahl, dachte sich vermutlich die Großbank Crédit Lyonnais, die den Namen der Stadt gleich in ihren eigenen integrierte und mit ihrem Hauptgebäude, dem *Crayon*, »Bleistift«, das Gebäudemeer Lyons dominiert – leider nicht unbedingt zugunsten des Erscheinungsbilds der Stadt.

Eine noch größere Ausstrahlungskraft als Jean-Michel Jarre, Crédit Lyonnais und der Coq au vin genießt seit Jahrzehnten ein anderer berühmter Lyoner. Unter seinem bürgerlichen Namen Henri Antoine Grouès kennt ihn zwar kaum jemand. Praktisch jedes Kind hat hingegen in Frankreich vom Emmaus-Gründer Abbé Pierre gehört. Man kennt seine magere Gestalt, den zottigen Rauschebart und die beiden prächtigen Segelohren unter der Baskenmütze. Dreißig Jahre lang führte er ununterbrochen die Umfragen nach dem beliebtesten Franzosen an, ehe er im Jahr 2005 darum bat, nicht mehr in dieser Rangliste aufgeführt zu werden.

Sein Vater gehörte zu jenen Lyoner Unternehmern, die mit der Fabrikation von Seide reich geworden waren. Schon als Schüler entschied sich der Sohn, Priester zu werden. Mit zwanzig trat er dem Kapuzinerorden bei, verteilte große Teile des väterlichen Erbes an die Armen und führte fortan das entbehrungsreiche Leben eines Mönchs. Im Zweiten Weltkrieg verhalf er politisch Verfolgten zur Flucht in die Schweiz. 1949 kaufte er bei Paris ein Haus und stellte es obdachlosen Familien zur Verfügung. Als Reaktion auf den besonders frostigen Winter des Jahres 1954 baute er Emmaus, die christliche Hilfsorganisation für Arme und Obdachlose, zu einem weltweit agierenden Akteur aus, der mittlerweile in über vierzig Ländern vertreten ist. Als Abbé Pierre 2007 starb, wurde eine seiner zentralen Forderungen verwirklicht: In Frankreich ist seitdem das Recht auf eine Wohnung im Gesetz verankert.

Immer wieder setzte sich Abbé Pierre auch gegen Verkrustungen der katholischen Kirche ein. Die Allmacht des Papstes hinterfragte er ebenso wie den Pflichtzölibat und die Haltung der Kirche gegenüber Homosexuellen. Einem Frauenpriestertum stand er positiv gegenüber. Die Kirchenoberen belehrte er gern darüber, dass der Bau von Wohnungen wichtiger sei als der von Gotteshäusern. Und vielleicht ist es letztendlich kein Zufall, dass sein bekanntestes Werk *C'est quoi la mort,* »Was ist der Tod?«, ein Kinderbuch ist, das ganz im Stil von Antoine de Saint-Éxupérys Kleinem Prinzen gehalten ist.

Den ganzen Abend lang blicke ich vom Hügel der Fourvière auf die Stadt herab. Wie keine andere Stunde des Tages genieße ich diejenige der großen Metamorphose, des gemächlichen Stimmungswechsels, in der die abendliche Sonne alle Formen und Linien weich zeichnet, woraufhin Fenster und Laternen erst zaghaft, dann wie in einer einzigen fließenden Bewegung die Augen öffnen. Dann leuchtet die Stadt von unten gegen die darüber schwebenden Wolken, die ihr das Licht wiederum, in neue Farben getunkt, zurücksenden, bis Häuser, Straßen und Plätze in einem fast surreal anmutenden Lichtnebel liegen.

Nicht viele Großstädte machen es einem so leicht, ihrem Charme zu erliegen. Barcelona vermag es, weil es die Umgebung aufsaugt – die Bergbewohner in den nahen Pyrenäen ebenso wie die Mittelmeeranrainer, das Großkapital ebenso wie die Untergrundkunst, touristische Globalisierungseinheit ebenso wie katalanisches Provinzlertum – und es schafft, alldem seinen eigenen Stempel aufzudrücken. Budapest schafft es mit seiner so beschwingten Traurigkeit, seinen Gegensätzen und Widersprüchen, mit der danubischen Zweiteilung in das mondäne Pest und das hügelige Buda, mit seinen großzügig angelegten Straßen und Plätzen, auf denen man als Einzelner zu ertrinken droht, und mit seinen unglaublich charmanten Hinterhöfen, den kleinen Zufluchtsorten vor der anbrausenden Hektik der Stadt.

Seit heute weiß ich, dass einen auch Lyon in seinen Bann schlagen kann – nicht nur hier oben, wo man meint, die Stadt mit einem Blick umarmen zu können. In Wahrheit ist Lyon, was Paris gern wäre: eine Stadt, in der sich die Einwohner wohlfühlen. Wären die Metropolen Südfrankreichs eine Freundesclique, so meinte Marseille, der eigenwillig-geniale Anführer zu sein, dessen Flausen Pepp in die Gruppe bringen. Bordeaux wäre die zu Augenmaß und Bodenständigkeit mahnende Stimme der Vernunft. Toulouse wäre der junge Draufgänger, der so blendend aussieht, dass ihm kaum jemand widerstehen kann. Lyon aber wäre der im Hintergrund agierende Vierte, auf den in Wahrheit alle hören.

Ein Wettrennen nimmt eine überraschende Wendung

Ich verlasse Lyon früh am nächsten Vormittag und wende mein dreirädriges Gefährt nach Nordosten, auf die Schweizer Grenze zu. In Gedanken versunken, den Begegnungen der vergangenen Tage nachhängend, erreiche ich das Dorf Pont d'Ain, das im Wesentlichen genau das ist, was sein Name vermuten lässt, eine Brücke über den Ain nämlich, dessen Name dem Departement die Ehre verschafft, mit der Ordnungszahl eins aufzuwarten. Von hier an folge ich einer Asphaltspur durch hügelige Wiesen, bis ich, als mein Schatten in der Abendsonne dem eines schlanken Massai gleicht, der auf einem der von Salvator Dalí gemalten hochbeinigen Elefanten reitet, Bourg-en-Bresse erreiche.

Hier werde ich eine erholsame Nacht verbringen, um morgen frisch gestärkt die nächste Region Frankreichs, die Franche-Comté, in Angriff zu nehmen. Das ist zumindest mein Plan, als ich mich in den Straßenverkehr einfädele, der die Stadt hakenschlagend umrundet, ein Umstand, den ich erst bemerke, als mir die Häuserfronten, die ich passiere, bekannt vorkommen. Daraufhin wähle ich eine Stichstraße, die mich schließlich direkt vor der Touristeninformation der Stadt absetzt. Wer glaubt, dass man darin den hoffnungsvollen Beginn eines gelungenen Abends sehen könnte, ist offensichtlich noch nie am späten Nachmittag in einer französischen Provinzstadt gestrandet.

»Geschlossen«, prangt an der Eingangstür der Touristeninformation, ein Motiv, das mich auf meiner Reise um Frankreich herum wie ein Schatten begleitet. Die angeschlagenen Öffnungszeiten kommen einer Verhöhnung gleich. Aus Erfahrung weiß ich, dass selbst diese, verglichen mit der Realität, großzügig bemessen sind. Wie oft sollte ich auf meiner Reise um zehn Uhr morgens vor einer Poststation, einer Jugendherberge, einem Internetcafé warten, bis der Besitzer eine dreiviertel Stunde nach Beginn der regulären Öffnungszeit angeschlendert kommt, mit ruhiger Selbstverständlichkeit seinen Laden aufschließt und dem Kunden, der es wagt, so früh bei ihm aufzukreuzen, einen grimmigen Blick zuwirft! Ich lerne daraus und rechne jedem offiziellen Arbeitsbeginn eine knappe Stunde hinzu, ehe ich mich erdreiste, ein Geschäft aufzusuchen. Dabei muss ich aufpassen, denn um zwölf beginnt ja bereits die Mittagspause, die zuweilen bis halb drei dauert.

Als jemand, der auf Dienstleistungen angewiesen ist, lässt mich die vollkommene Abwesenheit jeglichen Servicegedankens meist mit einer Mischung aus Ungläubigkeit und Respekt zurück. Ungläubigkeit, da ich mir nur schwer vorstellen kann, wie eine auf derartigen Prämissen aufgebaute Gesellschaft funktioniert, und Respekt, weil sie es offensichtlich doch tut, und weil in eben diesem Verhalten die französische Lebenskunst so deutlich zum Ausdruck kommt wie wohl nirgendwo sonst. Nehmen wir an, ein Deutscher eröffnete eine Bäckerei oder ein Hotel. Die Nachfrage ist enorm und scheint zudem stabil zu sein. Was unternähme er in einer solchen Situation? Vermutlich arbeitete er zunächst mehr, um der ständig steigenden Nachfrage gerecht zu werden. Er nutzte die gute Phase aus und legte Erspartes für schlechtere Zeiten zurück. Bei anhaltendem Glück eröffnete er vielleicht eine zweite Filiale oder baute den vorhandenen Laden aus.

Nicht so ein Franzose! Ein solcher stellt in der Regel eine völlig andere Rechnung auf. Je besser sein Laden läuft, desto weniger muss er arbeiten. Nie werde ich vergessen, wie ich mit Saquina, die ich auf dem Jakobsweg kennengelernt habe, durch ihr Pariser Viertel gegangen bin. Wie sie auf eine geschlossene Bäckerei zeigte und voller Ehrfurcht ausrief, dass es sich der Bäckermeister doch tatsächlich leisten könne, seinen Laden für zwei ganze Monate im Jahr zu schließen. Zudem habe er nur an zwei Tagen in der Woche geöffnet. Der hat's geschafft, seufzte sie abschließend. In diesem

Moment verstand ich, worin der vielleicht größte Unterschied zwischen Franzosen und Deutschen besteht. Bei unseren westlichen Nachbarn ist Zeit wertvoller als Geld. In Frankreich wird es, im Gegensatz zur deutschen Gesellschaft, anerkannt, wenn jemand für sich persönlich eine Grenze des Reichtums zieht. Dort wird ein Verhalten goutiert, das sich nicht von der Angst vor vielleicht bevorstehenden schlechten Zeiten speist, sondern sich stattdessen an den Vergnügungen des Augenblicks, an den Verheißungen des Hier und Jetzt orientiert.

Auch wenn meiner Meinung nach die Kooperation mit anderen die beste Möglichkeit wäre, ein gutes Angebot aufrechtzuerhalten und gleichzeitig die eigene Arbeit sinnvoll zu beschränken, pfeife ich anerkennend durch die Zähne und stoße gleichzeitig einen Fluch aus, als ich vor der geschlossenen Fensterfront der Touristeninformation ankomme. Natürlich hängen weder ein Stadtplan noch die Kontaktdaten von Hotels aus. Andererseits befinde ich mich im Zentrum der Hauptstadt des Ain. Da dürfte es nicht allzu schwer sein, eine Übernachtungsmöglichkeit zu finden, die dem begrenzten Inhalt meines Portemonnaies ebenso entgegenkommt wie meinem Bedürfnis nach einem bisschen Luxus, einem Bett beispielsweise und einer Etagendusche.

Als die Laternen von Bourg-en-Bresse anspringen und summend ihren Dienst versehen, schwinge ich mich erneut auf mein Postrad und beginne, kleine Runden in den Gassen der Innenstadt zu drehen. Schon nach kurzer Zeit werden die ausgeschilderten Straßennamen von der herabfallenden Nacht verschluckt, und ich drehe größere Runden, die mich in einige zurecht unbekannte Gebiete der Stadt führen. Als schließlich außer mir kaum noch Passanten auf den Straßen unterwegs sind, beginne ich mit steigender Lautstärke die Stadt, das Departement und schließlich das ganze unfähige Land zu beschimpfen. So habe ich mir den letzten Abend in der Region Rhône-Alpes nicht vorgestellt!

Vermutlich schäume ich immer noch, als sich mir ein Junge auf einem zerbeulten BMX-Rad nähert. Zumindest muss ich einen äußerst dynamischen

Eindruck auf ihn gemacht haben, denn er sprintet direkt auf mich zu, kommt keine zehn Zentimeter von meinem Hinterrad entfernt quietschend zum Stehen und strahlt mich vielversprechend an.

»Hast du Lust auf ein Wettrennen?«

»Ein … was?«

»Na, ein Wettrennen! Wer zuerst am Ende der Straße ankommt, hat gewonnen.«

Viele mögliche Antworten schwirren mir durch den Kopf. Die meisten sind wenig schmeichelhaft für mein Gegenüber. Sie prangern sein mangelndes Feingefühl angesichts eines müden Postradfahrers an, der sich heute nur noch ein weiches Bett und keinen Wettkampf mit einem wendigen Gegner wünscht. Andere machen ihm gar nonverbal klar, welches Körperteil er mir herunterrutschen kann. Doch etwas in seinem Blick, eine Zügellosigkeit, eine brennende Neugier, die mich fatal an meine eigene Jugend erinnert, sorgt dafür, dass sich von den vielen möglichen Antworten folgende den Weg nach draußen bahnt.

»Dann zieh' dich warm an; ich hab nämlich schon einige Kilometer in den Beinen!«

Wir bringen uns parallel zueinander in Stellung und mustern uns gegenseitig mit gespielt abschätzigen Blicken. Wie erwartet übernimmt mein Gegner, nachdem er einen spitzen Schrei ausgestoßen hat, mit seinem leichten Gefährt die Führung. Doch die Strecke ist lang genug, um ihm deutlich zu machen, dass ich mit jeder Pedalumdrehung näher an ihn heranrücke. Als ich neben ihn ziehe, stößt er wieder einen seiner spitzen Schreie aus und tritt mit aller Kraft in die Pedale. Seine Beinchen wirbeln wie die Flügel einer Windmühle im Sturm. Mit hauchdünnem Vorsprung hechtet er am Ende der Straße über die imaginäre Ziellinie. Ich versuche, ein aufdringliches Keuchen zu unterdrücken und nicke ihm anerkennend zu.

»Nun ja, aber ich habe ja auch schon einige Kilometer in den Beinen«, schiebe ich mein vor fünf Minuten verlautbartes Argument auf die andere

Seite der Auseinandersetzung. So sind wir Erwachsenen eben. Doch jetzt, da er gezeigt hat, wer über das beste Rad in Bourg-en-Bresse verfügt, verliert er rasch das Interesse an dem seltsamen Gast und seinen fadenscheinigen Argumenten.

»Jetzt muss ich aber los. Meine Mutter wartet schon im Hotel auf mich und macht sich bestimmt Sorgen.«

»Was hast du da eben gesagt?« Meine Stimme überschlägt sich fast.

»Na, dass sich meine Mutter bestimmt Sorgen macht. Ich habe ihr doch versprochen, vor zehn daheim zu sein. Und mit Fremden reden darf ich eigentlich auch nicht …«

»Nein, das meine ich nicht. Wo wartet deine Mutter auf dich?«

»*Eh ben*, in unserem Hotel. Es befindet sich nur eine Straße von hier entfernt.«

Es stellt sich heraus, dass Alain, so der Name meines ehemaligen Gegners und jetzigen Retters, der Erstgeborene eines Hotelbesitzers ist, in dessen Bleibe ich schließlich Unterschlupf finde. Er selbst ist an jenem Abend nicht da, die Geschäfte scheinen also gut zu laufen. Mit routinierter Selbstverständlichkeit nimmt Alain einen Schlüssel aus dem Fach hinter der unbesetzten Rezeption und geht mir, nachdem wir mein Postrad im Keller des Hauses untergebracht haben, voran in ein Zwei-Sterne-Zimmer, das mir heute Abend wie das Paradies vorkommt. Nachdem ich die ersehnte Dusche ausgiebig genossen habe, schlafe ich so gut wie lange nicht mehr. Ein Hoch auf die Region Rhône-Alpes!

Über die gefühlte innerfranzösische Grenze nach Norden

Die folgende Etappe ist eigentlich ein Hüpfer von etwa siebzig Kilometern von Bourg-en-Bresse nach Lons-le-Saunier, den ich bei günstigen Bedingungen in viereinhalb Stunden bewältigen kann. Sie ist jedoch gleichzeitig in ihrer geografischen und emotionalen Bedeutung kaum zu überschätzen.

Denn irgendwo hier, zwischen Bourg-en-Bresse und Lons-le-Saunier, verläuft die gedachte Grenze, die das nicht real existierende, aber umso intensiver gefühlte Südfrankreich vom ebenso irrealen, aber nicht minder heftig erlebten Nordfrankreich trennt.

Südlich dieser Linie räkeln sich in der französischen Vorstellungswelt die Begünstigten des Lebens auf langgezogenen Sandstränden, lustwandeln Künstler und Geistesgrößen unter Platanen, blicken Touristen voller Sehnsucht wogende Lavendelfelder entlang. Das Leben ist heiter und beschwingt, überstrahlt von einer gütig lächelnden Sonne, weshalb auf manchen französischen Wetterkarten der Süden von Vornherein mit einem freundlichhellen Zitronengelb hinterlegt ist.

Die Nordhälfte des Hexagons ist dagegen auf denselben Karten in einem ungünstigen Grauton gehalten. Allzu nah sind hier oben die als kalt empfundenen Länder Deutschland, Belgien und die Schweiz, gefürchtet sind die launischen Winde und ergiebigen Regengüsse der Normandie und der Bretagne, berüchtigt ist das wurst- und sauerkrautlastige Essen Nordostfrankreichs. Misstrauisch nehmen Südfranzosen die Kunde auf, dass sich das Leben hier oben zum Großteil in den eigenen vier Wänden statt draußen abspielt, dass die Bewohner diszipliniert sind und zuweilen gar Regeln einhalten.

In Wahrheit gibt es eine solche Grenze zwischen Nord- und Südfrankreich natürlich nicht, und die nördlichen Regionen werden in Zukunft weit mehr Touristen anlocken als bisher. Ihre Naturschätze, Wanderwege und Radstreckennetze, Städte wie Besançon, Mulhouse, Lille und das Versprechen, nachts schlafen zu können, statt im eigenen Schweiß wach zu liegen, bürgen dafür. Regionen wie die Franche-Comté haben gerade erst begonnen, ihr touristisches Potenzial zu nutzen.

Einstweilen jedoch ist sie noch allgegenwärtig, die südfranzösische Einstellung gegenüber »dem Norden«, die Dany Boon in seinem meisterhaften Film »Willkommen bei den Sch'tis« so gekonnt auf die Spitze treibt. Dort trifft ein ins Nord-Pas-de-Calais strafversetzter Südländer auf einen alten Mann, der ihn tatsächlich erlebt hat, den Norden Frankreichs. Und was erzählt er ihm darüber? »Man stirbt dort jung … Im Sommer geht's noch, da hat's um null Grad. Aber im Winter werden es minus zehn, minus zwanzig, minus dreißig … dann bleibst du besser zu Hause, ehe es minus vierzig Grad werden …« – »Minus vierzig Grad?« – »Ist eben der Norden!«

Dieses so ironisch wie genial entlarvte Vorurteil betrifft die Gegend nördlich von Lille, die sich weit, weit nördlich der Vorstellungskraft vieler Südfranzosen befindet. Die Regionen dort oben gehören aus jener Sicht ja schon fast zu Großbritannien und sind damit so etwas wie die Vorstufe zur totalen Barbarei.

Die Franche-Comté, in die ich nach Überschreiten der gedachten innerfranzösischen Grenze gekommen bin, wird zwar als »dem Norden« zugehörige Region ebenfalls misstrauisch beäugt, punktet jedoch immerhin mit dem gleichnamigen Rohmilchkäse – ein subtiles Indiz für zivilisatorische Ansätze. Seit über eintausend Jahren wird der Comté hier zubereitet. Seine Geschichte ist allerdings wiederum ein weiterer Hinweis darauf, dass die Franche-Comté dem Norden Frankreichs zuzurechnen ist: Die Landbevölkerung benötigte ein nahrhaftes und erschwingliches Nahrungsmittel, um durch die langen und schneereichen Winter zu kommen. Für die Herstellung des Käses darf ausschließlich Milch von Montbéliard-Rindern verwendet werden. Er reift mindestens vier Monate, manche Laibe bleiben auch anderthalb Jahre im Reifungskeller.

Vom Comté abgesehen ist die Region, die auf über zweihundert Kilometern an die Schweiz grenzt, weniger für ihre lukullischen Genüsse bekannt als ihre südlich gelegene große Schwester Rhône-Alpes. Im Nordosten Frankreichs werden bodenständigere, vielleicht auch notwendigere Dinge hergestellt. Hier befinden sich mehrere Zulieferer für das Peugeot-Werk in Sochaux; wichtige Teile des TGV, Frankreichs Prestigezugs, werden hier fabriziert.

Je weiter nördlich ich gelange, desto gebirgiger wird die Umgebung. Der Jura kündigt sich mit vereinzelten Hügeln an, ehe seine Berge an mich heranrücken. Einmal mehr fahre ich aufwärts, abwärts und wieder aufwärts, dabei lasse ich Dörfchen zurück, die mir in manchen Fällen wie ein einzelnes Haus vorkommen. Die Straßen scheinen in der Franche-Comté zielstrebiger zu sein als im Süden Frankreichs. Sie gönnen sich weniger Abschweifungen, legen keine spielerischen Schlingen in die Landschaft. Die Wege im Norden wissen, wohin sie wollen! Ihre Geradlinigkeit erhöht meine Disziplin. Ohne anzuhalten fahre ich durch Coligny und Beaufort und zwei Reisekarten weiter, ehe ich die Hauptstadt des Jura erreiche.

Im Gegensatz zu Bourg-en-Bresse finde ich in Lons-le-Saunier auf Anhieb ein Hotel am Stadtrand, das trotz des günstigen Preises mit allerhand ausgeklügelten Extras aufwartet, die man anderswo weder erwartet noch vorfindet. Da ist beispielsweise das kostenfreie Zusatzangebot »Am Puls der Zeit«, das darin besteht, dass man jede Diskussion der Zimmernachbarn zur Rechten und zur Linken hautnah miterlebt, da die Wände kaum dicker als ein Stück Wellpappe sind. Meine linke Nachbarin hat das mitgebrachte Radio aufgedreht, um trotz ihrer offensichtlichen Schwerhörigkeit die Hits der Neunzigerjahre mitsingen zu können, während sich zu meiner Rechten ein streitlustiges Pärchen eingenistet hat.

Das Zimmer selbst weist eine nicht zu leugnende Vorliebe für den chaotischen Kunststil Jackson Pollocks auf, dem man mit vielfarbigen, zuweilen ins Rauminnere ragenden Tapetenfetzen huldigt. Auf diese Weise kommen die eindrucksvollen Kunstwerke besonders gut zum Ausdruck, die der Schimmel in weißen, schattengrauen und tiefschwarzen Farben an die Wände gemalt hat – umso dunkler, je näher die lebenden Ausstellungsstücke der lecken Leitung kommen, die sich hinter der Wand quer durchs Zimmer zieht. Eine weitere Überraschung für den Gast ist der Fernseher »Snow«, der jeder Sendung eine romantische Grundstimmung verleiht, da er alle Programme mit einer beinahe schon kitschigen Schneelandschaft hinterlegt. Der eigentliche

Clou der Unterkunft ist jedoch die integrierte Wetterstation, die niemals falsch liegt: Um zu testen, woher der Wind weht oder ob es regnet, muss ich lediglich meinen Arm durch das doppelt faustgroße Loch in der Wand stecken, das direkt nach draußen führt. Der Inhaber dieser Nobelbaracke sollte sich seine Extras patentieren lassen.

Wie so oft schlafe ich in der Absteige von Lons-le-Saunier besser als in jedem Fünf-Sterne-Kasten. Am nächsten Morgen begebe ich mich frisch ausgeruht auf die Weiterreise und merke rasch, dass ich gut daran getan habe, Energie zu tanken. Ich komme voran wie auf einer Achterbahn. An den Hügeln des Jura bleibe ich stundenlang kleben, als bestünden diese aus zähem Quecksilber. Kaum passiere ich einen Gipfel, schieße ich für Minuten talwärts, bis mich die gleich dahinter liegende Erhöhung erneut ausbremst. So empfinde ich am eigenen Leib, was Wolfgang Koeppen in seinen »Reisen nach Frankreich« auf den Punkt gebracht hat: »Nach Dole ging es wie über Wellen, hügelauf, hügelab, durch ein Landschaftsmeer, und von seinen Kämmen boten sich die freundlichsten Ausblicke in eine Gartenwelt voll milder, verlässlicher Fruchtbarkeit.«

O gute alte Zeit! Inzwischen durchzieht eine vierspurige Autobahn die Gegend, die seit Koeppens Geburt im Jahr 1906 stetig Einwohner verliert. Nur Weniges ist so geblieben, wie es der Verfasser des Romans »Tauben im Gras« so geschliffen scharf formuliert hat. So treffe ich beispielsweise auch in Dole auf »die schwarzen Lederjacken, die überall im bürgerlichen Frankreich sich organisierenden Banden der Halbwüchsigen, der Unbefriedigten der Lernschule, der von Rimbaud, Baudelaire, Sartre, Malraux Verwirrten, der von der Familienenge, vom Hausvatertum, solider Lebensplanung und Heuchelei Angeekelten, hinneigend zu völligster Anarchie wie zu brutalster Autorität und vielleicht, in ihrem Schwanken, die Zukunft Frankreichs.«

Die potenzielle Zukunft Frankreichs knattert auf Mopeds um mich herum, steht lässig an Hausmauern gelehnt und begutachtet die schlabbrigen Hosen und kunstvollen Tätowierungen der Konkurrenz, als ich in Dole einfahre. Vermutlich sind sie weniger von französischen Intellektuellen als von Nirvana und Lady Gaga geprägt. Ich überlege mir, was ich tun kann, um mir ihre Anerkennung zu sichern – und sei es nur, um irgendeine Art von Reaktion hinter der zur Schau gestellten Coolness offenzulegen. Nun, von der Stiftskirche, die mitten in der Stadt auf einer Erhebung steht und den originellen Namen Notre Dame trägt, kann man mit einem anhängerbestückten Postrad wunderbar die altehrwürdigen Kopfsteingassen abwärts brausen, auf den Fluss Doubts zu, der vor der Stadt gleichmütig seines Weges zieht. Zur Freude der anwesenden Jugend wiederhole ich dieses Manöver dreimal, jedes Mal halsbrecherischer als zuvor. Danach gelte ich als cool, werde von einigen gar als *ouf* bezeichnet, als verrückt also, was einer Steigerung gleichkommt, und ziehe mich, als das geklärt ist, in ein unscheinbares Eckrestaurant zurück. Dort studiere ich die Speisekarte und bestelle ein Mittagessen, dessen poetische Beschreibung sich über drei Zeilen erstreckt und mit Wörtern gespickt ist, die ich nie zuvor gehört habe.

Umso ernüchterter bin ich, als ich kurz darauf eine kalte Wurstplatte vor die Nase gestellt bekomme, die mich rasch auf den harten Boden der Tatsachen zurückholt. Ich gleiche das mangelnde Stück Rindfleisch, das sich nach der Lektüre der Speisekarte vor meinem geistigen Auge festgesetzt hat, durch eine extragroße Mousse au Chocolat aus, bevor ich mein Postrad in der Garage der Kneipe abstelle und mich auf einen Verdauungsspaziergang begebe.

Stolz zeigt die Geburtsstadt von Louis Pasteur jedem Gast ihre Reize, die sich um die Stiftskirche aus dem sechzehnten Jahrhundert herum konzentrieren. Trotzdem kann sie nicht leugnen, dass ihre Blütezeit schon lange vorbei ist. Im Frieden von Nimwegen 1679 wurde Dole der Hauptstadtstatus der Franche-Comté aberkannt, das Parlament wurde nach Besançon verlegt. Der durchaus schmucken Stadt erwächst heutzutage allein daraus noch überregionale Bedeutung, weil sich hier die Autobahnen A 36 und A 39 kreuzen.

Auf einer pfeilgeraden Straße Richtung Heimat

Seit Dole schmiege ich mich an den Doubts, der mich von Südwesten nach Nordosten direkt auf Deutschland zu führt. Wie eine Raupe durch ein Blatt frisst sich der Fluss zu meiner Rechten durch die hügelige Landschaft des Jura, die sich mit jedem zurückgelegten Kilometer weitet und sich nach jeder Wegbiegung zivilisierter und einladender präsentiert. Ich genieße die Vorzüge des EuroVelo6, eines Fernradwegs vom Atlantik zum Schwarzen Meer, und rase voran, als schwebe mein zitronengelbes Gefährt knapp über dem Boden. Im Nordosten hat der Europäische Radfahrerverband ECF ganze Arbeit geleistet. Eingebettet in die gefälligen Hügel der Alpenausläufer folgt der gut ausgebaute Weg unter mir den mäandernden Schleifen des Doubts, ehe er an einer besonders weitläufigen Biegung die Hauptstadt der Franche-Comté durchquert.

Besançon ist ein Phänomen. Spaziert man durch diese Stadt, fällt es zunächst schwer, ihre Reize zu erkennen. Die Häuser sind eng aneinander gebaut, die Straßen ähneln sich auf fatale Weise, die Plätze geben sich schlicht und geizen mit Charme. Doch man muss Besançon nur einmal von oben sehen und miterleben, wie der Stadtkern vom Wasser des Doubts umarmt wird, der hier fast einen Kreis beschreibt, um sich lange an diesen Anblick zu erinnern. Harmonisch integriert sich die Altstadt in die Landschaft, während die Außenbezirke von Besançon längst weit über den Fluss hinausgeschossen sind. Allerorten haben sie ihn überschritten wie ein lästiges Hindernis und ihn dadurch von einer natürlichen Begrenzung zum bloßen Anhängsel degradiert. Schöne Flecken sind insbesondere dort übriggeblieben, wo die Ufer des Doubts an Parkanlagen und Baumalleen grenzen.

Vielleicht hat die lieblich-harmonische Lage des Stadtkerns das ihre dazu beigetragen, dass Louis-Marie Hilaire Bernigaud de Chardonnet, jener Sohn der Stadt, dessen Name wie ein ganzes Konzert klingt, 1889 auf der Basis von Maulbeerblättern die erste Kunstseide erfand. Vielleicht wollten die in Besançon geborenen Brüder Lumière die rasanten Veränderungen der Region festhalten, als sie mit dem Kinematographen den Vorläufer des Kinofilms erschufen, dessen Patent sie anschließend an Charles Pathé verkauften – eben an jenen Mann also, dessen Name vor den allermeisten französischen Spielfilmen eingeblendet wird. Der bei Weitem bekannteste Einwohner von Besançon, ein Zeitgenosse sowohl Chardonnets als auch der Gebrüder Lumière, verließ seine Heimat hingegen früh und verbrachte seine Kindheit in Paris, Neapel und Madrid. Er verfasste, kaum dass er schreiben konnte, wie im Exzess Gedichte und hielt seine Gedanken auf Papier fest. Mit siebzehn gründete er eine Literaturzeitschrift. Seiner Schaffenswut verdanken wir eine wahre Flut an Romanen, Dramen, Gedichtbänden und Zeichnungen, darunter den berühmten »Glöckner von Notre Dame« und den spannenden Politikroman *Les Misérables*. Als Victor Hugo 1885 in Paris starb, galt er vielen Franzosen als der größte Schriftsteller aller Zeiten.

Gegenüber Victor Hugo und der guten alten Zeit habe ich als moderner Reisender das zweifelhafte Privileg, US-amerikanisch inspirierte Einheitsware zu mir nehmen zu können, die vor allem aus Zucker und einer erstaunlichen Bandbreite an Zusatzstoffen besteht und mir auf meiner Umrundung des Hexagons dennoch als rascher Energielieferant immer wieder gute Dienste leistet. Natürlich darf ich trotz der Nähe zu Deutschland auch in Besançon, wie überall auf meiner Reise, nicht »Hamburger« sagen, sondern »Oum-bür-gäär«, wenn ich das Gewünschte auf den Teller, besser gesagt: in den Pappkarton bekommen möchte. Um den Fastfood-Abend abzurunden, quartiere ich mich schräg gegenüber des McDonald's in einer Bahnhofsabsteige ein, die in etwa so einladend wirkt wie Saint Quentin oder Stuttgart-Stammheim. Von Zeit zu Zeit suche ich zweckmäßige Orte wie diesen auf – weniger aus masochistischen Gründen als vielmehr, weil sie mich wie Bushaltestellen, Provinzbahnhöfe und Großflughäfen an das ewige Vorwärtsstreben erinnern, das unser Leben ausmacht. Während uns hochpreisige Nobelunterkünfte ein paar Nächte lang vorgaukeln, unser Leben würde sich von hier an nicht mehr verändern, machen uns die halb- und noch mehr die dreiviertelkaputten Absteigen während unseres Aufenthalts unmissverständlich klar, dass wir eigentlich nicht dorthin gehören, dass wir weiterkommen müssen, und das Stehenbleiben keine Option ist. Darum sind sie ein besseres Abbild dessen, was uns auszeichnet, als die illusionären Kunstwelten aus den Hilton-Steigenberger-Wunschtüten.

Tatsächlich versetzt mich die fünfstündige Übernachtung in der Bahnhofsbaracke von Besançon in einen rational nicht vollständig zu erklärenden Glücksrausch und verpasst mir den nötigen Impuls, der mich den gesamten folgenden Tag vorantreibt. Bereits als ich mein Postrad im Morgengrauen aus dem schmutzübersäten Hinterhof der Hausruine schiebe, ist es, als öffne mein Vorwärtsdrang die Augen. Als mich eine zweispurige Ausfallstraße aus der Stadt bringt, streckt und räkelt er sich. Er steht auf, als ich zurück an den Doubts gelange und beginnt, zaghaft zunächst, dann schneller und immer schneller, wie ein Derwisch schließlich, zu tanzen, um dem Leben selbst zu huldigen, als ich wie ein Berserker den Fluss zu meiner Rechten entlangbrause. Ich fliege regelrecht vorwärts. Irgendwann erkenne ich aus den Augenwinkeln heraus ein Ortsschild, Montbéliard, denke noch, dass man das besser nicht mit Montélimar verwechseln sollte, und bin bereits durch die Stadt hindurchgefahren.

In der alten Festungsstadt Belfort gönne ich mir ein Hähnchenfilet, das der Koch gekonnt unter einem Haufen Pommes frites versteckt hat. Dann beginnen die Städtenamen, bekannt zu klingen. Retzwiller, lese ich, als ich am korrespondierenden Ortsschild vorbeizische. Ein Plakat preist den Ort als bedeutsame Metropole auf der deutsch-französischen Schokoladenstraße an, entlang der Gourmets und Naschkatzen durchs Elsass streifen. Es folgen Ballersdorf, Altkirch, Zilisheim und Brunstatt. Wenig später bekomme ich während eines Cafébesuchs ein Päckchen »Kaffee-Sahne« zum Heißgetränk serviert. Erste Heimatgefühle breiten sich in mir aus. Wenig später rausche ich in die erste große Stadt des Elsass' hinein.

Mulhouse besticht durch geschwungene Häuserfassaden, ausgedehnte Grünflächen, moderne Trambahnen, gepflegte Alleen und ein ausgeklügeltes Radwegesystem, das mich auf angenehme Weise direkt ins Zentrum bringt. Einen vor Arbeit grauen Industriekomplex habe ich erwartet, eine charmelose Zweckgemeinschaft von Arbeitern, die früh aufstehen müssen und wenig Wert auf ästhetische Feinheiten legen. Immerhin sind sechseinhalbtausend Unternehmen in Mulhouse ansässig.

Zu meiner Überraschung finde ich stattdessen ein Paradebeispiel durchdachter Stadtplanung vor. Die Kolonialvillen im Stadtteil Rebberg verweisen subtil auf die Farmen der Baumwollzüchter in Louisiana, denen Mulhouse die frühen Erfolge seiner Textilindustrie verdankt. Die in Dreiecken angeordneten langgezogenen Häuserfronten um den Platz der Republik verbreiten eine diffus erhabene Stimmung. Das Meisterwerk der Stadt ist allerdings der einhundertundzwölf Meter hohe Europaturm, dessen hypermodern anmutende drei Glasfassaden das Zusammenspiel von Frankreich, Deutschland und der Schweiz widerspiegeln.

Die privilegierte Lage im Dreiländereck, dreißig Kilometer von Basel und sechzig von Freiburg im Breisgau entfernt, mit denen sich Mulhouse den »EuroAirport« teilt, hat der Stadt im Lauf der Geschichte nicht nur Vorteile beschert. 1871 wurde die damals französische Metropole dem deutschen Kaiserreich einverleibt. Die Franzosen eroberten sie nach dem Ersten Weltkrieg zurück, nur um sie im Zweiten Weltkrieg notgedrungen dem Deutschen Reich abzutreten. Anschließend wurde sie erneut französisch. Vor all diesen Wirren war Mulhouse mehrere Jahrhunderte lang Mitglied der Schweizer Eidgenossenschaft.

Insbesondere einem Bewohner der Stadt, nämlich dem neunten Sohn eines Mühlhauser Textilunternehmers, sollte die geografische Lage im Dreyeckland teuer zu stehen kommen. Als der französische Auslandsnachrichtendienst im Jahr 1894 Kunde darüber bekam, dass ein französischer Offizier den Deutschen geheime Militärinformationen zukommen lassen wollte, fiel der Verdacht sofort auf den Artilleristen Alfred Dreyfus, der das Pech hatte, jüdisch und Elsässer zu sein. Zur Beerdigung seines Vaters war er nach Mulhouse gereist, das damals zum Deutschen Kaiserreich gehörte. Seine Verbannung auf die südamerikanische Teufelsinsel und die völlige Ignoranz rechtsgerichteter Politiker gegenüber immer neuen Indizien für Dreyfus' Unschuld ist eines der erschreckendsten Beispiele dafür, wie jemand unter Zuhilfenahme der Medien öffentlich zum Sündenbock gestempelt und wie diese Fehlentscheidung daraufhin mit allen Mitteln verteidigt wird, um den herrschenden Machtapparat zu erhalten.

Nicht einmal Émile Zolas weltberühmtes Plädoyer *J'accuse …!*, »Ich klage an …!«, vermochte daran etwas zu ändern. Erst als die politische Linke 1902 die Regierungsgeschäfte in Frankreich übernahm, war eine offene Diskussion über die »Affäre Dreyfus« möglich. Vier Jahre darauf wurde der Elsässer erneut in die Armee aufgenommen und schließlich zum Ritter der Ehrenlegion ernannt.

Mehrere Stunden streife ich durch die angenehm grüne Stadt, genieße die Entspanntheit und Ordnung inmitten dieser Metropole und verlasse Mulhouse erst, als die Sonne bereits deutlich an Kraft verloren hat. Links die Vogesen, rechts der Schwarzwald, so rase ich nordwärts, als sei der Leibhaftige hinter mir her.

Heute sollte ich alle Streckenrekorde schlagen. Dank der hinter mir liegenden Berge bin ich abgehärtet. Vor allem aber bin ich froh, dass ich das anstrengendste Teilstück meiner Frankreichumrundung hinter mir habe. Ständig musste ich vergangene Woche hinauf- oder hinunterfahren, immer wieder blieb der Blick an einem Hang, einer Felswand, einem Abgrund hängen. Nun jedoch bin ich nicht quer, sondern längs zu den Gebirgszügen unterwegs. Darum kann ich mich treiben lassen. Hier ergibt sich der Weg instinktiv, hier schieße ich wie eine dreirädrige Pistolenkugel voran.

Einhundertsechzig Kilometer liegen hinter mir, als ich in Neuf-Brisach, dem französischen Gegenpart zu Breisach am Rhein auf der östlichen Seite des Flusses, die letzte Pause des Tages einlege. Ich kann von hier hinüber nach Deutschland sehen.

Eine halbe Stunde gönne ich mir, dann sitze ich erneut auf und fahre weiter, zwischen den beiden Mittelgebirgen, dem französischen und dem deutschen, hindurch nach Norden, durch ein weit gezogenes Tal, das deren Bewohner dem großen Grenzfluss zu verdanken haben. Die Umstände sind so perfekt, wie sie es seit meinen ersten Tagen, in denen ich die Atlantikküste entlanggebraust bin, nicht mehr waren. Vereinzelte Wolken nehmen der Sonne die Macht, ein kühlender Wind umspielt meine Beine, ohne sich mir entgegenzustemmen.

Jetzt geht es nur noch über Biesheim, Kunheim, Artzenheim, Marckolsheim, Mackenheim, Bootzheim, Artolsheim, Richtolsheim, Saasenheim, Diebolsheim, Friesenheim, Boofzheim, Obenheim, Gerstheim, Plobsheim – wo ich Kilometer zweihundert des heutigen Tages überquere –, und da anscheinend nicht einmal den Elsässern weitere Namen für ihre Heime eingefallen sind, nannten sie die folgende Stadt eben: Strasbourg.

KAPITEL 4

Von Strasbourg nach Saint-Malo

Lothringische Skepsis, die Winde der Champagne
und die Katastrophe von Rouen

Wie für Mulhouse bedeutete die geografische Sonderlage auch für das Elsass, jene zwischen Frankreich, Deutschland und der Schweiz eingeklemmte Gegend, die man auf der Landkarte so leicht übersieht, stets Schaden und Nutzen zugleich. Dabei übersieht man gern, dass das Elsass älter ist als seine Nachbarländer. Hier konnte man Spuren menschlicher Besiedelung nachweisen, die siebenhunderttausend Jahre alt sind. Jahrhundertelang meldeten die übermächtigen Nachbarn Ansprüche auf das begehrte Gebiet zwischen Vogesen und Schwarzwald an – lange bevor es Deutschland und Frankreich jeweils zweimal für sich reklamierten. So gehörte das Elsass einst zum Mittelfränkischen, dann zum Ostfranken- und schließlich zum Westfrankenreich, ehe es dem Heiligen Römischen Reich zugeschlagen wurde. Bis zum Niedergang der Staufer blieb es Teil des Herzogtums Schwaben.

Erst nach dem Zweiten Weltkrieg stellte sich der geografische Sonderstatus des Elsass' unübersehbar als Vorteil heraus. Eben aufgrund seiner wechselvollen Vergangenheit und der exponierten Lage im Dreiländereck entschied man sich für Strasbourg als Sitz des Europarates und des Europäischen Parlaments. Seit 1992 – dem Jahr, in dem man endgültig beschloss, die Plenarsitzungen des Europäischen Parlaments in der elsässischen Hauptstadt abzuhalten – strahlt hier der deutsch-französische Fernsehsender ARTE sein bilinguales Programm aus.

Die Entwicklung des Elsass' vom Spielball umliegender Mächte zum prosperierenden Zentrum Europas wäre eine beispiellose Erfolgsgeschichte, würfe die Erfahrung des Verlorenseins zwischen übermächtigen Nachbarn nicht lange Schatten, die bis in die Gegenwart reichen. So haben rechtsgerichtete Parteien wie der Front National in keiner anderen Region Frankreichs einen derart stabilen Zulauf bis weit in die Mitte der bürgerlichen Gesellschaft hinein. Dahinter mag die elsässische Sorge stecken, den zweiten Platz aller französischen Regionen auf der Skala der wirtschaftlichen Potenz (nach dem Großraum Paris) zu verlieren. Den hat man sich einst durch Weinanbau und Bierproduktion, später dank mehrerer Chemie-, Erdöl- und Biotechnikriesen und nicht zuletzt durch ausgeklügelte Tourismuskonzepte erarbeitet. Eine Rolle mögen auch die Deutschen und die Schweizer spielen, die sich im Elsass Häuser kaufen und damit die Grundstückspreise in die Höhe treiben. Angst hat man wohl zudem davor, dass heimische Produkte wie der Weißkohl, aus dem das berühmte »Sürkrüt«, das Sauerkraut, hergestellt wird, auf den globalisierten Märkten an Wert verlieren könnten.

Strasbourgs gierige Eingänge

Wie gern äße ich eine Portion von diesem Sürkrüt oder noch lieber einen jener berühmten, mit Speck und Zwiebeln bedeckten Teigfladen namens »Flammkuech«! So seufze ich am nächsten Vormittag in zunehmender Lautstärke, nachdem ich mich aus dem Dachzimmer eines Außenbezirk-Hotelrestes geschält habe, das ich mir in der Nacht mit meinem Postrad geteilt habe. Im Nieselregen stromere ich durch den Stadtteil La Petite France, kurz darauf gelange ich ins historische Zentrum, auf die Grande Île, die sich lustigerweise an den großen Ill schmiegt und sich dessen Wasser perfekt angepasst hat. Langgezogene Häuserfronten säumen die Ufer, manche Gebäude sind über einen Nebenarm hinweg gebaut. Doch entgegen ihrer Bestimmung und meines Gustos sind sämtliche Restaurants, an denen ich vorbeikomme, geschlossen. Es ist halb elf Uhr morgens, und kein Franzose, nicht einmal ein Elsässer, kommt auf die Idee, zu dieser Zeit noch frühstücken oder bereits zu Mittag essen zu wollen. Ein ambitionierter Postradfahrer hingegen, der die gestrige Tagesration von zweihundertundfünfzehn Kilometern in den Beinen hat, hätte gegen keines von beidem etwas einzuwenden!

Auf der vergeblichen Suche nach kulinarisch Verwertbarem lerne ich Strasbourgs Zentrum und schließlich die Außenbezirke kennen und werde das Gefühl nicht los, dass ich eigentlich durch drei Städte gehe. Eine davon ist ein beschauliches, von Wasserläufen durchzogenes Provinzstädtchen, dessen schmuddelig-urigen Grundcharakter man mit Renovierungen zu überdecken versucht – so wie man Make-up auf ein markantes, lebenssattes Gesicht aufträgt. Im Altstadtkern passiere ich Fachwerkhäuser und dicke Türmchen, die sich zu Postkartenmotiven gruppieren. Mit einer durchaus sympathischen Mischung aus Stolz und Verbocktheit halten die Einwohner ihren Dialekt hoch, jenes Sprachkonstrukt, das sich zwischen dem Deutschen und dem Französischen nicht entscheiden kann.

Um den übersichtlichen Stadtkern herum breitet sich hingegen eine hypermoderne, von gigantischen Glasfassaden dominierte Großstadt aus, die sämtliche Vorteile und Verwerfungen einer Metropole bietet. Dazu gehört in all seiner Ambiguität auch das Mosaik aus unterschiedlichen Sprachen, Kulturen und Gewohnheiten und die unüberschaubare Anzahl Gestrauchelter, die beinahe überall in Strasbourg präsent sind. Die einzigen erschwinglichen Lokale gehören in diesem Teil der Stadt Marokkanern.

Zu diesem Gegensatz gesellt sich die Sonderbarkeit eines europäischen Zentrums, in dem sich das Parlament und der Europarat, der Europäische Gerichtshof für Menschenrechte, das Eurocorps und EUIMAGES befinden. Die wenigsten Einwohner, von den weiteren Europäern ganz zu schweigen, dürften wissen, was diese Organisationen mit den seltsamen Namen tun. Wie glasfassadenbestückte Raumschiffe stehen deren Gebäude am

Straßenrand. In ihrem etwas gewollt wirkenden Futurismus unterscheiden sie sich architektonisch so stark von ihrer Umgebung, dass es schwer fällt, sie als Teil Strasbourgs zu sehen. Beinahe ratlos ballen sie sich weit jenseits des Zentrums zusammen. Dabei wirken sie mal anziehend, mal abstoßend – genau wie Strasbourg, in dem ich vergeblich ein Bindeglied zwischen Alt und Neu, provinziell und europäisch, suche.

Wohin will diese Stadt? Was will sie sein? Ist Strasbourg das urige Landeszentrum, das die elsässischen Traditionen hochhält, oder symbolisiert es die hypermoderne Avantgarde Europas? Was hält dieses janusgesichtige, hydraköpfige Konstrukt in seinem Innersten zusammen?

Als wolle es die Unklarheit und das babylonische Sprachgewirr Strasbourgs veranschaulichen, demonstriert das einzige geöffnete Restaurant eindrücklich, was passiert, wenn man französische Ausdrücke wörtlich ins Deutsche übersetzt. In Sichtweite des Museums für moderne und zeitgenössische Kunst, das aus mehreren Quadern besteht und, den europäischen Institutionen nicht unähnlich, wie ein abflugbereiter Fremdkörper am Flussufer steht, schlage ich eine zweisprachige Speisekarte auf, die jeden deutschen Gast aufhorchen lässt. *Nos entrées gourmandes* steht verlockend an ihrem Anfang. Statt die deutsche Entsprechung »Unsere großen Vorspeisen« zu wählen, hat man sich für die wörtliche Übersetzung entschieden. So erfährt der geneigte Hungerleider von »Unseren gierigen Eingängen«. Wenn da mal nicht die Eingänge der Portemonnaies gemeint sind!

Vor diesem Hintergrund fällt mir die Wahl zwischen den »Start-up Unternehmen und gierige Erbse« (jeune pousse et pois gourmand, »junge Sprossen und viele Erbsen«) und dem »Salat an den Spänen fettiger Leber Ente mit balsamischer Reduzierung« (salade aux copeaux de fois gras avec réduction balsamique, »Salat mit Streifen von Entenleberpastete und Balsamico«) nicht eben leicht. Zumal ich mir nicht sicher bin, ob der »in Eile von kanchiertem Schweinebraten pickels von frischem Gemüse und Würzmittel« meiner Gesundheit nicht zuträglicher wäre. Andererseits: Ein Schweinebraten in

Eile verheißt nichts Gutes. Flieht er am Ende gar vor der gierigen Erbse, die sich mit den Würzmitteln verbündet hat? Auf diese Weise kann trotz gieriger Eingänge nun wirklich kein Start-up Unternehmen gelingen, noch nicht einmal ein balsamisch reduziertes!

Am Ende begnüge ich mich mit einer Portion »ausgestattetem Sauerkraut« und blicke durch die schmutzige Fensterscheibe, hinein in diese so uneinheitliche Stadt, die es mir schwer macht, sie auf Anhieb zu mögen. Vielleicht verlangt Strasbourg, dass man zweimal, dreimal hinschaut, ehe man sich hier zurechtfindet. Und vielleicht symbolisiert die so oft unterschätzte Hauptstadt des Elsass' mit ihrer unverwechselbaren Erfolgsgeschichte – hier gab Johann Carolus 1605 die erste gedruckte Zeitung der Welt heraus, hier trafen sich die rebellischen Dichter des Sturm und Drang, hier verliebte sich Goethe während eines Ausritts in die Pfarrerstochter Friederike Brion – und gerade aufgrund ihrer Zwiegesichtigkeit die kulturelle und sprachliche Bandbreite ebenso wie das enorme Potenzial Europas mit all seinen Chancen und Problemen besser als jeder andere Ort der Welt.

Der Zeichner und Illustrator Tomi Ungerer, ein Straßburger, den die Stadt mit einem eigenen Museum feiert, und der sein kindliches Gemüt auf äußerst angenehme Weise mit philosophischem Ernst zu verbinden weiß, hat dies einst auf den Punkt gebracht: »Jedoch leidet der Elsässer immer noch unter Unsicherheitsgefühlen und einer zerspaltenen Identität. Was bin ich? Durch das Pendeln zwischen zwei Mächten haben wir genug Zweifel, um gut zu vergleichen. Die Relativität füttert unseren Humor, einen Humor (wie das Jüdische oder Irische) der Minorität.«

Möge jene historisch bedingte, von guten und schlechten Ereignissen geschliffene Ausprägung des ungererschen, straßburgerischen, elsässischen Humors lange erhalten bleiben und möglichst weit hinein nach Europa wirken!

Im Land der Friedhöfe

Der Urbanitätsgrad nimmt in konzentrischen Kreisen ab, als ich am nächsten Morgen das Ortsschild der elsässischen Hauptstadt hinter mir lasse. In einer Wolke aus knatternden Mopeds, haarscharf überholenden Peugeots, voll beladenen Renaults und hupenden Lastwagen fahre ich durch den typischen Speckgürtel, der hier wie anderswo aus gepflegten Vororthäuschen und auf Vordermann gebrachten Gärtchen besteht. Nach und nach vergrößern sich die Abstände zwischen den einzelnen Häusern. Kurz darauf zerfasert der städtische Großraum Strasbourg in überschaubare Dorfstrukturen, bis schließlich nur noch vereinzelte Gehöfte übrig bleiben. Die Natur behält die Oberhand, bis ich gegen Mittag Sarrebourg erreiche und damit, keine fünfzig Kilometer westlich von seiner Hauptstadt, das Elsass hinter mir lasse.

Lothar, Enkelsohn Karls des Großen, stand bei der Namensfindung der Region Pate, die sich jetzt um mich herum ausbreitet. Stillgelegte Fabriken, die wie vergessene Kunstwerke in großzügig angelegten Feldern liegen, zeugen davon, dass Lothringen einst Motor der wirtschaftlichen Entwicklung Frankreichs war. Seit der ökonomischen Krise in den Siebzigerjahren des vorigen Jahrhunderts ist es jedoch zu deren Bremse geworden. Der Absturz auf der Reichtums- und Beliebtheitsskala scheint den Bewohnern dieses Landstrichs noch immer in den Knochen zu stecken. Sie grüßen selten, als ich an ihnen vorbeifahre, und wirken, als wären sie schon vor langer Zeit von den Zügen eines übermächtigen Schicksals schachmatt gesetzt worden. Nicht wenige blicken mir mit versteinerten Mienen nach wie einem Eindringling.

Wahrscheinlich tue ich ihnen unrecht, der ich, versteckt unter meinem Hut, hinter der vor Fahrtwind schützenden Sonnenbrille, vollbärtig und im extradicken, windabweisenden Pullover halb vermummt durch ihre Region fahre. Mag sein, dass die schrullige Eigenwilligkeit der Provenzalen, die ihre

Region ohne mit der Wimper zu zucken als Herz des gesamten Landes ausweisen, dass der rebellische Stolz der Basken mit ihrer Sportbegeisterung,
dass die offen zur Schau gestellte Genusssucht der Bordelais, dass all jene
Eigenarten oberflächlich sind, wenn man sie mit den Charaktereigenschaften der Lothringer vergleicht, die man erst entdecken muss. Mag sein, dass
ich gerade hier, an einem Ort, der zunächst unwirtlich erscheint, am ehesten
einen Freund fürs Leben finden könnte. Trotzdem sehne ich mich mit jeder
Stunde, die ich durch Lothringen fahre, mehr nach der spielerisch-anmuti-
gen Art der Südfranzosen zurück, bei denen Blicke mehr zählen als innere
Werte, und wo Gäste mit einer gesunden Mischung aus unverhohlener Neugier und unverfrorener Geschäftstüchtigkeit empfangen werden, anstatt das
Gefühl vermittelt zu bekommen, ein Fremdkörper zu sein, der die verdiente
Melancholie der Bewohner stört.

Die Stimmung bleibt gedämpft, als ich Sarrebourg durchfahre. Vielleicht
liegt es an den grauen Wolken, die dicht über der Stadt hängen, als seien sie
am Himmel festgetackert. Der zweitausend Jahre alte Ort gehört heutzutage
den Arbeitern: Hier entstehen Schuhe, Metallteile und landwirtschaftliche
Maschinen, auf die Frankreich angewiesen ist. Lothringen ist unzweifelhaft wichtig für die gesamte Republik. Gerade in diesem Landstrich, den
viele Franzosen als »halb deutsch« abtun, sind eine Menge urfranzösische
Berühmtheiten beheimatet. Allen voran stammt Frankreichs Nationalheldin
Jeanne d'Arc, die 1412 in Domrémy geboren wurde, aus dem von Unbe-
lehrbaren ungeliebten Anhängsel von »Kernfrankreich«. Der unruhige Über-
dichter Paul Verlaine kommt aus Metz. Eine dritte französische Legende ist
ebenfalls Lothringer: der in ganz Europa bekannte Filmhund Rin Tin Tin.

Im Regionalen Naturpark Lothringen, der kurz hinter Sarrebourg
beginnt, lasse ich dem Postrad freien Lauf. Fast wie von selbst rollt es voran,
kaum spüre ich den Widerstand der Pedale, die sich verlässlich im Kreis
drehen. Beinahe schwebend fahre ich durch eine weite Landschaft, die in
der Ferne mit Wasserflächen lockt, bis mich in dem Städtchen Dieuze mein

Magen unsanft und nachdrücklich daran erinnert, dass ich heute noch nichts gegessen habe.

Unglücklicherweise ist das Bar-Restaurant-Gemisch am Hauptplatz ein lichtloses Loch, dessen Besitzer offenbar meint, vom Charme leben zu können, den sein Laden vor fünfzehn Jahren vermutlich einmal ausstrahlte. Zerbeulte Plastiktische und -stühle stehen lieblos vor einem Schild, das auf das *Menu du Jour* für 16,80 Euro hinweist, was etwa dem Preis entspricht, den ich heute für die Übernachtung mit Frühstück ausgeben möchte.

Auf der Suche nach einer reizvolleren Alternative finde ich zweieinhalb Straßen weiter eine von Algeriern betriebene Bude. Dort bestelle ich ein Kebab mit großem Salat und Pommes frites, einen halben Liter Eistee und einen vor Honig triefenden Nachtisch, bezahle etwas weniger als ein Drittel des vorhin ausgewiesenen Menüpreises und setze mich einem Flachbildschirm gegenüber, der ein orientalisches Musikprogramm ausstrahlt. Es sind nicht unbedingt Gaumenschmeichler, die mir kredenzt werden, aber das Essen macht satt. Vierzig mampfende Gäste bürgen für die Beliebtheit dieses Treffpunkts, während ich im französischen Pendant am Hauptplatz keine Menschenseele ausgemacht habe.

Die Situation in Dieuze ist symptomatisch für weite Teile Frankreichs. Zu Unrecht meinen einige, nach wie vor von der Reputation des Landes als Mekka der Genießer und Romantiker zehren zu können, ohne wahrhaben zu wollen, dass das neue Frankreich längst flexibler, multikultureller und spannender als je zuvor geworden ist. Ein Großteil der pragmatisch veranlagten Landesjugend nimmt die größere Bandbreite der Kulturen und der Lebensentwürfe als willkommene Erweiterung ihrer Handlungsmöglichkeiten wahr.

Dazu passend skandiere ich gemeinsam mit den anderen Lokalgästen *Black-blanc-beur*, einen Hit der wunderbar unruhigen Skaband N&SK. Darin wird eine neue Republik ausgerufen, deren Farben nicht länger jene der Trikolore, *bleu-blanc-rouge*, »blau-weiß-rot«, sind, sondern eben

»schwarz-weiß-einwandererfarben«. Jung, bunt und heißblütig ist die besungene Republik, genau wie die Musik von N&SK, auf attraktive Weise durchmischt wie das heutige Frankreich mit seinen sieben Millionen Muslimen, seinen Zehntausenden Engländern und Hunderttausenden Deutschen, die hier dauerhaft eine Bleibe gefunden haben.

Ich singe noch immer, als mich Kleinststraßen und schließlich Feldwege von Dieuze wegführen. Zwischen Metz im Norden und Nancy im Süden schlage ich mich westwärts durch und gelange wenig später in eine Stadt, die seit fast hundert Jahren als Symbol für all das herhalten muss, was in der Vergangenheit zwischen Deutschen und Franzosen schiefgelaufen ist.

Franz Marc und Arnold Zweig gehörten zu den armen Teufeln, die sich, wie auch Ernst Röhm und Rudolf Heß, vor Verdun eingegraben hatten, um an einem der sinnlosesten Kriege der Welt teilzunehmen. Im Ersten Weltkrieg degradierte man Soldaten zu Menschenmaterial, zu taktisch einsetzbarer Manövriermasse, um die jeweils anderen Streitkräfte vor dieser Stadt zu binden. Über Monate hinweg gingen stündlich zehntausend Granaten vor Verdun nieder. Sie verwandelten Wälder in surreale Kunstwerke, durchpflügten die Felder und verhinderten, dass Tote und Schwerverletzte aus dem Kampfgebiet geschafft werden konnten.

Wir, die wir die »Gnade der späten Geburt« haben und in Zeiten leben, in denen man uns durch »intelligente« Bomben, unbemannte Drohnen und technikstrotzende Kampfjets eine Art »Töten light« vorgaukelt, das grundsätzlich anderswo passiert, können uns nicht mehr vorstellen, was die Schlacht vor den Toren der Festungsstadt für die Soldaten bedeutet hat. In der »Blutpumpe« von Verdun trugen sie Gasmasken gegen den allgegenwärtigen Leichengeruch, tranken Urin und aßen Stücke aus den Leibern ihrer gefallenen Kameraden. Bei Regen verwandelte sich das von Bombentrichtern durchzogene Gebiet in eine mit Schlamm gefüllte Falle, durch die Pferdegespanne schwere Geschütze zogen. Dreihunderttausend Tote blieben nach den Kampfhandlungen auf den Feldern von Verdun zurück.

Die Franzosen verklärten die Materialschlacht anschließend zur Heldentat und definierten Verdun als Bollwerk, das den Fortbestand der französischen Nation gesichert habe. Die politische Rechte in Deutschland redete die Niederlage mithilfe der Dolchstoßlegende schön, derzufolge die »heldenhafte« deutsche Armee an der nachlassenden Unterstützung im Heimatland zerbrochen und nicht etwa im Krieg geschlagen worden war.

Weiße Kreuze ziehen sich vor meinen Augen in Reihen bis zum Horizont, ein Kreuz für jeden Gefallenen. Es sind Tausende, Zehntausende, nach wie vor geordnet wie eine Armee, im Gleichschritt erstarrt, als wollten sie noch lange über das damalige »Stahlgewitter«, wie Ernst Jünger den Krieg an der Westfront in seinem ersten Roman nannte, hinaus verdeutlichen, welche Konsequenzen blinder Gehorsam nach sich ziehen kann. Die einzigen ausgeschilderten Sehenswürdigkeiten im Umland sind Friedhöfe.

Zu meiner Überraschung ist die Stadt Verdun selbst durchaus gefällig. Sie hat sich bis heute einen Hauch der blühenden Handelsmetropole, die sie im Mittelalter war, bewahrt. Vielleicht betrachte ich Verdun aber auch nur darum mit gnädigen Augen, weil mich eine Quiche lorraine, eine köstliche Specktorte aus Mürbeteig, auf angenehme Art stärkt.

Felder wie Ozeane

In der westlich gelegenen, sanft gewellten Ebene, die von einer schnurgeraden Straße in zwei Teile geschnitten wird, beginne ich endlich, Lothringen zu mögen. Eine Stille hat sich in die Landschaft gesenkt, die alle jetzt zu vernehmenden Geräusche zu Besonderheiten adelt: das Zirpen einer Grille am Straßenrand, das Piepsen einer liebestollen Amsel im einzigen Geäst weit und breit und das gelegentliche Aufbrausen des Windes im Gras. Und ebenso das hauchfeine Fiepen der Pedale in der Luft, das helle Sirren dreier Räder auf dem Asphalt und das regelmäßige Atmen eines bärtigen Blondlings, der ganz Ohr geworden ist.

In den folgenden drei Stunden begegne ich keinem weiteren Verkehrsteilnehmer. Es ist, als führe ich durch eine der Allumfassenheit des Raums
entwundene, durch die Maschen der Zeit gefallene Landschaft. Es ist eine
Zauberwelt, die sich immer treu bleibt. Sie sieht überall gleich aus, wie weit
westwärts ich auch gelange. Autos, Mopeds und Lastwagen sind aus dieser Welt verbannt. Ein Postradfahrer wird gerade noch geduldet, ansonsten
gehört hier alles den Feldmäusen und den Katzen, den Fröschen und ganz
besonders den Vögeln, die ihre Sommerquartiere beziehen. Störche kreisen
am Himmel.

Hier also ist Lothringen schön geworden – hier, in jenem endlosen Som-
merreich, in dem sich die meisten Dinge unterhalb der Wahrnehmungs-
schwelle eines vorwärtsbrausenden Postradfahrers abspielen, und in dem, so
stelle ich es mir vor, die Entfernungen sinnvoller Weise in Maßeinheiten
zu je fünfzig Kilometern angegeben werden. Nennen wir sie Loth. Ach, sie
wollen nach Reims? Fahren sie zwei Loth Richtung Westen und biegen sie
dann gen Norden ab, gute Reise. Darunter geht es nicht in dieser Region,
die nur aus Steppe und Feldern zu bestehen scheint, in die ganz vereinzelt
überdimensionierte Gehöfte eingestreut sind – als seien sie hier vergessen
worden und suchten seither nach ihrer wahren Heimat.

Ich weiß nicht, wie lange ich durch dieses Raum- und Zeitloch fahre.
Irgendwann – die Sonne ist bereits vor langer Zeit untergegangen, ohne dass
ich diesen Umstand bemerkt habe – hebe ich den Kopf, als erwachte ich
aus einem Traum. Zunächst kommt es mir vor, als schwebte ich einige Zentimeter über der Erde: ein dreirädriges Raumschiff vom Planeten »Postra
Supergelb«, gekommen, um seinem zuweilen geistesabwesenden Naviga-
tor die Galaxis Lothringika zu zeigen. Dann gewinne ich unvermittelt die
Bodenhaftung zurück. Was zum Henker mache ich mitten in der Nacht in
diesen nicht enden wollenden Feldern?

Kaum habe ich die Frage in den Raum gestellt und die Abwesenheit einer
Sinn vermittelnden Antwort registriert, drückt mich die unsichtbare Hand

eines Riesen mit Macht gegen den Boden. Jede Pedalumdrehung fällt mir schwerer als die vorhergehende. Schon blicke ich mich nach einem notdürftigen Nachtlager um, als ich in der Ferne eine Lichtquelle ausmache. Sie breitet sich aus, als ich auf sie zuhalte. Was ich kurz darauf erlebe, übertrifft all meine Erwartungen bei weitem.

»Alles ist erleuchtet«: Der Titel des Romandebüts von Jonathan Safran Foer, in dem er hintergründig und humorvoll die Reise eines Juden beschreibt, der sich in Osteuropa auf die Suche nach seinen Vorfahren begibt, kommt mir als Erstes in den Sinn, als ich Reims erreiche. Verschwenderisch gießen die imposanten Hausfassaden entlang der Fußgängerzone Licht auf die Straße. Um mich herum prasselt und brabbelt die spätabendliche Lärmkulisse der Champagnerstadt. Quietschende Trambahnen, Satzfetzen, Kurbeln von Fensterläden, sich öffnende und schließende Garagen und Melodieausschnitte aktueller Hits vereinen sich zu jenem Hintergrundrauschen, das eine echte Großstadt anzeigt.

Dem Neuankömmling, der zuvor durch die endlos scheinende Wüstensteppe gefahren ist, kommt Reims wie die Stadt schlechthin vor, wie der Inbegriff von Urbanität mit allen Verlockungen und Verwerfungen, was nicht selten ein- und dasselbe ist. Ähnlich geht es Bolivienreisenden, die nach tagelanger Fahrt durchs karge Altiplano unvermittelt auf den Titicacasee hinabblicken, oder Wüstendurchquerern, die plötzlich in Las Vegas stehen. Um diese Oase der Urbanität auszukosten, beziehe ich Quartier in einem direkt an der Fußgängerzone gelegenen Hotel, von dem aus ich die halbe Nacht hindurch alle Straßengespräche ungefiltert mitbekomme.

Entsprechend spät reihe ich mich am nächsten Vormittag in den Touristenstrom ein, der zur berühmten Kathedrale führt. Vom zwölften bis zum neunzehnten Jahrhundert wurden dort die französischen Könige gekrönt. Bis heute strahlt das prägnante Bauwerk Machtwillen und Standfestigkeit aus, wirkt dabei jedoch gleichzeitig aufgrund seines Zuschnitts und der gekonnten Verzierungen durchaus elegant. Nach einem Abstecher zum

Palast des Erzbischofs, wo ich den imposanten Kamin des Salle du Tau bewundere, lasse ich den Blick über den südwestlich gelegenen Gebirgszug schweifen, der sich so angenehm an die Stadt schmiegt. Aus den Rebstöcken jener Montagne de Reims wird der weltbekannte Champagner hergestellt. Dann mache ich mich erneut auf den Weg.

Nur noch gut hundert Kilometer sind es von hier bis ins südwestlich gelegene Paris. Vor mir hingegen, in nordwestlicher Richtung, breitet sich in der Region Champagne-Ardenne ein Meer aus, wie ich es niemals zuvor gesehen habe.

Felder aus gleißend grellgelbem Raps, Felder wie Ozeane. Dünnstängelige Halme beugen sich vor, als flüsterten sie den Nachbarn Geheimnisse zu. Der Westwind zaubert La Olas in die Ährenteppiche. Es zischelt und raschelt um mich herum, als führe ich durch ein gigantisches Schlangennest. Weit draußen, kurz vor dem Horizont, dreschen monströs anmutende Arbeitsmaschinen lautlos auf das Blütenmeer ein.

Felder aus leuchtendem honigbraunen Weizen, Felder wie Ozeane. Mikroskopisch kleine Getreidepollen heften sich an meine Kleider, als wollten sie eine Spritztour unternehmen. Um mich herum wogt es, alles ist in Bewegung. Der Wind säuselt mir Geheimnisse ins Ohr. Er schickt ein Heer aus Weizensporen durch die Luft. Öffne ich den Mund, setzt sich ein würzigherber Geschmack auf die Zunge. Zuweilen schnauft ein stählernes Monster in der Ferne. Beginnt es zu fauchen und die Straße entlangzukriechen, lenke ich mein Postrad zur Sicherheit in den Straßengraben.

Felder aus blendender jadegrüner Gerste, Felder wie Ozeane. Ähre steht an Ähre, Feld liegt neben Feld, Raps grenzt an Weizen, Weizen geht über in Gerste. Wie in Trance fahre ich an alldem vorbei, gleite mitten durch das umfassende Grellgelb, Honigbraun, Jadegrün hindurch, werde zu einem Teil dieser überdimensionierten, topfebenen Traumlandschaft. Eine Sardine im Atlantik bin ich, ein verirrter Satellit in den Weiten des um mich herum wogenden Alls.

Alles, was ich sehe, ist von mir zurückgetreten, spielt sich weit entfernt ab. In Reims war alles zum Greifen nah. Ich hatte das Gefühl, die Dinge um mich herum berühren zu können. Doch mit jeder Pedalumdrehung, die mich weiter weg von der Stadt und tiefer hinein in die Felder gebracht hat, wurde ein weiterer, die Sicht begrenzender Vorhang gehoben. Eine Weite hat den Raum betreten. Hier draußen, wo es keine Vorhänge mehr gibt, füllt sie ihn vollständig aus.

Als sei ich in der Rille einer Langspielplatte gefangen, dazu gezwungen, ständig von Neuem dieselbe Umdrehung zu beginnen, befinde ich mich auf einer Reise ohne Anfang, ohne Ende. *Perdido en el mundo, perdido en el siglo*, »verloren in der Welt, verloren im Jahrhundert« – so kennzeichnet der weitgereiste französisch-spanische Sänger Manu Chao durchaus lustvoll den Orientierungsverlust, der eine echte Reise begleitet.

Auch ich genieße das befreiende Verlorensein, die Abwesenheit irgendwelcher Anhaltspunkte und die damit verbundene wohltuende Marginalisierung der eigenen Bedeutung angesichts einer übermächtigen Natur, die einen mit ausgestreckten Armen willkommen heißt. Ich freue mich auf jede weitere Runde in der Rille der Langspielplatte.

Il faut s'imaginer Sisiphe heureux, »Man muss sich Sisyphos als glücklichen Menschen vorstellen« – dieser so oft missverstandene Satz Albert Camus' trifft heute auf mich zu. In den ährenbesetzten Weiten der Champagne-Ardenne ist mein Vorwärtskommen endgültig zum Selbstzweck geworden.

Die Champagne ist Frankreichs Kornkammer und die große Überraschung auf meiner Reise. Eine landwirtschaftlich geprägte Gegend hatte ich erwartet, auch auf Getreide- und Maisfelder war ich vorbereitet – nicht jedoch auf diesen surrealen Flug durch Halmenwälder und Ährenmeere. Dany Boon, der Regisseur des Kino-Straßenfegers »Willkommen bei den Sch'tis«, behauptet zurecht, dass man in Frankreichs untouristischem Norden grundsätzlich zweimal weint: wenn man ihn betritt und wenn man ihn wieder verlässt.

Ohne meine wässrigen Augen von den wogenden Feldern lösen zu können, fahre ich nach Fismes, dem Geburtsort von Albert Uderzo, dem genialen Zeichner und Co-Autor der Comicserie Asterix. Als ich kurz darauf die Picardie erreiche, erhebt sich ein strammer Wind vom Boden. Den ganzen restlichen Tag lang bläst er mir entgegen. Er hält meine Augen feucht, macht jede Pedalumdrehung zu einer Kraftanstrengung und ruft einen spontanen Muskelkater in den Beinen wach, der, das weiß ich nur allzu gut, morgen Vormittag zu einem echten Schmerz herangewachsen sein wird. Ich beuge mich weit über den Lenker meines Postrads, als wolle ich den Papst beim Küssen des Bodens imitieren, und strecke den Po in die Luft, als sei ich in Entenhausen unterwegs. Der aerodynamische Gewinn dieser Aktion hält sich indessen in Grenzen.

Entnervt entschließe ich mich in der Kleinstadt Soissons zu einer Pause, kaufe Baguette und Camembert in einem Supermarkt und mache es mir in einem Gärtchen gegenüber der langgezogenen Kirche bequem, die angesichts der überschaubaren Stadt etwas überdimensioniert wirkt. Diese Kathedrale hat die Zerstörungswut der Deutschen überstanden – im Gegensatz zu den meisten anderen Bauwerken im Nordosten Frankreichs. Allein im ersten Weltkrieg fiel über die Hälfte der Bausubstanz von Reims und drei Viertel jener von Soissons den Invasoren zum Opfer. Das erklärt mir zumindest, ohne übertrieben ausgeprägtes Feingefühl angesichts meiner Herkunft, ein Rentner, der die Parkbank neben mir als Ort für sein Mittagessen auserkoren hat. Als ihm der Käse auszugehen droht, biete ich ihm für ein Glas Wein im Gegenzug eine Ecke Camembert an. André, so der Name meines Essensgenossen, hat bis vor Kurzem noch Glasbehälter für Danone hergestellt. Die Champagne ist seine Heimat: Hier ist er geboren, hier wird er bleiben. Keineswegs wolle er dem Beispiel seiner beiden Geschwister folgen und ins nahe gelegene Paris ziehen.

Was hält ihn hier, in dieser Einöde aus Feldern und schnurgeraden Straßen? Die Weite, sagt er, der unverstellte Blick in die Umgebung, die Kraft des Windes und das Gefühl, überallhin gehen zu können. Wann immer er könne, schwinge er sich auf sein Fahrrad und fahre los, irgendwohin.

»Glaub' mir, es ist ein Privileg, in einem dünn besiedelten Landstrich wie dem unseren zu leben. Schau dir die Pariser doch nur mal an! Sie gieren nach jedem Quadratmeter Grünfläche. Gartenfeste veranstalten sie und ziehen sich dabei in teuer erkaufte Hinterhöfe zurück. Nun, das alles habe ich hier auch, nur ist eben alles viel, viel größer.«

Mit einem Anflug von Pathos deutet André um sich. Dann steigert sich seine Schwärmerei zu einer Art Lobeshymne auf die Champagne, als müsse er sich rechtfertigen, im städtischen Gärtchen von Soissons zu sitzen. Beinahe zwei Drittel der Region würden landwirtschaftlich genutzt, hält er mit vor Stolz geschwellter Brust fest. Nirgendwo in Frankreich werde mehr Gerste produziert, und die Erbsen, Rüben und Zwiebeln der Champagne seien die besten der Welt.

»Das ist ja schön und gut, André«, werfe ich ein, um ihn zu bremsen, »aber den großen Reibach macht ihr doch mit den dreihundert Millionen Flaschen Champagner, die ihr Jahr für Jahr verkauft, *n'est-ce pas?*«

»Die Erfindung des Champagners ist tatsächlich ein cleverer Schachzug von uns. Hand auf Herz, Thomas: Magst du ihn?«

»Ich habe nie verstanden, wie man freiwillig etwas trinken kann, das zunächst wie Brause schmeckt und kurz darauf in einer schalen Enttäuschung endet.«

»Nun, ganz so drastisch hätte ich es nicht ausgedrückt, aber tatsächlich geht es vielen ähnlich. Hier kommt nun unser geschicktes Spielmanöver zum Zug. Wer etwas auf sich hält, bietet seinen Arbeitskollegen Champagner an. Siege bei Sportereignissen werden mit unserem Getränk gefeiert. Nach Erfolgen, zu Jubiläen, angesichts großer Errungenschaften trinkt man den veredelten Schaumwein aus der Champagne. In weit größerem Ausmaß als eure Mercedesse und BMWs ist unser Champagner zum Sinnbild menschlicher Freude selbst geworden. Wer aber glücklich ist, freudetrunken, der handelt nicht unbedingt rational. Er greift gern mal tiefer in die Tasche als in nüchternem Zustand. Hinzu kommt, dass man, wenn man ehrlich ist, Champagner trinkt, um sich und den anderen ein Stück weit klarzumachen, dass man es geschafft hat, dass man auf der Seite der Sieger steht. Unser Getränk umgibt alles mit einer Aura der Besonderheit. »Komm schnell, ich trinke Sterne!«, soll der Benediktinermönch Dom Pierre Perignon gerufen haben, als ihm die Erfindung des edlen Schaumweins gelang.«

»Nicht schlecht, André. Ich folge trotzdem lieber der Auffassung des Schriftstellers Jean Anthelme Brillat-Savarin, derzufolge man beim Bordeaux Torheiten bedenkt, beim Burgunder bespricht und beim Champagner begeht.«

»Hast du dich bei einem Glas Champagner dazu entschlossen, mit diesem Ding da um Frankreich herumzufahren?«

»Bisher hat es Spaß gemacht! Lediglich dieser Starkwind macht mir zurzeit zu schaffen. Wann hört der denn endlich auf?«

»Wenn wir Glück haben, bereits in einigen Monaten. Hier draußen, im großen Becken zwischen Paris und Belgien, ist es so gut wie immer windig. Es gibt wenig Barrieren, die sich dem Wind in den Weg stellen könnten.«

Wie recht André mit dieser Feststellung hatte, sollte ich bald darauf erfahren. Kurz nachdem ich ihn in Soissons zurückgelassen habe, um erneut an der Naht zweier gigantischer Felder entlangzufahren, wirft mir der Sturm Staub, Sand und Samen entgegen. Er gebärdet sich wie eine wütende Furie, der ich jeden Zentimeter des Weges abtrotzen muss. Jede Pedalumdrehung muss ich mir verdienen. Einem Berserker gleich stürzt sich der Wind auf mein Postrad, bis es helle, murmeltierartige Pfiffe ausstößt. Wann immer ich den Blick hebe, wischt mir der Sturm übers Gesicht und klopft gegen meine Brust, als wolle er mich mit Gewalt zurück ins Elsass pusten. Ich komme mir vor wie in einem Windkanal.

Viereinhalb Stunden schlage ich auf diese Weise eine Schneise durch den Sturm. Mein Gesicht ist eiskalt, meine Ohren pfeifen wie zwei entfernte

Güterzüge. Fünfzehn Kilometer vor meinem heutigen Etappenziel, der Stadt Compiègne, kollidiere ich beinahe mit einem der überdimensionierten Mähdrescher, als dieser sich anschickt, mich zu überholen. *Coopérative Champagne-Céréales* lese ich auf einem Aufkleber, der an seiner Windschutzscheibe angebracht ist. Von André habe ich erfahren, dass diese Organisation jährlich zweieinhalb Millionen Tonnen Getreide erntet, knapp zehntausend Landwirte vereint und damit die größte Getreideproduktionsgenossenschaft Europas ist.

Als ich vor Schreck vom Rad springe, um das Monstrum vorbeizulassen, weigern sich meine Beine, das Gewicht des über ihnen angebrachten Oberkörpers zu tragen. Ich knicke ein, als hätte ich eben einen Marathon hinter mich gebracht oder stünde unvermittelt Claudia Schreiber, der grandiosen Autorin des Erfolgsromans »Emmas Glück«, von Angesicht zu Angesicht gegenüber. Ein Reflex zerrt an meiner Motivation. Er fordert mich auf, mein Zelt gleich hier im Straßengraben aufzustellen. Nur keine weitere Stunde mehr ankämpfen gegen diesen erbarmungslosen Sturm, der wild entschlossen zu sein scheint, die gesamte Region Champagne-Ardenne einige Kilometer weit nach Osten zu verschieben. Vielleicht will er sie dort haben, wo sich derzeit Lothringen befindet, wodurch alle Staaten Europas sukzessive ostwärts wanderten und der Leidtragende am Ende vermutlich Russland wäre, das nach Osten hin nur noch den Pazifik vorfindet.

Wer könnte solcher Urgewalt widerstehen oder auch nur auf Augenhöhe begegnen? Entnervt beginne ich, an der Reisetasche herumzunesteln, die mein Kleinstzelt beherbergt. Plötzlich halte ich inne. Der Stachel des Ehrgeizes fährt mir ins Fleisch. Wer bin ich eigentlich, dass ich mir erlauben könnte, mein Zelt am Rand einer Feldstraße aufzustellen? Woher weiß ich, dass mich hier im Morgengrauen keine der Monstermaschinen überrumpelt? Und überhaupt: Hätte ich einen geruhsamen Landausflug machen wollen, wäre ein Auto die bessere Wahl gewesen. Ich aber möchte Frankreich auf einem Postrad umrunden.

Reiß dich gefälligst zusammen, Thomas! Was würde Jack London von dir denken, wenn er dich Häuflein Elend sehen könnte? Welches Vorwort zu deiner Reise fiele Reinhold Messner ein? Was täte Mike Horn an deiner Stelle – mal abgesehen von der Tatsache, dass er für etwas derart Läppisches wie eine Frankreichumrundung gar nicht erst das Bett verließe? Richtig, diese drei würden sich verdammt noch mal aufrappeln und weiterziehen. Sie führen die lächerlichen fünfzehn Kilometer bis Compiègne durch, vorangetrieben weniger von ihrer körperlichen Kraft als von einem Willen, der stärker und ausdauernder wirkt als der beste Motor. In Ordnung, Jack, Reinhold und Mike: Ihr habt gezeigt, wozu Menschen fähig sind, und ich werde euch nicht enttäuschen!

Mit einem entschlossenen Ruck ziehe ich die halb geöffnete Reisetasche zu, steige auf und strampele weiter. Dem noch stärker werdenden Sturm werfe ich übelste Flüche entgegen und fordere ihn auf, mir endlich Paroli zu bieten statt diesen lächerlichen schwächlichen Böen. Eine gute Stunde später erreiche ich unter Triumphgeheul die Wälder von Compiègne.

In den Wäldern von Compiègne

Was für eine Wohltat, wenn der Blick auf verästelte Formen knorriger Eichen fällt, wenn er an den Wegkurven hängen bleibt und sich im vogelbesetzten Geäst der Bäume verfängt! Mit Freude höre ich, wie der Wind von außen gegen die dunkelgrüne Wand des Waldes prallt. Er brüllt vor Zorn, während ich mich von einer absurden Erhabenheit beseelt durch das Waldgebiet schlängele. Jenes ist zwar überschaubar, kommt mir jedoch angesichts der Art, wie ich die vergangenen Tage verbracht habe, gewaltiger vor als der Schwarzwald. Dankbar für die Erholungspause lenke ich mein Postrad ausgelassen durch Pfützen, treibe es kraftvoll hügelaufwärts und lasse bei den sich anschließenden Abfahrten übermütig den Lenker los.

Als ich den zentralen Platz von Compiègne erreiche, bin ich einen Augenblick lang versucht, umzukehren und in das erhabene Grün der Wälder zurückzuschlüpfen, die mich auf so angenehme Art vor dem Gegenwind und der umfassenden Eintönigkeit der Champagne beschützt haben. Stattdessen drehe ich eine Ehrenrunde durch die Stadt, ehe ich in einem »Budget Hotel« unterschlüpfe, dessen Inhaber mich mit dem Versprechen ködert, dass ich mein Postrad im Treppenhaus abstellen darf.

Sogar jetzt in der Abenddämmerung schmerzt Compiègnes Farbenpracht, so sehr haben sich meine Augen in den vergangenen Tagen an ein Spektrum gewöhnt, das nicht weiter als von Grellgelb bis Jadegrün gereicht hat. Dazwischen, das habe ich mittlerweile verinnerlicht, ist eine ganze Welt aufgespannt, mit Kontinenten aus Mais, Rüben und Zwiebeln, mit Ozeanen aus Gerste, Raps und Weizen. Ein Spinnennetz aus Kleinststraßen und Feldwegen durchzieht diese Welt. Waghalsig ist es an der Naht der Felder entlanggebaut, wie ein Messerschnitt ist es durch Beete gezogen, deren Größe an die einer Kleinstadt heranreicht. Den Fäden dieses Netzes bin ich gefolgt und dabei vom Grellgelb-Leuchtend-Ockerfarbenem über die verschiedensten Schattierungen von Grün zum Farbenrausch von Compiègne gelangt.

Am folgenden Vormittag stromere ich ziellos durch die Gassen. Überall weisen Schilder den Weg ins achtzig Kilometer südlich gelegene Paris. Die Region um Compiègne hat, weit über die Bekanntheit ihres klassizistischen Schlosses, das Kaiser Napoléon III. dereinst als Herbstresidenz nutzte, hinaus französische Geschichte geschrieben. Auf einer Waldlichtung nahe des Städtchens Rethondes wurde am 11. November 1918 in einem Eisenbahnwaggon der Waffenstillstand beschlossen, der den Ersten Weltkrieg beendete. Ein martialisch anmutendes Denkmal, das ein den deutschen Adler zerschlagendes Schwert zeigt, erinnert nebst eines Nachbaus des berühmten Eisenbahnwagens an dieses Ereignis. Kaum zweiundzwanzig Jahre später, am 22. Juni 1940, wurde hier der Waffenstillstand zwischen Frankreich und dem Deutschen Reich unterschrieben.

Nur widerwillig verlasse ich Compiègne, den angenehmen Zwischenstopp auf meiner Frankreichumrundung. Erwartungsgemäß gibt es auch heute im Westen nichts Neues. Direkt nach dem bunten Zwischenspiel fließen erneut endlos scheinende gelbbraune Felder von beiden Seiten der Straße entgegen, auf der ich mich tapfer dem strammen Gegenwind stelle. Bis zum Abend zerrt er ohne Pause an meinem Postrad und an meinen Nerven.

So langsam finde ich das alles nicht mehr lustig. Eine Genusstour hatte ich mir vor der Abreise ausgemalt, wie Gott in Frankreich wollte ich ausgiebig Gebrauch von den Annehmlichkeiten machen, die dieses Land zu bieten hat. Stattdessen merke ich jeden Tag, dass die Durchquerung Nordfrankreichs noch anstrengender ist als die Bezwingung der Alpenausläufer im Osten des Landes. Statt einzelner schweißtreibender Etappen in den Bergen wartet die Champagne mit diesem zähen Gegenwind auf, der Tag und Nacht um mich herumpfeift und sich gebärdet, als gelte es, den deutschen Eindringling mit aller Macht zurück in die Heimat zu schicken. Hinzu kommt, dass ich in Compiègne versäumt habe, meine Vorräte aufzufüllen und jetzt in der absurden Situation bin, mich hungrig und durstig durch die Kornkammer Frankreichs zu kämpfen, die für ihre lukullischen Hochgenüsse europaweit bekannt ist.

Als ich in Beauvais, der Hauptstadt des Departements Oise, ankomme, habe ich das Stadium des Fluchens längst hinter mir gelassen. Kleinlaut angesichts der heutigen Tagesleistung von kaum siebzig Kilometern ziehe ich mich in eine Herberge am Stadtrand zurück. Dort breite ich meine Landkarten auf einer Matratze aus und überlege, was ich angesichts der widrigen Umstände unternehmen kann. Soll ich mich für einige Tage hier einquartieren und hoffen, dass der sturmähnliche Gegenwind an Kraft verliert? In Lyon oder in Marseille, in Toulouse oder in Bordeaux hätte ich dies vielleicht getan. Aber in Beauvais? Nichts gegen beschauliche Kleinstädte inmitten eines Ozeans aus Feldern, doch diese ist lediglich bekannt, da hier der Weltkonzern AGCO Traktoren herstellt. Auch die überladen wirkende gotische

Kathedrale Saint-Pierre entfaltet trotz ihrer kunstvoll geschnitzten Pforten nicht genügend Anziehungskraft, um mich hier festzuhalten. Und hatte mir André nicht glaubhaft versichert, dass sich der Wind in dieser Region praktisch nie zur Ruhe lege?

Mir bleibt vorerst nichts übrig, als trotzig weiterzufahren, immer dem Wind entgegen, der weiterhin sein kunstvolles Liedchen pfeift, wenn er auf mein Postrad trifft, und mir von Zeit zu Zeit den Lenker aus den Händen schlägt. Heute jedoch, bereits kurz nach Sonnenaufgang, sollte sich meine Lage entscheidend verändern. Von nun an würde es zwar nicht unbedingt besser werden als zuvor, aber definitiv anders.

»Bienvenue chez les Normands«, »willkommen bei den Normannen«, begrüßt mich ein Bauer in Gournay-en-Bray mit schiefem Lächeln und deutet auf den Himmel, der sich seit meiner Abfahrt von Beauvais kaum aufgehellt hat. Wie ein Gebirge aus Schatten hängt eine Wolkenfront am Himmel und breitet sich über der Region aus, die jetzt vor mir liegt. Deren Bewohner haben dieses Wetterphänomen mit einer unbestreitbar gekonnten Bemerkung versehen, die mir auch der Bauer in Gournay-en-Bray entgegenhält: »Wissen Sie, bei uns in der Normandie regnet es nur zweimal pro Woche: einmal drei Tage und einmal vier Tage lang!«

Obwohl sie in den Köpfen ihrer Einwohner noch immer präsent ist, gibt es die Normandie als Region längst nicht mehr. Im Zuge der Französischen Revolution wurde sie in die Haute-Normandie im Osten und die Basse-Normandie im Westen aufgeteilt. Geblieben ist ihren Bewohnern das Bewusstsein, Nachfahren der Normannen zu sein, die im Mittelalter aus einer Mischung französischer Bewohner mit einfallenden Wikingern entstanden sind. Offensichtlich sind sie immun gegen Kälte und Feuchtigkeit, denke ich, während ich eine Jacke über meinen Pullover ziehe und auf den losprasselnden Regen warte, dessen Einsatz nur noch eine Frage der Zeit ist.

»Ist doch prima, dass es dort drüben immer feucht ist«, hatte André behauptet, »ich mag das gern. Auf diese Weise gedeihen die normannischen

Äpfel besonders gut, und die drei großen Cs der Normandie können sich ungehindert entfalten: der Cidre, der Calvados und der Camembert.«

Vermutlich werde ich Andrés Enthusiasmus angesichts der Wetterlage nicht teilen. Doch fürs Erste bin ich froh, den Winden der Champagne entkommen zu sein. Tatsächlich treffe ich kurz nach meiner Ankunft in der Haute-Normandie auf die ersten Apfelbäume. Zehn Millionen gebe es in dieser Region, hat mir der Bauer stolz hinterher gerufen, nachdem wir uns verabschiedet haben.

Was aber habe ich davon, wenn ich ihre Schönheit durch den Vorhang aus Regentropfen und dem dahinterliegenden Wasserdunst hindurch kaum erkennen kann? Inzwischen sind die Wolkenberge direkt über mir. Es kommt mir vor, als brauchte ich nur die Hände auszustrecken, um sie zu berühren. Sie drängen sich auf, grapschen mit regennassen Fingern nach mir. Pfützen werfen sie auf die Straßen und drücken die Getreideähren zu Boden. Sie verwischen die Umrisse der Bäume und malen alles in ihrer Reichweite mit einem diffusen Grauton an. Sie beugen sich hinab und küssen das Land, das nicht weiß, wie ihm geschieht. Es ist ein langer, feuchter, ein anzüglicher Kuss, ein gieriger Schmatz, den hier niemand bestellt hat.

Fast scheint es, als sei der Himmel über Frankreich in der Mitte, etwa auf der Höhe von La Rochelle und Annecy, waagrecht verankert und von Süd nach Nord gekippt. Im Süden schwebt er hoch über dem Land und taugt gerade noch als Kulisse, der Welt dort unten schon beinahe entrückt. Dort droht man in der Ferne zu ertrinken, wenn man allzu verträumt nach oben schaut. Flugzeuge, die von unten wie Papierflieger wirken, zerkratzen die makellose Oberfläche des Himmels mit Kondensstreifen. Dort im Süden bekommt man eine Vorahnung von der Endlosigkeit des Alls, dort zeichnet Gott mit Wolkenfasern feinste Pinselstriche ins endlose Blau. Das ist auch der Musikgruppe Dionysos aus Valence nicht verborgen geblieben. *Si l'on voit des nuages dans le ciel, c'est Dieu qui se fait des popcorns; il les fait cuire en plein soleil …*, »Sieht man Wolken am Himmel, so ist es Gott, der sich

Popcorn macht; er lässt es in der prallen Sonne braten …«, hält sie mit der ihr eigenen alltagstauglichen Poesie fest.

Hier im Norden, kurz vor Rouen, ist nichts übrig von der Erinnerung an Papierflieger, Pinselstriche und Popcornwolken. Hier drückt der Himmel so stark auf die Erde, dass er die Berührung mit Wattebäuschen, mächtigen Wolkenknäueln, abfedern muss. Hier gibt es Regengebiete so groß wie das Saarland. Ständig steigen neue grauschwarze Wolkenkrieger aus dem Atlantik und entfalten ihre ganze Wucht, wenn sie das Land erreichen. Und die verschmähte See, die im Süden in verliebt anmutender Harmonie den Himmel spiegelt, schreit hier im Norden ihren Zorn an Land. Ihr pausenloses Gurgeln und Fauchen, ihr permanentes Schreien und Zischen durchschneidet die Nächte und hat schon mehr als einen Menschen verrückt gemacht.

Ja, der Himmel über Frankreich ist nach Norden hin gekippt, vermute ich, als ich tropfnass in Bourbriac ankomme. Da ist es kaum verwunderlich, dass die mit Abstand größte Touristengruppe in der Normandie die Engländer sind – sicherlich auch aufgrund der geografischen Nähe, vielleicht jedoch auch, weil sie sich von einem Klima, das für einen Postradler aus Süddeutschland eher einem Weltuntergang als einem normannischen Sommertag gleicht, weniger abschrecken lassen als andere.

Genaugenommen liegt die Ursache meines derzeitigen Problems darin, dass der Golfstrom die Luftmassen über dem Atlantik erwärmt, wodurch sie mehr Feuchtigkeit aufnehmen können als in kühlerem Zustand. Zeitgleich treffen kalte Atlantikströmungen südlich davon auf die afrikanische Küste. Die warme Luft über dem Golfstrom steigt auf, wodurch in Bodennähe ein Unterdruck erzeugt wird; es bildet sich ein Tiefdruckgebiet. Im Aufsteigen kühlt sich die warme Luft jedoch ab, gewinnt dadurch an Dichte und sinkt andernorts wieder ab. Dabei drückt sie auf die dort vorhandene Luft und erzeugt ein Hochdruckgebiet. Eines der stabilsten Hochdruckgebiete der Erde befindet sich bei den Azoren vor der portugiesischen Küste, während in der Regel ein größeres Tiefdruckgebiet über Island schwebt.

Der Druckunterschied, das ist der springende Punkt, wird ausgeglichen, indem Luft vom Hoch- zum Tiefdruckgebiet fließt. Der stetige Südwestwind bringt vergleichsweise warme Luft nach Nordfrankreich, insbesondere in die Normandie, nicht zuletzt darum sprießen die Apfelbäume dort besonders gut. Der Wind verstärkt ein globales Phänomen: Die um den dreißigsten Breitengrad herum absinkenden Luftmassen, die vom heißen Äquator Richtung Nordpol unterwegs sind, werden aufgrund der Erdrotation vom Corioliseffekt in östliche Richtung abgelenkt. Wenn nun noch der hochatmosphärische Jetstream hinzukommt, potenziert er die Wirkung.

Letztendlich ist also der Temperaturunterschied der Luft zwischen dem Äquator und dem Nordpol der eigentliche Grund dafür, dass Sturzbäche von der Krempe meines Huts fallen und mir alle Kleider wie eine zweite Haut am Leib kleben. Wie nasse Handtücher klatschen die Winde auf mich. Wasser rinnt mir den Nacken hinab und den Rücken hinunter bis zum Po. Meine Füße stehen nicht mehr in den Schuhen, sondern in zwei Pfützen. Angesichts dieses Zustands skandiere ich lauthals ein weiteres Lied der Popgruppe *dionysos*, die anscheinend für alle Stimmungen eine musikalische Antwort parat hält, besonders für die aufwühlenden. In diesem Fall greift sie die Gereiztheit eines cholerischen US-amerikanischen Tennisstars auf.

»*I feel like John McEnroe*«, schmettere ich den Fluten entgegen, »*do you know my poetry? It will be written with blood, with the blood of the bad referees! My tennis balls smell like gun smoke!*«

Mein Schimpfattacke kommt nicht von ungefähr: Die einzigen Momente, in denen es nicht regnet, sind jene, in denen der Regen ganz kurz bevorsteht. In einem solchen Augenblick erreiche ich Bourbriac, ein schmuckes Städtchen, von dem aus die Straßen nach allen Richtungen abfallen. Dort betrete ich eine Bar, die zwar kaum als solche zu erkennen ist, mich jedoch mit ihrem Türaufkleber *Repas Ouvrier*, »Arbeiteressen«, angelockt hat. Ein unscheinbarer Flur führt mich zu einem lang gezogenen, schmucklosen Kellerraum. Hier sitzen sie, die Fernfahrer, Maurer und Schlosser, die Kuriere und die Handwerker, auch manche Bauern aus der Region, und schmausen auf ihre Art, vor allem jedoch: zu ihrem Preis. An Orten wie diesem, fernab all dessen, was Frankreich in den Augen vieler, von Hochglanzmagazinen und Sonderfernsehsendungen geblendeter Touristen sein soll, habe ich bereits mehrmals eines der besten Essen bekommen, das man in Europa für acht Euro fünfzig erhalten kann.

Auch das heutige *Repas Ouvrier* schmeckt beinahe genauso gut wie die Menüs in den michelinsterngeschmückten Edelrestaurants. Nur auf das Brimborium wird verzichtet. Kein befrackter Kellner umtänzelt meinen Tisch. Niemand gießt Wein nach, weil ohnehin ein Liter davon vor mir steht. Auf sinnbefreite Bezeichnungen wie »Entrecôte an Blattspinat« oder »Komposition aus dreierlei Mousse« treffe ich im Kellerrestaurant von Bourbriac nicht. Dafür schlemme ich ein vollständiges Vier-Gänge-Menü und bin mir nach jedem Gang sicherer, dass man, wenn man ehrlich ist, gut zwei Drittel des Geldes in feinen Lokalen ausgibt, um sich in dem wohligen Gefühl zu baden, zur »feinen Gesellschaft« zu gehören. Bei einem »Arbeiteressen« bezahlt man hingegen ausschließlich die reale Leistung. In meinem Fall besteht diese aus einer reichhaltigen Vorspeisenauswahl vom Büffet – ich wähle »Schinkenröllchen an Champignons, hochfein veredelt durch eine Komposition aus eigens zubereiteter Vinaigrette und ausgesuchter Béchamelsoße«, dazu einen Berg aus verschiedenen Salaten, gekrönt von einer Paté. Kurz darauf folgt ein exzellentes Putensteak mit Gemüse, bevor mir der obligatorische Käsegang kredenzt wird. Den Abschluss bilden eine Nusscrème und ein Espresso. Das Wasser, das in Frankreich wie immer kostenlos zu haben ist, den Wein und den immensen Brotkorb auf dem Tisch mache ich ohne Gnade nieder.

So bin ich guter Dinge, als ich zurück in den Regenvorhang gehe, der sich in den kommenden Tagen nur für jeweils einige Stunden heben wird. Als ich hoffnungsfroh vom Arbeiterkeller in Bourbriac aufbreche, weiß ich noch nicht, was mir unmittelbar bevorsteht. Ich habe ja keine Ahnung, in welche

Probleme ich demnächst schlittern sollte! Und dass mich die Stadt, die ich heute Abend erreichen werde, bis an den Punkt führen würde, an dem ich zum ersten und einzigen Mal auf der gesamten Strecke meine Frankreichumrundung abbrechen möchte.

Die Katastrophe von Rouen

Die Hauptstadt der Haute-Normandie ist schüchtern. Mit anheimelnden Effekten und einschmeichelnden Annehmlichkeiten hält sie sich zurück. Keine Cafétischkomposition schmückt ihre Plätze, vor den Fenstern sind in den seltensten Fällen Blumen angebracht. Tagsüber hüllt sie sich in einen grauen Regenmantel. Erst abends, wenn sie ihre Lichter anknipst und von unten her die tief hängenden Wolken anstrahlt, beginnt man nachzuvollziehen, warum sich die französischen Impressionisten gerade diesen Ort als ihr Freiluftatelier ausgesucht haben.

Rouen eröffnet sich mir als triefend nasse Industrieansammlung, in deren Stadtgebiet sich die Seine, die Aubette, der Cailly und der Robec aufführen wie Halbstarke, die mit den himmlischen Regenmassen konkurrieren wollen. Demzufolge lasse ich die Sehenswürdigkeiten fürs Erste links liegen und finde Obdach im vierten Stock einer Herberge schräg gegenüber des Bahnhofs, die ich ausgewählt habe, weil der Besitzer auch meinem Postrad Unterschlupf anbietet; er lehnt es in einer nahen Garage an sein Auto.

Im Zimmer hänge ich meine Kleider zum Trocknen auf, werfe mich im Adamskostüm aufs Bett und lasse die vergangenen Tage Revue passieren. Sie haben mir nachhaltig zu schaffen gemacht. Auf die Unwirtlichkeit Lothringens war ich gefasst gewesen. Auch die Winde der Champagne habe ich erstaunlich gut weggesteckt. Der normannische Dauerregen hat es hingegen geschafft, meine Motivation aufzuweichen. Den gesamten Abend verbringe ich grübelnd im Bett. Erst als sich der Himmelsguss am folgenden Morgen zu einem hartnäckigen Nieseln abschwächt, krieche ich aus meinem

Obdach, werfe mir eine Regenjacke über und begebe mich auf einen Streif-
zug. Von der »Stadt der hundert Kirchtürme«, wie Victor Hugo Rouen einst
genannt hat, ist nach den Bombardements im Zweiten Weltkrieg nicht viel
übrig geblieben. Lediglich die Fußgängerzone, über der die berühmte astro-
nomische Uhr aus dem vierzehnten Jahrhundert der Stadt den Takt vorgibt,
und die Kathedrale, die Claude Monet zu seinem berühmten Bilderzyklus
inspirierte, vermögen noch immer eine Stimmung zu erzeugen, die an einen
alten Jahrmarkt denken lässt.

Unvermittelt stehe ich vor einem massiven, schmucklosen Turm, dessen
dünne vertikale Fensterschlitze den Betrachter wie Echsenaugen fixieren.
Hier wurde Jeanne d'Arc im vierzehnten Jahrhundert von den Anklägern
verhört.

Was für ein Unterschied zur nahe gelegenen, kunstvoll verzierten Abtei-
kirche Saint-Ouen, deren gotische Türmchen gekonnt in eine gepflegte
Grünfläche eingebettet sind! Das eigentliche architektonische Meisterwerk
von Rouen aber finde ich auf dem Place du Vieux Marché. Beim ersten
Anblick schrecke ich unwillkürlich zurück, weil ich meine, einem gelan-
deten Raumschiff gegenüberzustehen. Dann aber verhakt sich mein Blick
in der ungewöhnlichen Dachkonstruktion, die von mehreren bodennahen
Punkten aus einem Gipfel zustrebt, von dem aus sie sich unvermittelt wieder
auffaltet – und das so gekonnt chaotisch, so geplant spontan, dass auch bei
längerer Betrachtung weder ein arithmetisches Prinzip noch eine waagrechte
oder senkrechte Linie erkennbar werden. Kaum löse ich meine Augen vom
Dachgewirr, gleitet mein Blick eine Rutschbahn hinab, die Wasser direkt
aus dem Bauwerk zu holen scheint, um damit einen verspielten Brunnen
zu speisen. Eine gute Stunde genieße ich die geschwungenen Formen, das
aufstrebende Gewölbe, die eigenwillige Bewegung, die selbstverständliche
Kühnheit der beeindruckendsten Kirche von Rouen. Selten spiegelt ein Bauwerk so gekonnt die Charaktereigenschaften der Person wieder, der es gewidmet ist – Jeanne d'Arc.

Im Jahr 1415 hielten die Engländer Nordfrankreich besetzt. Der englische König Edward III., Sohn von Königin Isabelle, meldete seinen Anspruch auf den französischen Thron an. Die französischen Machthaber ernannten hingegen Philipp VI. zum Oberhaupt. Die Loire bildete die Grenze zwischen dem besetzten Nord- und dem »freien« Südfrankreich, und der Schlüssel zur Überschreitung dieser Grenze war die von den Engländern eingekesselte Stadt Orléans.

Dort sprach im selben Jahr ein dreizehnjähriges Mädchen beim Stadtkommandanten vor und behauptete, ihr seien diverse katholische Heilige erschienen, die ihr aufgetragen hätten, die englische Invasion zurückzuschlagen. Es mag die nackte Verzweiflung gewesen sein, die das städtische Oberhaupt dazu trieb, eine blutjunge Frau an die Spitze einer Abordnung zu stellen, um Proviant in die eingeschlossene Stadt zu schmuggeln. Als das Manöver gelang, wagten die Bewohner einen militärischen Ausfall und erreichten damit, dass die Engländer abzogen. Noch im selben Jahr wurde der Dauphin, wie von Jeanne d'Arc prophezeit, in der Kathedrale von Reims zum König von Frankreich gekürt.

Damit könnte die Geschichte der Jungfrau von Orléans zu Ende sein – doch wie bei jeder guten Geschichte liegen auch bei dieser Erfolg und Elend, Sieg und Schmach, Triumph und Tragik eng beieinander. Als Jeanne d'Arc daran scheiterte, Paris von den Engländern zu befreien, wandte sich der frisch gekürte König von ihr ab. Kurz darauf nahmen die Burgunder Jeanne d'Arc bei Compiègne fest und verkauften sie für zehntausend Franken an die Feinde. Diese bedachten sie kurz darauf mit der schlimmstmöglichen Bestrafung: In Rouen übergaben sie die Jungfrau von Orléans der katholischen Gerichtsbarkeit. Auf dem alten Marktplatz – eben dort, wo ihr zu Ehren heute die beeindruckende Kirche steht – wurde Jeanne d'Arc am 30. Mai 1431 im Alter von neunzehn Jahren »aufgrund ihres Aberglaubens und ihrer Irrlehren«, wegen »Feenzaubers« und »Dämonenanbetung« auf dem Scheiterhaufen verbrannt.

Es nützte ihr herzlich wenig, dass der Vatikan dieses Urteil fünfundzwanzig Jahre nach ihrem Tod aufhob. Weitere vierhundert Jahre sollte es dauern, ehe sie selig gesprochen wurde. Im Jahr 1920 folgte die Heiligsprechung, mit der die Verklärung zur französischen Nationalheldin einherging. Anouilh und Brecht, Shakespeare, Shaw und Schiller, Voltaire und in ihrem Gefolge unzählige andere führten Jeanne d'Arc in die Weltliteratur ein. Musiker von Verdi bis Georges Brassens vertonten, Schauspieler wie Ingrid Bergmann und Milla Jovovich verkörperten ihr Leben.

Erst als die Jeanne d'Arc gewidmete Kirche im fahlen Licht des späten Vormittags zu ertrinken droht, begebe ich mich erneut auf den Weg.

Das Sonnenlicht ist in Nordfrankreich generell weicher und diffuser als im Süden. Es besitzt keinen klaren Fokus und umhüllt Dinge eher, statt sie zu erhellen. In raren Augenblicken stellt die Sonne einige ihrer Strahlen schräg auf Wiesen und Äckern ab; meist jedoch erfährt man nur indirekt von ihr. Durch die weichen Barrieren der Wolken wird ihr Licht gefiltert und in alle Winde gestreut. Es war jenes Licht, das die Impressionisten in die Normandie lockte und sie eine Technik erfinden ließ, die dem diffusen Streulicht, den ständigen Wetterwechseln und der seltsam melancholisch-heiteren Stimmung Nordfrankreichs gerecht wird. Auf ihren Bildern gleiten Farben ineinander über, bleiben Dinge im Ungefähren, verwischen Formen und Figuren zu Ahnungen und Ideen.

Noch weiß ich nicht, welch böse Überraschung Rouen für mich bereithalten sollte, als ich mich endlich vom alten Marktplatz loseise und mein Postrad westlich aus der Stadt lenke. Obgleich es kurz vor Mittag ist, fühle ich mich in den späten Abend versetzt, als ich das Stadtzentrum hinter mir lasse und auf ein Industriegebiet zuhalte. Rouen, das sich selbst als Lichterstadt bezeichnet, ist in Wahrheit ein dunkler Ort. Nur vor dem Hintergrund der massiven schwarzbraunen Mauern, der ungeschmückten Gassen und der dicht über der Stadt hängenden Wolken kann der allabendliche Lichtzauber gelingen.

Und dennoch: Ist das hier noch Rouen, ist das noch die Normandie, oder bereits Mordor, das dunkle Schreckensreich aus »Der Herr der Ringe«? Parallel zu bemoosten, rostbesetzten Schienen, auf denen Güterzüge entlangkriechen, folge ich dem Verlauf einer pitschnassen Asphaltstraße. Lastwagen mit stinkender Ladung überholen mich so eng, dass mein linker Ellbogen ihre rechte Wand entlangstreift. Überall um mich herum verpesten mit Eisentoren bewehrte Fabrikanlagen die Luft. Beständig sondern sie weißgrauen Rauch ab, den Wind und Regen zu Boden drücken. Wie eine Zwangsjacke schmiegt er sich an mich. Von überall her lärmt und kreischt, pfeift und zischt es ohne Unterlass, als seien sämtliche Hunde des Hades auf einmal losgelassen. Das Gehupe der Lastwagen bringt das Postrad unter mir zum Beben, die Güterzüge schreien in jeder Kurve auf, als fahre ein Riese mit Kreide über eine gigantische Schreibtafel. In den Fabriken flattern, knattern, rattern Maschinen. Zu allem Überfluss sammeln direkt über mir pechschwarze Wolken Energie für eine konzertierte Entladung von Kraft und Wut. Vorwärts gepeitscht von dem Gedanken, diesen Höllenritt durch Mordor so schnell wie möglich hinter mich zu bringen, pocht mein Herz wie im Techno-Beat. Just in diesem Moment, als sich alles gegen mich verschworen zu haben scheint, bahnt sich die Katastrophe an. Im Nachhinein kommt es mir vor, als habe sie die ganze Zeit an dieser Stelle auf mich gewartet.

Ein Lastwagen überholt mich noch etwas dichter als seine Vorgänger. Ich spüre, wie mein linker Ellbogen auf hartes Metall stößt und reiße vor Schreck den Lenker meines Postrads nach rechts. Noch während ich über den ungewöhnlich hohen Bordstein rumpele, fällt mein Blick auf die direkt dahinterliegenden Glasscherben. Einen absurden Augenblick lang genieße ich die Sicht auf die scharfkantigen Kunstwerke, die den Boden sprenkeln. Gewaltige Wolken spiegeln sich darin wie die Nacht selbst. Fast scheint es, als sei Darth Vader allzu nah an einen zerbrochenen Spiegel getreten. Es ist ein beinahe surrealistisch schöner Moment. Gleichzeitig weiß ich, dass es bereits zu spät zum Ausweichen ist.

Mit allen drei Rädern fahre ich direkt in den Scherbenhaufen hinein. Ich höre ein entsetzliches Knirschen unter mir und sofort darauf ein lautes »Pfffft«, einer Lokomotive gleich, die in der Ferne Dampf ablässt. Glas stiebt nach allen Seiten davon. Meine Hände krallen sich um die Bremse, die Reifen schlittern kreischend über den Boden und verwandeln die Fahrradschläuche dadurch endgültig in schlaffe Hüllen. Ich lasse ein gutes Zehntel meiner Reifenmäntel als spektakuläre Gummispur auf der Straße zurück und komme vier Meter hinter dem Tatort zum Stehen. Dort drehe ich mich abrupt um und sehe, dass sich die Felgen aller drei Reifen jetzt, da kein Luftschlauch sie mehr davon abhält, durch die Mantelhüllen hindurch auf den Boden pressen.

Mordor ist fest entschlossen, mich gefangenzunehmen. Ich stoße einen international verständlichen Fluch aus, steige trotz der Rauchwolken aus den umliegenden Fabrikanlagen, der Abgase vorbeirasender Lastwagen und der schwarzen Wolkengebirge über mir ab und öffne meinen Rucksack, um an das Flickzeug zu gelangen. Kaum habe ich den Reißverschluss geöffnet, entfährt mir erneut ein Schrei. Ich traue meinen Augen nicht! Meine Funktionskleidung, mein treues Minizelt, der speziell für diese Reise erworbene Schlafsack, der heute Vormittag aufgefüllte Proviant: All das schwimmt in einer zähen Suppe aus Wasser, das eine ungute Koalition mit dem Schmutz der vergangenen fünf Wochen eingegangen ist. Halb aufgelöste Brot- und Käsereste, Ölrückstände und Kugelschreiber treiben darin umher. An der Innenseite des Rucksacks kleben die Überreste einiger Taschentücher, als dienten sie als Höhenanzeiger für die unfassbare Schweinerei, in die sich meine Habseligkeiten verwandelt haben. Vermutlich habe ich den Zwischenfall meinem allzu ruckeligen Satz über den Bordstein zu verdanken.

Ich starre das Elend an und erwarte plötzlich, dass Frank Elsner aus einem der sprotzenden Lastwagen steigt, mich fragt, ob ich Spaß verstünde und mir erklärt, dass das alles nur ein böser Scherz sei. Es steigt aber niemand, schon gar kein Fernsehmoderator, aus einem Lastwagen. Ungerührt angesichts meiner Reifenpanne rasen die Schwergewichte keine zwei Meter an mir vorüber.

Zunächst fluche ich auf die mangelnde Hilfsbereitschaft tumber Industriearbeiter, die in einem Korsett aus Terminen und Alltagspflichten gefangen sind. Dann fluche ich auf die französische Wasserindustrie, die deutschen Postradfahrern Plastikflaschen minderer Qualität andreht. Wenig später fluche ich auf die Schlechtigkeit der gesamten menschlichen Rasse mit ihren verdammten Kriegen und ihrer scheinheiligen Politik. Und schließlich, nach gut zwanzig Minuten lautstarker Aktivität, fluche ich auf mich selbst. Ich schreie mich an, wie zum Teufel ich nur auf die Schnapsidee kommen konnte, mit einem Postrad um Frankreich herumzufahren. Das hilft ein bisschen.

Als ich merke, dass ich heiser werde, stelle ich den Rucksack auf den Gehweg und drehe ihn mit einem gezielten Tritt um. Mit einer Mischung aus Ekel und Genugtuung betrachte ich, wie sich das schmutzigbraune Wasser in kleinen Rinnsalen verflüchtigt. Dann reinige ich alle Einzelteile mit Hilfe eines sauber gebliebenen Taschentuchs und breite alles auf dem Gehsteig aus. Noch immer zieht die Karawane tonnenschwerer Ungetüme schnaubend an mir vorbei. Ich nehme einen Schraubenzieher zur Hand und löse vorsichtig den Reifenmantel vom Vorderrad. Dann ziehe ich den Schlauch darunter hervor. Sofort erkenne ich, dass ich die drei langen Risse, die sich statt eines erwarteten Löchleins in den Schlauch gefressen haben, mit meinem Flickzeug nicht zukleben kann. Erneut spule ich die Fluchkaskade ab, dieses Mal auf Französisch, was eindeutig besser klingt, mir aber leider auch nicht weiterhilft.

Plötzlich halte ich inne und werde gewahr, dass mir nichts anderes übrig bleibt, als meine Siebensachen zurück in den Rucksack zu stopfen und mein Postrad anschließend durch die Hölle dieses Industriegebiets hindurch zu schieben – zurück in die Innenstadt von Rouen. Eine kleine Hoffnung nehme ich mit: Irgendwo auf dem vor mir liegenden fünfzehn Kilometer langen Fußmarsch könnte ein geöffneter Fahrradladen liegen, in dem man mir vielleicht neue Schläuche in passender Größe montieren kann.

Als ich gerade die ersten beiden Schritte getan habe, wirft mich die Wucht eines Donnerhalls beinahe zu Boden. Einen Wimpernschlag später bricht aus den Wolkengebirgen über mir ein Niederschlag heraus, der seinem Namen alle Ehre macht. Wie eine Wand stürzt der Regen auf die Erde herab. Das Prasseln degradiert die industriellen Motoren zur bloßen Geräuschkulisse. Keine Minute später bin ich durch die Jacke, den Pullover und das T-Shirt hindurch nass. Regenfäden seilen sich meinen Rücken hinab. Neugierig kriechen Rinnsale in meine Achseln. Von meinen Händen herab tropft es unablässig auf den aufgewühlten Asphaltboden. Vier Stunden Fußmarsch liegen vor mir.

Auf jeder echten Reise gibt es ihn, den Augenblick, in dem man einfach nicht mehr weiterziehen möchte. Als ich zweieinhalbtausend Kilometer weit auf Jakobswegen vom Bodensee zur spanischen Westküste gegangen bin, erwischte er mich, als ich kurz nach der Ankunft in Galizien einen Wettersturz um zwanzig Grad in einem Zelt erlebte, das keinen Boden hatte. Während meiner Donaufahrt per Paddelboot zum Schwarzen Meer erfuhr ich den völligen Zusammenbruch meiner Motivation in Südserbien, als ich in einem Witz von Zelt direkt am Flussufer übernachtete und ein Gewitter, wie ich es nie zuvor erlebt hatte, drohte, mich wegzuspülen. Im südbolivianischen Potosí fragte ich mich angesichts der fast greifbaren Gefahr eines Überfalls erstmals, ob ich weiterhin als Rucksackreisender durch Südamerika tingeln wollte. Und als ich auf einer Riksha durch den Verkehrsinfarkt fuhr, der sich Kuala Lumpur nennt, auf dem Weg von Laos nach Singapur, dachte ich ernsthaft daran, die Fahrt kurz vor dem Ziel abzubrechen.

Hier, am stinkenden, industriellen Westrand von Rouen, ist es also wieder so weit. Wer zwingt mich, durch diesen Starkregen zu laufen, statt zu Hause vor dem Fernseher zu liegen? Andererseits: Nach allen bisherigen Motivationseinbrüchen habe ich von irgendwoher die Kraft gefunden, weiterzuziehen. Mit einer Mischung aus spontanem Heldenmut und kindlichem Trotz habe ich mich jedes Mal aufgerappelt und bin mit entschlosseneren Schritten als zuvor vorwärts gegangen. Dieses Wissen sorgt dafür, dass ich das schwere Postrad nun an einer Müllkippe vorbeischiebe, wobei ich dem Impuls widerstehe, es dort zurückzulassen und ohne Last zurück nach Rouen zu marschieren. Dennoch werfe ich meinem Schutzengel die grobe Vernachlässigung seiner Aufsichtspflicht vor. Das Hinterrad quietscht inzwischen bei jeder Umdrehung; der Anhänger zieht gewellte Schlieren durch den Schlamm, der sich auf dem Gehweg gebildet hat. Mit jedem Schritt erscheint mir das Postrad schwerer – als stemmten sich alle drei Räder des Gefährts bei jeder Umdrehung kollektiv gegen das Vorwärtskommen.

Als die ersten Häuser der Innenstadt in Sichtweite kommen, ist es vier Uhr nachmittags. Der Regen hat ein wenig nachgelassen, was keine große Rolle mehr spielt, da ich ihn seit etwa einer Stunde als Faktum akzeptiert habe, das zur Normandie gehört wie der Teppich von Bayeux und die Landung der Alliierten. Kaum passiere ich die ersten Häuser, beginne ich, Passanten nach dem nächstgelegenen Fahrradgeschäft zu fragen. Die ersten drei zucken mit den Schultern. Die vierte, eine Dame im Renteneinstiegsalter, klagt mir ihr Leid, dass es in diesem Viertel nicht einmal einen annehmbaren Supermarkt gebe, von einem Radladen ganz zu schweigen. Erst der fünfte, ein schnurrbärtiger Enddreißiger, den ich rauchend unter dem Vordach einer Eckkneipe vorfinde, lenkt mich über vier Straßen und drei Abzweigungen direkt zu einem Geschäft, über dessen Eingang ein elegantes Mountain Bike gemalt ist. Hallo mein Schutzengel, denke ich noch, ehe ich in den Laden hechte, wie schön, dass du wieder im Dienst bist.

Es ist ein Fest

»Sie sehen aus, als hätten Sie einen Dauerlauf im Regen hinter sich«, begrüßt mich ein Angestellter und lächelt schelmisch. »Es muss schließlich

noch Helden geben, nicht wahr? Nicht jeder von uns gleicht den sentimentalen Mauerblümchen, die Gustave Flaubert, der berühmteste Sohn
unserer Stadt, in seinen Romanen *Madame Bovary* und *L'Education senti-
mentale* so detailreich beschrieben hat. Wo drückt denn der Schuh?«

Zwanzig Minuten und vier Romantitel später verlasse ich den Laden mit
einem fahrtüchtigen Postrad, zwei Ersatzschläuchen und drei Packungen
Flickzeug. Kaum habe ich drei Schritte ins Freie gemacht, lugt die Sonne
durch eine Wolkenritze. Dennoch entscheide ich mich, den Schreck noch
in den Knochen, dafür, heute nicht weiterzufahren. Erst mit dem nächsten Sonnenaufgang verlasse ich Rouen erneut. Es mag angenehmere Arten
geben, durch Frankreich zu streifen, denke ich. Aber diese Art mit ihren
Risiken, ihren Rückschlägen, ihren zähen Stunden, ihrer ganzen Unvoll-
kommenheit und mit ihren unermesslichen Glücksgefühlen, diese Tour mit
einem quietschgelben Postrad um Frankreich herum, das ist meine.

Ich wähle einen südlicher gelegenen Streckenverlauf als am Vortag,
umfahre dadurch den Hauptteil des Industriegebiets und folge dann der
Seine, die sich in diesem Landstrich seltsam verhält. Als hätte sie zu viel
getrunken, zieht sie weitläufige Schleifen in die Landschaft. Zunächst hält
sie auf den Süden zu, dann überlegt sie es sich anders und fließt gen Norden, ehe sie wieder nach Süden und anschließend erneut Richtung Norden
abbiegt. Ich habe das Gefühl, ständig im Kreis zu fahren. Bei Le Wuy verlasse ich den unentschlossenen Fluss und fahre stur nach Südwesten. Ab
Pont-Audemer, einer schmucken Kleinstadt voller Fachwerkhäuser und kleiner Brücken, schlängeln sich die Schienen des *Pontaurail* neben der Straße
durch die Gegend. Ich begrüße sie frenetisch. Bringen sie doch Touristen
zum folglich nicht mehr allzu weit entfernten Meer. Wenig später tausche
ich die Haute-Normandie mit der Basse-Normandie. Dann sind wir endlich
wieder vereint, der Atlantik und ich.

Es ist ein Fest. Wie hatte ich ihn je verlassen können, den sturmumtosten
Klimawächter? Wie hatte ich der brüllenden Unendlichkeit im Westen je

untreu werden können? Habe ich wirklich geglaubt, mich vom atlantischen Ozean lösen zu können – von ihm, an dem meine Reise begonnen hat und an dem sie enden soll?

Es ist ein Fest. Nach den regennassen Windkanälen, nach den gerstegrünen, den flachsgelben, den weizenbeigen Feldern, nach den Steilanstiegen in den Alpen und den Pyrenäen, nach den überhitzten Tagen im Süden bin ich zu ihm zurückgekehrt. Von hier an weiche ich dem Atlantik nicht mehr von der Seite.

Es ist ein Fest. Die reizvollsten Ausblicke reiht er aneinander. Er spielt mit den Buchten und lässt die Gischt der Wellen silbrig in der Sonne glänzen. Große Geschütze fährt er auf, als wolle er mich nachträglich rügen für meine Abwesenheit.

Der Atlantik markiert die letzte große Landschaftsveränderung auf meiner Reise, er läutet den Schlussakkord meiner Frankreichumrundung ein. Gut, noch immer liegen knapp eintausend Kilometer bis La Rochelle vor mir. Noch habe ich die bretonischen Sturmböen nicht kennengelernt, die sich mit amokartigen Regengüssen abwechseln; noch bin ich nicht beinahe von der Brücke bei Saint-Nazaire geweht worden. Trotzdem fahre ich jetzt, da wir wieder vereint sind, beschwingt wie seit den Alpabfahrten nicht mehr durch die gebogenen, kopfsteingepflasterten Gassen von Honfleur, der ersten Atlantikstadt, seit ich Bayonne hinter mir gelassen habe. Beidseitig der Hauptstraße schmiegen sich hochgeschossene Häuser eng aneinander. Ihre eigenwillige Buntheit verleiht der Stadt etwas angenehm Spielerisches. Zudem gibt es in Honfleur kaum geometrisch austarierte Plätze und wenig parallele Linien. Geschwungene Formen und lange Bögen herrschen vor und verdeutlichen, dass an diesem Ort individuelles Ausprobieren Vorrang vor kollektivem Gleichklang hat. Dieser Badeort lässt Experimente zu. Jedes Haus am Hafenbecken gleicht einem eigenwilligen Paradiesvogel.

Meine Blicke können sich kaum sattsehen an dem, was Honfleur ihnen da auftischt – auch wenn ich weiß, dass aus dem einstigen Künstlerdorf,

Heimat des meeressüchtigen Malers Eugène Boudin, längst ein europaweit bekannter Touristenmagnet geworden ist. Der Bauernhof Saint-Siméon, in dem sich im neunzehnten Jahrhundert noch Renoir und Cézanne, Courbet und Monet getroffen haben, dient heute als exquisites Hotel.

Trotzdem bin ich froh, hier zu sein und das Meer zu spüren, seine gischtgekrönten Wellen zu bewundern, sein ewiges Gurgeln zu hören, seine salzbestäubte Luft zu atmen. In bester Stimmung brause ich durch die Gassen, lasse den Pont de Normandie, eine der längsten Brücken Europas, die Honfleur mit Le Havre verbindet, nördlich liegen und sorge für Abwechslung bei geschäftigen Touristen, die ihre Fotoapparate bevorzugt auf die Stelle richten, an der die Seine endlich den Mund öffnet. Ganz so, als habe sie noch ein Weilchen in Frankreich verweilen wollen und absichtlich Schlingen in die Normandie gelegt, um ihre Vereinigung mit dem Atlantik hinauszuzögern. Vielleicht hatte sie auch ein wenig Angst vor La Manche, dem »Ärmel«, jenem imposanten Kanal, der den Atlantik an dieser Stelle mit der Nordsee verbindet. Er öffnet sich, von Dover im Osten, nach Westen hin wie ein Trichter oder eben ein Ärmel. Die Briten, denen Bescheidenheit in geografischen Fragen nicht eben geläufig ist, nennen ihn den »Englischen Kanal«.

Seit jeher hat die Meerenge zwischen Großbritannien und Frankreich die Fantasie von Künstlern, Architekten und Geschäftsleuten beflügelt. Yona Friedman und Eckard Schulze-Fielitz wollten in den Sechzigerjahren des vorigen Jahrhunderts eine gigantische »Brückenstadt« direkt über dem Kanal bauen. Seit 1994 besteht mit dem Eurotunnel immerhin eine direkte Verkehrsverbindung zwischen Sangatte und Folkestone. Über ihr verkehren täglich fast fünfhundert Schiffe zwischen Calais und Dover, Portsmouth und Cherbourg. Immer wieder hat der Ärmelkanal Einzelne zu waghalsigen Abenteuern animiert. Jean-Pierre Blanchard und John Jeffries überquerten ihn bereits 1785 in einem Gasballon. Ein knappes Jahrhundert später schwamm der Engländer Matthew Webb in etwas mehr als zwanzig Stunden von Dover nach Calais.

Es folgten immer absonderlichere Rekordversuche und Selbsterfahrungsorgien, darunter Überquerungen per Muskelkraft-Flugzeug, Paraglidingschirm und sogar per freiem Fall: Felix Baumgartner sprang 2003 aus fast zehntausend Metern Höhe mit einem knapp zwei Meter großen Carbonflügel, einer Sauerstoffmaske und einem isolierenden Spezialanzug aus einem Flugzeug und überflog die sechsunddreißig Kilometer mit Spitzengeschwindigkeiten von über dreihundertfünfzig Kilometern pro Stunde in etwas mehr als sechs Minuten. Ein Kanal, der die Menschen zu waghalsigen Spontanaktionen treibt; eine Gegend, die das Kindlich-Spielerische zutage fördert: Im Nordwesten Frankreichs fühle ich mich wohl.

Die Landschaft bleibt städtisch und kultiviert, als ich Honfleur verlasse. An der Südflanke des Ärmelkanals, nahe den Stränden des Calvados, steht die im normannischen Profanbaustil gestaltete Villa von Gérard Départieu oberhalb von Trouville-sur-Mer. Westlich davon zwingt mich die Orne zu einem Umweg durchs Landesinnere. Ich lasse Caen, die Hauptstadt der Basse-Normandie, südlich liegen und treffe stattdessen pünktlich mit dem Sonnenuntergang in einer der reizvollsten Städte der Normandie ein.

Früh am nächsten Morgen erkunde ich die dunkel gehaltenen Gassen von Bayeux, das die Römer einst als Festung anlegten. Die ganze Stadt ist auf die Kathedrale hin ausgerichtet, auch wenn einige Privatpaläste im Gerberviertel versuchen, diese Tatsache zu verdecken. Lange bleibe ich im *Musée de la Tapisserie* vor dem fast siebzig Meter langen gestickten Wandteppich stehen, der im elften Jahrhundert entstand und die Eroberung Englands durch den normannischen Herzog Wilhelm »der Eroberer« in achtundfünfzig Szenen darstellt. Auch der Halleysche Komet ist darauf abgebildet.

Über angedeutete Hügel gelange ich anschließend in einem kleinen Bogen nordwestlich zur Pointe du Hoc. Kurz davor beginnt es erneut zu regnen. Ein Grauschleier legt sich über die Landschaft, als wolle er bis zum heutigen Tag die Bedeutsamkeit jenes Ereignisses unterstreichen, das vor fünfundfünfzig Jahren an dieser Stelle stattgefunden hat. Am 6. Juni

1944 steuerten fünftausend Schiffe, die von elftausend Flugzeugen gesichert wurden, die Normandie an. Auf einer Küstenlinie von knapp einhundert Kilometern Länge spuckten die Stahlkolosse zweihunderttausend Soldaten an Land. Dann ließ der Oberkommandierende der alliierten Streitkräfte, General Dwight D. Eisenhower, zum Sturm auf die deutschen Befestigungen blasen.

Bereits am Abend desselben Tages, des »D-Day«, war klar, dass es den Angreifern gelingen würde, einen Brückenkopf in der Normandie zu etablieren. Die Deutschen hatten schwere taktische Fehler begangen. Mehrere Panzerdivisionen waren von Hitler zu spät freigegeben worden, da dieser auf dem Berghof bei Berchtesgaden noch geschlafen hatte. Man hatte nicht gewagt, ihn aufzuwecken und die Nachricht von der Landung der Alliierten zu überbringen.

Am zweiten Jahrestag der Befreiung Europas von den Nazis spielte die Normandie erneut eine wichtige Rolle: In Bayeux hielt Charles de Gaulle seine berühmte Rede, in der er das neue politische System Frankreichs vorstellte. Zwölf Jahre später, 1958, wurde es in der Verfassung der Fünften Republik verwirklicht.

Heute gibt die Küste kaum einen Blick auf die Schauplätze historischer Ereignisse frei. Vielleicht möchte sie damit den Respekt einfordern, der bei der Einordnung vergangener Taten erforderlich ist. Die durch den Nebel begrenzte Sicht und der beständige Niesel nagen an meinen Nerven. Spontan entscheide ich mich darum für eine Abkürzung.

Wenn die Bretagne die leicht überdimensionierte Gérard-Dépardieu-Nase des Hexagons darstellt, so ist die nordöstlich davon gelegene Ausbuchtung, die Halbinsel Cotentin, die linke Augenbraue. Ich lasse Frankreich ein Auge zudrücken, schneide die von Cherbourg dominierte Landspitze und fahre die einhundertzwanzig Kilometer bis nach Avranches in einem Rutsch durch. Vielleicht tue ich der Halbinsel durch meine Gewalttour Unrecht, obwohl das Cotentin für wenig mehr bekannt ist als für das Kernkraftwerk bei Flamanville und die Wiederaufbereitungsanlage von La Hague. Ich habe jedoch die über den Boden schleichenden Wolken, das allumfassende Grau und die von allen Seiten an mir emporspringenden Windböen satt, die auf der fünfstündigen Etappe keinen Augenblick von meiner Seite weichen.

In der Hoffnung auf nebel- und nieselfreie Tage jage ich wie ein Wahnsinniger durch das hügelige normannische Hinterland. Als ich in Avranches erneut am Atlantik ankomme, trage ich offenbar einen Gesichtsausdruck zur Schau, der jenem von Lance Armstrong gleichkommt, wenn er die Ziellinie der Tour de France passiert. Eine ältere Dame blickt mich jedenfalls an, als sei ich gerade frisch vom Mond gefallen, und zwei Jugendliche beklatschen meine Ankunft höhnisch, als ich mein Postrad vor dem Eingang eines *Carrefour* abstelle. Ich erleichtere den Supermarkt um eine gewaltige Menge Weißbrot und zwei quadratische Bries, steuere den *Jardin des Plantes* an, der in keiner französischen Stadt fehlen darf und lasse mich im Westen des Parks nieder.

Dort verschlucke ich mich vor Freude fast am Brie und zappele herum, als hätte ich mir einen dreifachen Espresso ins Blut gespritzt. Mein Gebaren rührt nicht nur daher, dass es inzwischen aufgehört hat zu regnen und sich der Nebel bereits kurz vor meiner Ankunft in Avranches verzogen hat. Die Ursache ist vielmehr, dass sich vor mir die Weite des Atlantiks ausbreitet, dessen aufgewühltes Blau von einzelnen weißen Segeln effektvoll in Szene gesetzt wird, und ganz besonders, dass weit draußen im Meer ein schwarzer Punkt zu sehen ist, eine Festung, die das Ende der Normandie und den Anfang der Bretagne markiert. Dort, weit draußen im Ozean, gehen in diesem Augenblick die Lichter des Klosters Mont Saint-Michel an.

Abgelegene Zöllnerpfade und kanadische Diamanten

Endlich befindet sich das große Etappenziel vor meinen Augen. Und genau dort bleibt es eine ganze Weile. Eine der eindrucksvollsten Figuren

der Weltliteratur ist der von Michael Ende erdachte Scheinriese Herr Tur-
tur, der, wenn man ihm näher kommt, kleiner und kleiner wird. Auf wie
viele Personen, Orte und Ereignisse trifft diese Beobachtung zu! Wie viele
plustern sich auf und fallen in sich zusammen, sobald man sie näher ken-
nenlernt! Der Mont Saint-Michel ist hingegen ein Scheinzwerg. Von allen
Seiten sieht man ihn, selbst wenn man noch Dutzende Kilometer entfernt
ist. Darum erscheint er kleiner, als er in Wahrheit ist. Je näher man ihm
kommt, desto bewusster wird einem, warum die uralte Benediktinerfestung unter anderem als Modell für Minas-Tirith, die hoch aufragende
Hauptstadt von Gondor in Peter Jacksons Filmepos »Der Herr der Ringe«,
gedient hat.

Einen halben Tag lang fahre ich auf die Insel im Ärmelkanal zu, ehe ich
sie auf einer wie mit dem Lineal gezogenen Straße direkt angehe. Während
ich der kerzengeraden Strecke folge, kommt es mir vor, als hebe der Mont
Saint-Michel in diesen zwanzig Minuten sein Haupt, so rasch wächst er vor
meinen Augen. Endlich stehe ich vor den Toren des Benediktinerklosters.
Die Abtei ragt knapp fünfzig Meter über mir auf. Ich muss den Kopf weit
in den Nacken legen, um die wachturmbestückte Wehrmauer in Gänze zu
sehen, die sich vor meinen Augen senkrecht in die Höhe schraubt.

Der Mont Saint-Michel ist eine Festung in einer Festung in einer Festung. Eine massive Grundmauer umgibt die Insel, auf der sich eine Ortschaft mit derzeit einundvierzig registrierten Einwohnern befindet. Bereits
diese Grundmauer wirkt wie ein Bollwerk, das sich allerdings nicht blut-
rünstigen Angreifern entgegen stemmen muss, wie es in Minas-Tirith, von
dessen Spitze sich der Truchsess während des finalen Kampfes hinab in die
Horden der Orks stürzte, der Fall war. Es soll vielmehr die Meeresfluten
davon abhalten, die Insel zu verschlucken. Innerhalb dieser Grundmauer
erhebt sich eine senkrecht aufragende Festung, in deren Inneren wiederum
kriegerisch anmutende Türme aufstreben. Der weitaus größte und markan-
teste von ihnen läuft nach oben hin spitz zu, sodass die gesamte Anlage

wie eine riesige Faust wirkt, aus der heraus ein Finger direkt zum Himmel zeigt. Horizontal ist hier so gut wie nichts ausgerichtet. Der Mont Saint-Michel huldigt allein der Vertikalen. Dieser Umstand sorgt dafür, dass er der nach allen Seiten hin ebenen Landschaft gleichsam vorsteht, und verweist zugleich auf das Verlangen des Dutzends Benediktinermönche, Gott näher zu kommen.

Inzwischen wird es zuweilen eng auf der Insel. Im Zuge der Wiederbelebung der europäischen Jakobswege wird das berühmte Kloster von immer mehr Pilgern aufgesucht, die sich unter die jährlich etwa dreieinhalb Millionen Besucher mischen. Auf diese Weise kommt ein legendenumrankter Ort zu neuen Ehren, der bereits seit dem achten Jahrhundert besiedelt ist. Im Mittelalter war er einer der markantesten Anziehungspunkte für Gläubige. Nach der Französischen Revolution diente er als eines der gefürchtetsten Gefängnisse des Landes. Seine ursprüngliche Bedeutung als christliche Bastion erhielt er erst mit der einsetzenden Romantik zurück.

Im Jahr 1879 baute man den Damm, der heute die Insel mit dem Festland verbindet. Erst danach merkte man, dass dieser die Bucht um die berühmte Festung herum nach und nach versanden ließ. Mit erheblichem Aufwand stemmt man sich seit einigen Jahren dieser Entwicklung entgegen. Ein Gezeitendamm an der Mündung des Flusses Couesnon, der bei Ebbe das Meerwasser wie eine gigantische Toilettenspülung zurück in den Ozean spült, soll Abhilfe schaffen. Der bisherige Damm soll bald durch eine Stelzenbrücke ersetzt werden. Zehn bis fünfzehn Jahre später wäre der Mont Saint-Michel wieder eine echte Insel, und der Ausspruch Victor Hugos, demzufolge die Fluten *à la vitesse d'un cheval au galop*, »mit der Geschwindigkeit eines galoppierenden Pferdes«, in die Bucht drücken, bekäme seine reale Entsprechung zurück. Tatsächlich liegt der Tidenhub in dieser Gegend auch heute noch bei unglaublichen vierzehn Metern. Auch darum gaben italienische Pilger der Festung im Mittelalter den Namen *Mons Sancti Michaeli in periculo mari*, also »Mont Saint-Michel in den Gefahren des Meeres«.

Ausgiebig streife ich in der alten Festung herum, ehe ich mich von einem Geflecht kerzengerader Straßen vom Wahrzeichen Nordfrankreichs wegführen lasse, an Kühen vorbei und hinein ins bretonische Hinterland. Erwartungsgemäß bleibe ich, abgelenkt von den aufragenden Türmen in meinem Rücken, in diesem Netz kleben und verirre mich schließlich beim Versuch, westwärts zu gelangen. Trotzdem fühle ich mich aufgehoben in den saftig grünen Ebenen, den ersten der Bretagne. Ein surreal anmutender Dialog aus der Verfilmung des Lebens von Gustav Klimt kommt mir in den Sinn. Der junge Klimt trifft ein Kind, das sich verlaufen hat und kontert dessen Verlorenheit mit der unbestreitbar schlagfertigen Frage: »Verirrst du dich gern?«

Hier, in den bretonischen Ebenen, hinter mir den Mont Saint-Michel und vor mir eine unbekannte Weite, verirre ich mich gern. Zudem nutze ich die Zeit, um gute Vorsätze zu fassen. Den ersten werfe ich bereits am folgenden Tag über den Haufen – zu schwer ist es, die Starkwinde als Charakteristikum der Bretagne zu begrüßen, ohne darüber in Rage zu geraten, dass sie grundsätzlich in die mir entgegengesetzte Richtung blasen. An den zweiten halte ich mich ungleich besser: In den kommenden Tagen ernähre ich mich praktisch ausschließlich von Crêpes und ihren herzhaften Verwandten, den Galettes. Letzteren verleiht ein Buchweizenteig eine etwas dunklere Färbung und einen volleren, unvergesslichen Geschmack, der unmissverständlich klarmacht, warum sich das einstige Arme-Leute-Essen, das in der nach wie vor wirtschaftsschwachen Bretagne als Brotersatz diente, inzwischen zum Exportschlager par excellence entwickelt hat.

Auf Höhe der einstigen Keltensiedlung Dol-de-Bretagne schlage ich einen weitläufigen Bogen nordwärts, bis ich vor der schönsten Übernachtungsmöglichkeit der gesamten Reise stehe, in der ich mich angesichts der heutigen Gewalttour von einhundertsechzig Kilometern für gleich zwei Nächte einquartiere. Die Jugendherberge von Cancale wirkt wie eine riesige Rampe für den anbrausenden Wind. Ihr Schrägdach reicht an zwei Hausseiten bis fast zum Boden. Auf der Meerseite setzt sie damit die Aufwärtsbewegung des Dammes fort, auf dem sie erbaut ist, als wolle sie den Wind mit Macht über sich hinwegschleudern. Direkt neben ihr liegt ein kleiner Strand, der die Bucht bei Ebbe ausfüllt. Bei Flut versteckt er sich unter Wassermassen und wartet auf seinen nächsten Auftritt. Vom Frühstücksraum der Jugendherberge wird der Blick durch wandhohe Fenster hinausgezogen, an den vor Anker liegenden kleinen Booten vorbei, hinaus auf die sich ständig bewegende Oberfläche der blaugrünen, versalzenen Götterspeise, die vom Wind zu immer neuen Formen gerührt wird, bis er schließlich weit, weit draußen beim Mont Saint-Michel ankommt, einem trotzig dem Festland vorgelagerten Punkt in der bläulichen Unendlichkeit.

An meinem Ruhetag folge ich direkt nach dem Frühstück dem *sentier des douaniers*, dem »Zöllnerpfad«, einer für diese Gegend typischen Einrichtung. Keine bretonische Küstenstadt, die etwas auf sich hält, kommt ohne Zöllnerpfad aus. Auf zweitausend Streckenkilometer bringen es jene Wege, auf denen einst Zöllner und Soldaten patrouillierten. Entlang des gesamten Küstenstreifens zwischen Saint-Malo und Saint-Nazaire schlängeln sich die Schmugglerwege am Rand der Felsen entlang. Einen kleinen Abschnitt davon lerne ich heute kennen.

Oberhalb der Austernbänke und Segelboote, die so gekonnt zufällig in der Bucht angeordnet sind, als hätte sie ein Maler nach langem Abwägen einzeln dort platziert, gehe ich mehrere ins Meer hineinragende Landzungen ab, balanciere Steilklippen entlang und umrunde kleine Buchten im Halbkreis, an deren Ende jeweils ein Örtchen angebracht ist.

Der *sentier des douaniers* von Cancale ist ein Stück Landschaft, wo man sich hinsetzen und Gedichte verfassen möchte. Auf diesem Weg wurmt es einen, wenn man keine Leinwand mit sich führt. Ist man hier doch mehr als anderswo getrieben von einem absurden Wunsch, die sich aneinanderreihenden Momente der Gegenwart festzuhalten. Man möchte die Stimmung, die einen hier oben überkommt, konservieren, mitnehmen und sie in schlechten Zeiten als probates Gegenmittel freisetzen.

Auf felsigem Untergrund trotzt die Vegetation dem permanenten Wind und umrahmt den Blick, der immer wieder nach draußen gezogen wird, bis hin zur berühmten Benediktinerfestung und dem Inselatoll von Chausey. Das satte Grün der Pflanzen und Bäume, das schroffe Grau der Felsküste, das endlose Blau des Himmels und des Meeres bilden einen farblichen Dreiklang, der in Cancale besonders harmonisch erklingt.

Nach einigen Stunden auf dem Zöllnerpfad könnte man tatsächlich meinen, dass das Leben kein Nagelbrett sei – jede Alltagsverpflichtung eine pieksende Spitze – sondern ein mit Daunenfedern gefülltes Kissen, auf dem man wahrhaft ausruhen kann. Eine dieser Daunenfedern ist das Licht des Mondes auf den Wellen, abends, wenn es eine aschbleiche Linie über die See zieht. Eine weitere ist die perfekte Mischung aus Zusammengehörigkeit und Distanz, aus Ergänzung und Kontrast: Grüne, aufragende Kiefern hinter ockerfarbenem Strand, schräg abfallende graue Felsen neben der alles überbietenden blauen Fläche des Horizonts. Eine dritte ist das halb entrückte Lächeln entgegenkommender Passanten, die ebenfalls aus der Realität gefallen sind, aufgehoben in dieser Landschaft, verloren in ähnlichen Traumsequenzen. Kurzum: Cancale ist der ideale Ort für einen romantisch veranlagten, derzeit etwas überstrapazierten Postradfahrer, und ich genieße die eintägige Pause am schönsten Tag meiner Frankreichumrundung in vollen Zügen.

In Hochform breche im am folgenden Morgen gemeinsam mit der Sonne auf und biege in einen Küstenweg ein, an dessen Ende mein nächstes großes Etappenziel liegt, Saint-Malo. Auf dem Weg dorthin fliege ich in der kristallklaren Morgenluft förmlich der Pointe du Grouin entgegen, jener Landspitze, die wie ein Finger nach Nordosten zeigt, auf den Mündungstrichter der Seine und, mit etwas Fantasie, weiter nach London. Die Pointe du Grouin markiert eine Grenze des menschlichen Reviers; gleich dahinter beginnt jenes der Möwen und der Kormorane. In diesen freudetrunkenen Tagen gehe und fahre ich wahrhaft die Endzonen Frankreichs aus.

Dabei stoße ich auf Kuriositäten wie die Steinfiguren von Rothéneuf. Eigentlich lege ich hier nur darum einen Zwischenstopp ein, weil Rothéneuf der Geburtsort von Jacques Cartier ist, jenes Seefahrers, der als Entdecker Kanadas gilt. Den königlichen Wünschen, eine schiffbare Passage nach Asien zu finden und Säcke voller Edelsteine nach Hause zu bringen, konnte er hingegen nicht gerecht werden. Da sich die mitgebrachten »Diamanten« als Fälschungen erwiesen, sagt man in Frankreich bis heute *Voilà un diamant du Canada*, »Da haben wir einen kanadischen Diamanten«, wenn man jemanden der Lüge bezichtigt. Das Landhaus des Entdeckers, inzwischen zum Museum umfunktioniert, lasse ich dennoch links liegen, als ich von einer anderen Sehenswürdigkeit erfahre.

Als der Gemeindepfarrer Adolphe Julien Fouéré einen Schlaganfall erlitt, der ihn halbseitig lähmte, zog er sich auf die Klippen bei Rothéneuf zurück. Im Verlauf der folgenden zwanzig Jahre schlug er Figuren in den Stein, die heute eine Touristenattraktion sind. Eingeritzte vollbärtige Waldschrate blicken seither finster auf die See hinaus, grinsende Vollmondgesichter an der Grenze zur Debilität stieren den Besucher an. Grobschlächtig wie Lebkuchenmänner muten die in den Fels geschabten Figuren an, die Piraten und Dämonen, Vagabunden und Jungfrauen darstellen. Handelt es sich um Kunst? Selbstverständlich, wenn man Kunst als Ausdrucksform definiert, die keine andere Funktion erfüllt als jene der menschlichen Erbauung. Diesen Effekt rufen die seltsamen Felsfiguren eindeutig in mir wach, und mein Wohlgefühl steigert sich noch, als sich kurz hinter Rothéneuf mein nächstes Etappenziel andeutet.

Eine halbe Stunde später nehme ich in einem Café, das einen kleinen Teil des Hauptplatzes von Saint-Malo für sich beansprucht, das erste Heißgetränk des Tages und ein nur leicht überteuertes Croissant zu mir.

KAPITEL 5

Von Saint-Malo nach La Rochelle

Bretonische Stürme, Tage am Strand
und die Verlockungen des Südens

Saint-Malo gehört dem Ozean. Seine Gründerväter mögen es als Wagnis konzipiert haben, als Bastion des Landes gegen die anbrausenden Fluten, doch in Wahrheit ist dieser bretonische Flecken längst ein Detail des unendlichen Atlantiks geworden.

Immer schon ist es so gewesen. Saint-Malo ist ohne das Meer nicht denkbar. Bereits als der walisische Mönch Machutus, dessen Name im Französischen zu Malo wurde, zur Zeit der Römer die Bewohner dieser Gegend vom Christentum überzeugte, war die kleine Siedlung dreiseitig von den Wogen des Atlantiks umschlossen und damit bestens vor Angriffen geschützt. Ihren Reichtum verdankt die Stadt bis heute nahezu ausschließlich dem Fischfang und der strategisch günstigen Lage, die einen regen Handel insbesondere mit Großbritannien ermöglichte. Die Ausrufung einer eigenen Republik im Jahr 1590 mag indessen dem Selbstbewusstsein der *malouins* geschuldet sein, das zeitweilig überschäumen kann wie der von Gischtkronen besetzte Atlantik.

Diesem Temperament ist es wohl auch zu verdanken, dass die Stadt um 1800 zur Ausgangsbasis für Robert Surcouf wurde, jenen mit einem Kaperbrief ausgestatteten Korsar, der, seinen berühmten Vorgängern Klaus Störtebeker und Francis Drake ähnlich, in staatlichem Auftrag insgesamt siebenundvierzig englische Schiffe eroberte oder versenken ließ. Für den Freibrief trat er einen Teil der Kriegsbeute an Frankreich ab. Am 7. Oktober 1800 eroberte Surcouf mit einigen Getreuen das mit sechsundzwanzig Kanonen bewaffnete Handelsschiff »Kent« der Ostindischen Kompanie. Es war der größte Triumph seiner Laufbahn als staatlich angestellter Freibeuter. Seine Kaperfahrten waren so erfolgreich, dass er mit sechsunddreißig in den Ruhestand ging und eine lebenslange Rente ausbezahlt bekam. Sein Ruf ist bis heute weit über Nordfrankreich hinaus bekannt. Robert Surcouf dürfte auch Pate für den Charakter des fiktiven Kapitäns Jack Sparrow in Walt Disneys Trilogie »Piraten der Karibik« gestanden haben.

Zu Surcoufs besten Zeiten gab es in Saint-Malo kaum eine Familie, in der sich nicht mindestens ein Mitglied oder zumindest ein Ahne dieser Form der staatlich unterstützten Piraterie verschrieben hatte. Auch René Duguay-Trouin, der 1711 das als uneinnehmbar geltende Rio de Janeiro eroberte und dabei fünfundsechzig Schiffe erbeutete, ist ein Sohn der Stadt.

Entgegen dem verbreiteten Bild sagenhafter Heldentaten war das riskante und zumeist unergiebige Geschäft der Freibeuterei für einige Bewohner von Saint-Malo der letzte wirtschaftliche Rettungsanker. Die wenigsten Korsaren waren stolze Kapitäne; viele hatten gerade mal ein mit einem Segel versehenes Ruderboot. Im Nachhinein betrachtet war auch Robert Surcouf eher ein cleverer Geschäftsmann als ein unbändiger Pirat. Angesichts der heldenarmen Seefahrergeschichte Frankreichs ist es jedoch nachvollziehbar, dass er in Romanen und Filmen zu einem solchen verklärt worden ist.

Seit 1903 deutet seine kupferne Statue in Saint-Malo mit herrischer Geste Richtung Großbritannien. *Le cheveu au vent, le torse campé droit sur les jambes, raidies par l'abordage,* »Die Haare im Wind, mit aufrechtem Oberkörper, klar zum Entern« – so beschreibt der Bildhauer Alfred Caravanniez sein Kunstwerk, und so sehen viele Franzosen Robert Surcouf bis heute. Die Bretonen ganz besonders, die ihren Korsaren so gerne Tiernamen geben, allen voran der *tigresse bretonne,* der »bretonischen Tigerin« Jeanne de Belleville, die im vierzehnten Jahrhundert eine kleine Flotte schwarz bemalter Schiffe mit roten Segeln befehligte und französische Schiffe im Ärmelkanal versenken ließ, um sich am König zu rächen. Jener hatte zuvor ihren zweiten Mann zum Tode verurteilen lassen. Der letzte bis heute bekannte Korsar war Étienne Pellot, der »baskische Fuchs« aus Hendaye, dessen Bewohner sich alljährlich als Piraten verkleiden, um das Andenken an jene Zeit aufrechtzuerhalten.

Heutzutage geht es in Saint-Malo weniger gewalttätig zu; lediglich die auf Touristenniveau angehobenen Preise grenzen an Körperverletzung. Langsam bewege ich mich auf kopfsteingepflasterten Gassen vorwärts, die immer im Schatten liegen, da sie beidseitig von hoch aufragenden Häuserfronten flankiert werden. Ich muss lange suchen, ehe ich eine Crêpe finde, deren Preis nur etwa ein Viertel über dem liegt, was ich eigentlich dafür ausgeben möchte.

Der Atlantik bringt Saint-Malo bis heute Wohlstand. Wenn sein ständiges Fauchen energischer wird, tummeln sich kamerabehangene Touristen auf der Stadtmauer, um eines jener Bilder zu erhaschen, auf denen die Gischt so schön spektakulär über die Festung spritzt.

Einige stehen aufgereiht und schussbereit am Meeresrand, als ich im Stadtteil Saint-Servan-sur-Mer über die Rance setze, in der sich das mächtigste Gezeitenkraftwerk der Welt befindet. Immer wieder blicke ich zurück auf die gewaltige Seestadt und merke zunächst kaum, dass der Weg unter mir Risse bekommt. Erst als er unvermittelt keine zwei Meter vor mir aufbricht, drehe ich mein Postrad um und entferne mich von der Bruchstelle. Mein Zurückweichen kommt keine Sekunde zu früh: Die Straße verwandelt sich in eine Hebebrücke; in der entstandenen Lücke gleiten sechs Segelschiffe aufs offene Meer hinaus. Kurz darauf schließt sich das Konstrukt, wird wieder Straße und lässt mich weiterfahren, bis ich auf der anderen Seite der Rance die kleine Schwester von Saint-Malo erreiche.

Nicht selten kommt es vor, dass sich Geschwister mit den Jahren auseinanderleben. Sie mögen ähnliche Anlagen haben, nutzen jedoch jeweils unterschiedliche Teile davon. Vielleicht schlummert auch in Dinard die Möglichkeit, eine wilde Furie zu werden wie das benachbarte Saint-Malo, eine halbstarke Korsarenstadt, tief in alle möglichen Auseinandersetzungen verwickelt und darum von einer Geschichte geprägt, die als Stoff für Legenden dienen und am ehesten einer Achterbahnfahrt gleichen wird. Trotzdem muss ich unwillkürlich lächeln, als ich die meerzugewandte Seite von Dinard durchfahre. Ich grinse gar bis über beide Ohren, obwohl sich der Wind seiner Aufgabe besonnen hat und einmal mehr stramm gen Osten bläst, meiner Fahrtrichtung geradewegs entgegen. Zu eindeutig gepflegt, zu akkurat herausgeputzt ist dieser Badeort, als dass der Kontrast zum gegenüberliegenden Saint-Malo nicht ironisch aufgefasst werden könnte: als hätte man in dieser ruhigen Bucht den Gegenentwurf zum sturmumtosten Saint-Malo kreieren wollen, das Yin zum Yang, den Deckel zum überschäumenden Topf, der alles wieder ins Lot rückt. Liegestühle stehen in Reih und Glied am Strand, der beinahe gekämmt erscheint, so ebenmäßig goldfarben ist er. Wie an einer unsichtbaren Kette liegen die Boote perfekt parallel zueinander in der Bucht vor Anker. Dinard ist Saint-Malos vernünftige Schwester: jene, die von Beginn an der Liebling der Eltern ist, auf Anhieb einen sicheren Job findet, früh heiratet und von der Kindheit direkt ins Erwachsensein zu springen scheint, ohne die Pubertät zu durchleben, in der Saint-Malo gefangen ist.

Im neunzehnten Jahrhundert avancierte Dinard zum Nizza des Nordens, zum bevorzugten Badeort eben jener wohlhabenden Engländer, deren Vorfahren die Korsaren im benachbarten Saint-Malo einst bis aufs Blut bekämpft hatten. Die aufgereihten Jugendstilvillen in Küstennähe noch heute zeugen davon, dass sich hier die Begünstigten des Lebens häuslich eingerichtet haben.

Zuweilen passen deutsch-französische Städtepartnerschaften wie Erdäpfel zu Kartoffeln und Karotten zu Mohrrüben. Dinard, das Lieblingsrefugium der Reichen und Schönen in Nordfrankreich, die bevorzugte Spielwiese der Freunde des Wassersports ist freundschaftlich verbunden mit Starnberg.

Einmal mehr spielt der Atlantik den Sanftmütigen, als ich seine Südflanke entlang westwärts fahre. Ich weiß wohl, dass er kaum acht Kilometer östlich gegen die Stadtmauern von Saint-Malo Sturm läuft, als wolle er die Stadt verschlingen. Hier jedoch, kurz hinter Dinard, wirkt er, als könne er keiner Fliege etwas zuleide tun. Die Sonne spielt Hasch-mich-doch mit den Wolken. Sie blinzelt durch deren Lücken, als ich dem Verlauf der Smaragdküste folge. Allerdings ähnelt die Farbe des Ozeans zu meiner Rechten heute eher einem Lavabrocken als einem Smaragd. Das Meer hat hier die wütende Gischt vor Saint-Malo gegen eine dunkle Grundstimmung eingetauscht. Gewaltige Wolken werden von ihm gespiegelt und rasen scheinbar in seinem Inneren gen Osten, genau wie ihre realen Entsprechungen kaum hundert Meter darüber.

Ich stoße an den nördlichen Rand des Hexagons, als ich auf Cap Fréhel zuhalte. Nach den Erfahrungen mit dem Mont Saint-Michel und der Pointe du Grouin bin ich voller Vorfreude: An seinen äußersten Enden wartet Frankreich zumeist mit den spektakulärsten Eindrücken auf. Auch diese ins Meer ragende Nordspitze, achteinhalb Kilometer von der gleichnamigen Gemeinde entfernt, enttäuscht mich nicht. Hier oben verabschiedet sich Frankreich mit einer siebzig Meter abfallenden Steilküste. Deren Felsen bestehen aus rosafarbenem Granit, der von Grasnelken, Ginster und Geißblatt, zuweilen gar von Mimosen, Wildrosen und Zistrosen besprenkelt wird. Daneben haben sich Nester aus Erika und Heidekraut gebildet. Das heisere Krächzen der Silbermöwen gehört zu dieser Gegend wie die Aufwinde und die Abhänge, die der Landschaft im Zusammenspiel ihren Reiz verleihen. Das Meer ist eine ferne Umrandung. Es bildet gewissermaßen den Sud, aus dem heraus sich das Kleingebirge des Cap Fréhel erhebt.

Eine Schar Dohlen kreist krächzend um zwei Leuchttürme, als ich an Frankreichs nördlichem Ende – einem von vielen – ankomme. Der kleinere Turm steht seit dem siebzehnten Jahrhundert an dieser Stelle und wurde, wie praktisch alle Bauwerke dieser Region, von Vauban konzipiert. Der zweite ist ungleich größer: Seit knapp sechzig Jahren sendet er seine Leuchtsignale dreiunddreißig Meter über dem Festland und hundert Meter über dem Ozean aus.

Lange bleibe ich im Windschatten dieser Türme und hänge meine Blicke an die Möwen, die von den Aufwinden in der Schwebe gehalten werden, ehe sie sich mit einer hauchfeinen, kaum merklichen Flügelbewegung ins Wasser fallen lassen. Das sind wahre Künstler des Unterwegsseins, echte Philosophen des Aufgehobenseins in der Gegenwart, Meister der spontanen Neugier! Was bin ich gegen diese Luftakrobaten? Wenig mehr als ein stümperhaft am Boden klebender Möchtegernreisender! Erst als mich eine der Möwen um ein Stück Brot anbettelt, das ich bedächtig und gedankenversunken verzehre, merke ich, wie weit die Zeit vorangeschritten ist. Ich werfe der Hungrigen die verbliebenen Krümel zu, steige auf mein Postrad und fahre schnurstracks gen Osten, weg von meinem eigentlichen Ziel.

Der Grund hierfür besteht nicht darin, dass ich vor lauter Betrachtungen über Möwenflüge und Brotkrumen die Orientierung verloren hätte oder dass mir eingefallen wäre, dass ich ein wichtiges Utensil in Saint-Malo vergessen hatte. Ich weiß sehr wohl, dass mich meine weitere Reise südwestwärts führen soll. Vorher allerdings kann ich einen Abstecher ins vier Kilometer entfernte Fort de la Latte in Kauf nehmen. Am Eingang der Bucht von Fresnaye thront diese im dreizehnten Jahrhundert erbaute Burg, deren Kanonen die nach Saint-Malo fahrenden Schiffe einst vor den Angriffen der Engländer schützten. Inzwischen dient die Festung in erster Linie als Foto- und Filmkulisse. Im Gegensatz zum stolzen Cap Fréhel beugt sich das Fort de la Latte zum Meer hinab. Etwas verlassen liegt es da, ein Relikt aus einer Zeit, in der Gefahren von der Seeseite her zu erwarten waren, statt, wie heute, vom Land, in Form eines ständigen Touristenstroms, der die einst ehrwürdige Burg zum Fotohintergrund degradiert.

Obwohl mir auf der Weiterfahrt weiterhin die Westwinde entgegenpusten, hat der Ozean seine Oberfläche inzwischen glatt gestrichen. Er erweist sich wieder einmal als der beste Wegweiser und sorgt dafür, dass ich kurze Zeit nach meinem Aufbruch vom Fort de la Latte mein Mittagessen in einem ganz besonderen bretonischen Dorf einnehme.

Meikööl, der Cop aus Mii-a-mii

Wir schreiben das Jahr 2009 nach Christus. Ganz Gallien ist von den Westwinden besetzt. Ganz Gallien? Nein! In einem kleinen gallischen Fischerdorf namens Erquy legt der Wind heute pünktlich zur Mittagszeit eine Pause ein …

Lange blicke ich hinab zu jenen drei Felsen nordwestlich der Stadt, die wie Teile eines Walrückens aus dem Ozean ragen und zwei Strände voneinander trennen. Diese drei Felsen sind das wichtigste Argument der Einwohner von Erquy, um ihre Behauptung zu untermauern, dass das weltbekannte bretonische Dorf, aus dem Asterix und Obelix stammen, kein anderes sei als ihres. Tatsächlich weisen die drei gemalten Felsen, die man zu Beginn jedes Asterix-Bandes unter der Lupe sieht, frappierende Ähnlichkeit mit jenen bei Erquy auf. Der Asterix-Zeichner Albert Uderzo hat, als er das bretonische Dorf im Hubschrauber überflog, zugegeben, Erquy wohl unbewusst im Kopf gehabt zu haben, als er das gallische Dorf zeichnete. Später war er klug genug, diese Aussage zu widerrufen; doch seither werden immer neue Ähnlichkeiten der beiden Dörfer öffentlich diskutiert. So sieht beispielsweise der Turm im Comicband »Die Trabantenstadt« genauso aus wie der Leuchtturm am Ende des Quais, und die Steinbrüche im Westen der Stadt ähneln jenen, von denen Obelix seine Hinkelsteine holt.

Wo immer sich das reale Modell des Asterixdorfes befinden mag, falls es ein solches überhaupt gibt: Die eigensinnigen Helden mit den ausdrucksstarken Namen sind jedenfalls unsterblich geworden und brauchen keine Angst mehr zu haben, dass ihnen »der Himmel auf den Kopf fällt«. Weder der unvergessene Chef Majestix, im Amerikanischen Macroeconomics und im Niederländischen Heroïx genannt, noch der Fischhändler Verleihnix, den die dezenten Briten Unhygienix nennen, was die Amerikaner zu Epidemix steigern, oder gar Troubadix, der Barde, der im Englischen zu Cacofonix wird, werden sich Gedanken darüber machen, ob ihr Dorf nun bei Erquy oder an einer anderen Stelle in der Bretagne steht. Sie werden weiterhin ihr sympathisches französisches Laissez-faire dem kleinkarierten römischen Ordnungssinn entgegenhalten und frivol die Vorurteile vieler Franzosen gegenüber anderen Völkern – Belgiern und Briten, Spaniern und Goten, also Deutschen – spiegeln, wie es ihnen René Goscinny und Albert Uderzo so gekonnt in den Mund legen.

Welch mannigfaltiger Sprachwitz in den Comicbänden steckt, merken selbst viele Franzosen erst nach mehrmaligem Lesen – seien es nun die fixen Ideen des Hundes Idefix (*idée fixe*), sei es die Tatsache, dass der gallische Chef im Original *Abraracourcix* heißt, *à bras raccourcis* also, kennzeichnend für jemanden, der mit dem Kopf durch die Wand möchte, seien es die vielen Anspielungen auf Kunstwerke und Prominente oder die Doppeldeutigkeiten vom Schlag der Vorstellung von Baumeister Numerobis in »Asterix und Kleopatra«: »Ich bin, mein lieber Freund, sehr glücklich, dich zu sehen« – woraufhin sich der Druide Miraculix an die Dorfbewohner wendet und ihnen erklärt: »Das ist ein Alexandriner«. In der Tat ist er das, sowohl der Gast aus dem ägyptischen Alexandria als auch das Versmaß der ausgesprochenen Grußworte.

Vor diesem Hintergrund bin ich versucht, laut auszurufen: Beim Teutates! Die spinnen, die Wolken! Schon wieder ziehen sie von Westen her heran. Der bisher freundliche Tag zieht die Stirn in Falten, sein Gesicht verfinstert sich. Und noch immer fehlen fünfunddreißig Kilometer bis Saint-Brieuc. Eine Stunde später geht der dicht über den Boden streichende Wind in einen heulenden Sturm über. Mit ihm kommt ein Bekannter, den ich noch nie gemocht habe, erneut zu Besuch: Ave ihr Regengüsse, ihr Wolkenbrüche, morituri te salutant!

Durchnässt bis auf die Knochen erreiche ich bei Sonnenuntergang den Innenhof eines alten Backsteinhauses, dessen Gemäuer man mit deplaziert wirkenden Plexiglasscheiben versehen hat. In meinem Zustand ist mir jedoch alles recht, und so bekomme ich ein Vierbettzimmer in der Jugendherberge von Saint-Brieuc zugewiesen, in das, als ich bereits schlafe, ein belgischer Vogelkundler Einzug hält, der im Schlaf ähnliche Geräusche von sich gibt wie seine Studienobjekte und mir am nächsten Morgen eröffnet, in den kommenden zwei Wochen auf einer unbewohnten Insel in verlassenen Nestern herumstochern zu wollen. Außer uns befindet sich niemand im geräumigen Frühstückssaal der Herberge. Also höre ich meinem Gegenüber notgedrungen lange zu und hoffe, dass sich die ungute Mischung aus Regen und Starkwind bald verzieht.

Als sich gegen elf weder die Wetterlage noch der Inhalt der Gespräche, in denen es nach wie vor um die Feinheiten diverser Vogelarten geht, verändert haben, schlüpfe ich in meinen Pullover, werfe mir die Regenjacke über und gehe hinaus in den steinigen Innenhof der Jugendherberge, in dem mein Postrad steht, als warte es im Gegensatz zu mir seit Stunden ungeduldig auf die Weiterfahrt. Vom prasselnden Regen und dem auf- und abschwellenden Wind abgesehen ist es absolut ruhig. Kein weiterer Verkehrsteilnehmer lässt sich blicken, als ich die Stadt nordwärts verlasse und, laut vor mich hin murrend, den Kopf gesenkt, dem Verlauf der Küste folge.

Meine Stimmung hebt sich erst dann signifikant, als ich nach vier Stunden schweigsamem, permanentem Kampf gegen den Wind von vorn und die Nässe von oben Lannion erreiche. Bei der Einfahrt in die Stadt bessert sich das Wetter so abrupt, als hätte Gott endlich den Knopf für das Abschalten der Dusche gefunden. Zudem halten mir die Wange an Wange stehenden, ungewöhnlich schmal und hoch gebauten Häuser der Stadt die Westwinde vom Leib. Entfernt erinnern sie mich an die Fachwerkhäuser von Esslingen und Waiblingen, die ich aus meiner Kindheit kenne.

Lannion gehört zu jenen französischen Kleinoden, bei deren Anblick man sofort den anheimelnden Akkordeonschaum im Ohr hat, der die fabelhafte Welt der schüchternen Amélie Poulain illustriert. Ich genieße meinen Kurzaufenthalt in dieser von steilen Straßen durchzogenen Stadt, die immer, je nach Blickrichtung, entweder bergauf oder bergab führen. Um die

Wetterbesserung gebührend zu feiern, fahre ich nach einem Crêpes-Gelage schnurstracks nach Trégastel hinauf – und das durchaus im Wortsinn, da sich die Landstraße steil emporreckt, bis sie über den Klippenrand hinab auf den Ozean blickt.

Vier Zacken weist die bretonische Küste zwischen Landrellec und Perros-Guirec auf und erinnert damit an einen Hahnenkamm. Ich besuche sie alle. Die »Aod ar Vein Ruz«, wie dieser Küstenabschnitt im Bretonischen genannt wird, ist bekannt für ihre dreihundert Millionen Jahre alten kupferroten Granitfelsen, die ihre ungewöhnliche Farbe rosafarbenem Feldspat verdanken. Manche Gesteinsschichten enthalten zwei Milliarden Jahre alten Gneis. Rosa ist in diesem Landstrich die vorherrschende Farbe: Selbst die bis weit nach Großbritannien hinein bekannten Zwiebeln von Roscoff sind rosafarben.

Selbstverständlich zieht sich auch an dieser Küste, zwischen Ploumanac'h und Perros-Guirec, ein Zöllnerpfad entlang. Er führt weit hinaus auf schroff abfallende Aussichtspunkte auf schmalen Landzungen und zeigt nacheinander in alle möglichen Himmelsrichtungen. Mit jedem Kilometer kann ich Gilles Martin-Chauffiers Mutmaßung besser nachvollziehen. In seinem Bretagne-Roman unterstellt er Gott übermäßigen Alkoholkonsum, als dieser die Bretagne entwarf: »Seine Hand zitterte. Kein Volk hat so zerrissene Küstenkonturen.«

Der Mann war offensichtlich nie in den norwegischen Fjorden unterwegs! Von jenen unterscheidet sich der bretonische Zöllnerpfad allerdings durch seinen Sanftmut: Unerwartete Felsformationen schmeicheln dem Blick und heben sich kontrastreich vom Dunkelblau dahinter ab. Immer wieder verweile ich an besonders angenehmen Stellen, erst spätabends erreiche ich die Jugendherberge von Trébeurden. Dort verdrücke ich sogleich ein Sandwich und folge währenddessen aus den Augenwinkeln einer amerikanischen Fernsehserie, die alle sprachlichen Klischees, die man den Franzosen gemeinhin unterstellt, zu beweisen scheint.

Der Held der Serie ist *Meikööl* aus der schönen Stadt *Mii-a-mii*, die sich, auch wenn sie vom Protagonisten so ausgesprochen wird, keineswegs in Südvietnam befindet. Gemeint sind vielmehr die Abenteuer von Michael, einem Cop aus Miami. Die rücksichtslose Französisierung englischer Wörter zieht sich durch die gesamte Geschichte, die dadurch für jeden, der auch nur passabel Englisch spricht, ungenießbar wird. Wenn der Hinweis »three weeks later« am unteren Bildband eingeblendet wird, müssen die Franzosen anscheinend von einer Stimme aus dem Off darüber aufgeklärt werden, dass das nun also »drei Wochen später« heißt. Der Übersetzungswut in unserem westlichen Nachbarland ist es auch geschuldet, dass es im Französischen Orte gibt, die auf keiner nicht-französischen Landkarte zu finden sind: Aix-la-Chappelle zum Beispiel, das für Aachen stehen soll, oder Le Caire, das kaum ein Einwohner Kairos versteht. Auch dürfte es für einen Franzosen erhellend sein, einen US-Amerikaner nach dem Weg Richtung La Nouvelle Orléans, gemeint ist New Orleans, zu fragen.

Wie sollen französische Kinder jemals gut Englisch sprechen, wenn sie von klein auf mit solchem Schwachsinn konfrontiert werden? Auch hieran zeigt sich, wie sehr Deutschland und Frankreich voneinander lernen könnten. Während der eine seine Sprache an die Marktschreier einer Scheinmodernität verkauft, schießt der andere beim Schutz seiner Sprache über das Ziel hinaus. Der Mittelweg wäre in diesem Fall in der Tat golden.

Das findet auch Maclou, der in den Aufenthaltsraum der Jugendherberge kommt, als ich aufgegessen und mich in einen Reiseführer vertieft habe. Er stammt aus Brest und hat morgen ein Vorstellungsgespräch in Lannion; dort möchte er als Koch arbeiten. Hierfür müsse er eigentlich noch ein wenig üben, fügt er verschmitzt hinzu, woraufhin ich meinen Reiseführer zuklappe und ihm eröffne, dass ich mich gern als Versuchskaninchen zur Verfügung stelle.

Die kurz darauf folgende Galette – eine Art Pfannkuchen aus Buchweizenmehl, Salz und Wasser, zuweilen mit Milch und Honig angereichert und dick belegt mit geraspeltem Käse – kommt einer Streicheleinheit meines Gaumens gleich, der kaum weiß, wie ihm geschieht. Restlos verzückt ist er, als eine mit Maronencreme bestrichene Crêpe folgt, die Maclou fachmännisch zu den sogenannten *quarts de plaisir*, »Vierteln der Freude«, faltet, ehe er sie mir kredenzt. Auch wenn ein chronisch hungriger Postradfahrer vermutlich nicht die beste Referenz für Maclou ist: Ich würde ihn als Restaurantbesitzer sofort einstellen und dafür sorgen, dass der Duft seiner Teigwaren hinaus auf die Straße weht.

Don't try this at home

Gestärkt von Maclous Kochkünsten breche ich am nächsten Tag im Morgengrauen auf, um ein letztes Mal auf meiner Tour de France den Kampf gegen den Westwind aufzunehmen. Noch vor dem heutigen Mittag werde ich der Bretagne die Nase abschneiden und südwärts, immer südwärts, fahren, ehe ich morgen am äußersten Südzipfel dieser Region anzukommen gedenke, dem weit ins Meer hinausragenden Quiberon.

Auf dem Weg dorthin winkt Morlaix bereits von Weitem mit seinem über fünfzig Meter hohen Eisenbahnviadukt, das eine Bahnverbindung von Paris nach Brest ermöglicht. Erkergeschmückte »Laternenhäuser«, die um Innenhöfe mit Glasdach errichtet worden sind, wetteifern in der Innenstadt mit der im Flamboyantstil erbauten Kirche Saint-Melaine, der wuseligen Fußgängerzone und dem vorgelagerten Fort Taureau um den Titel des angenehmsten Aufenthaltsortes. Hier könnte es mir gut gehen – wenn sich die Bretagne nicht eine besondere Gemeinheit für mich ausgedacht hätte. Zwanzig Tage lang, während der gesamten Durchquerung Nordfrankreichs durch die lothringischen Ebenen, an der Naht von Feldern der Champagne entlang, unter dem Regen der Normandie und mitten in der Launenhaftigkeit der Bretagne, hat mir der Wind von Nordwesten her entgegengepfiffen. Am späten Vormittag des 28. Juli 2009, exakt in jener Stunde, in der ich meine Fahrtrichtung ändere und nach Südosten hin abbiege, wechselt er abrupt seine Meinung und streicht mir entgegen, als wolle er mich mit aller Macht in der Bretagne halten.

Ist das Schicksal? Steht meine Reise unter einem schlechten Stern? Möchte mir die Natur mit Macht beweisen, dass sie mein allzu überschäumendes Temperament zu zügeln vermag? Ist sie darauf aus, mir eine Lehre zu erteilen?

Der Wetterbericht spricht von einem ungewöhnlichen Phänomen, als ich mich von Morlaix aus gen Süden wende und gegen den böigen Wind ankämpfe. Trotz dieser Ungeheuerlichkeit bin ich geradezu absurd heiter. Wenn dir das Schicksal Steine in den Weg legt, baue ein schönes Haus daraus. Ich bin wild entschlossen, das bretonische Hinterland zu genießen, und fühle trotz der widrigen Umstände etwas wie einen großen Frieden in mir aufsteigen. Ganz allein bin ich hier, ganz für mich bin ich. Ganz bei mir. Über Stunden hinweg teile ich mit niemandem das grasumrankte Sträßchen, das mich durch eine hügelige Landschaft führt, die genauso abwechslungsreich ist wie das Wetter. Wäldchen folgen Feldern, in denen die Dörfer wie verlorene Schafe stehen. Zuweilen blicken nur ihre Dächer über die Spitzen der Getreidehalme hinaus.

Ich weiß nicht, wie lange ich auf diese seltsam verklärte Art südwärts fahre. Vielleicht sind es lediglich wenige Minuten, vielleicht auch einige Dekaden. Nicht im Traum aber hätte ich mir vorstellen können, wie abrupt mich die Ankunft in Mûr-de-Bretagne zurück auf den Boden der Tatsachen holen würde!

Bis dahin ist es beständig und immer steiler bergauf gegangen. Wenige Kilometer vor dem Dorf treten schroffe Erhebungen zu beiden Seiten an die Straße heran. Zwei Hinweisschilder warnen davor, dass es demnächst fünfzehnprozentig bergab gehen werde. Mit drastischen Zeichnungen fordern sie dazu auf, mit dem Motor zu bremsen. Ich ignoriere sie weitestgehend, da ich noch immer der Welt halb entrückt bin und zudem meine, dass die

Warnungen für mich ja gar nicht gelten, da ich nun einmal keinen Motor besitze. Mit Logik ist es in Träumen nicht weit her, und Tagträume bilden da keine Ausnahme. So flitze ich auch an einem weiteren Verkehrsschild ungerührt vorbei, das verdeutlicht, dass es ab sofort wirklich bergab geht.

Unvermittelt, als sich Mûr-de-Bretagne bereits als schwarzer Punkt weit unten im Tal abzeichnet, stürzt die Strecke jäh ab. Zunächst versuche ich halbherzig, zu bremsen, kurz darauf sehe ich die Vergeblichkeit dieses Ansinnens ein, reiße meinen Hut vom Kopf, schnalle ihn hektisch auf dem Gepäckträger fest und lasse dem Postrad freien Lauf. Wenn ich schon nicht mehr bremsen kann, so kann ich zumindest noch Gas geben. Ich hebe beide Arme zur triumphalen Geste und stoße helle Freudenschreie aus. Dann beuge ich mich so tief über den Lenker, dass mein Kinn beinahe das Vorderrad berührt, das sich wenige Zentimeter vor meinen Augen mit irrsinniger Geschwindigkeit dreht. Mit den Beinen halte ich mich am Sattel fest.

Die Erhebungen zu beiden Seiten der Straße treten erschrocken zurück. Ich schieße Luftmassen entgegen, die sich in meine Lungen drücken, bis sie zu bersten drohen. Alle drei Räder meines Gefährts rollen so schnell über den Asphalt, dass ihre Bewegungen nicht länger sichtbar sind. Sie haben ein Konzert aus schrillen Pfeiftönen angestimmt, das nur von den Kieselsteinen und Aststücken unterbrochen wird, die unter mir wegspritzen, als ich wie ein Wanderfalke auf Mûr-de-Bretagne herunterstoße. Die Straße rast in einer Geschwindigkeit unter mir vorbei, dass mir schwindelig wird. Ihre Mittelstreifen flutschen mit der Frequenz einer Maschinenpistole unter mir hindurch. Im Adrenalintaumel erhasche ich einen Blick auf den Tachometer: Neunzig Stundenkilometer, leuchtet es mir entgegen. Bisher habe ich nicht gewusst, dass man mit einem dreirädrigen Postrad eine derartige Geschwindigkeit erreichen kann.

Am Ende der abfallenden Strecke werde ich über eine Straßenkreuzung getragen, auf der in dieser Sekunde zu meinem großen Glück niemand meinen Weg quert. Ich hätte, wäre es anders gewesen, nicht mehr bremsen können. Der Schwung reicht noch aus, um mich in die etwas oberhalb der Kreuzung liegende Ortschaft zu tragen. Dort erst merke ich, dass mir das Herz bis zum Hals schlägt. Meine Augen tränen vom Fahrtwind, die Gesichtshaut fühlt sich unnatürlich straff an. Langsam dämmert mir, dass ich soeben eine akute Gefahrensituation mit mehr Glück als Verstand durchlebt habe. *Kids, don't try this at home!*

Noch immer zitternd vor Aufregung ziehe ich an den Häusern von Mûr-de-Bretagne vorbei und fahre sofort wieder aus der Ortschaft heraus. Die obligatorischen, undurchdringlichen Wolken haben sich an den Himmel gehängt und die Sonne zur bloßen Erinnerung degradiert. Das bretonische Hinterland ist noch mehr als die stürmischen Küsten ein Gebiet, in dem man als Radfahrer automatisch nach Schutz sucht. Der Blick fächert ständig in die Landschaft hinein auf; er tastet Bäume und Hausdächer ab, um ihr Schutzpotenzial zu testen. Ein waagrechter Ast, ein weit genug über die Wände hinausragendes Schieferdach können verhindern, dass einen der mit Sicherheit kurz bevorstehende Regenguss vollständig durchnässt.

Kaum habe ich Mûr-de-Bretagne verlassen, senkt sich Schwärze in das Land. Die Luft ist in Erwartung eines Starkregens vor Erregung elektrisch aufgeladen. Mit lauten Schreien treibe ich mich eine schnurgerade Straße entlang, hangele mich von Baum zu Dach zu Unterstand und hoffe inständig, bald auf die bereits mehrfach ausgeschilderte Stadt Pontivy zu stoßen. Als abseits der Straße ein paar Häuser auftauchen, denke ich einen Augenblick lang, es geschafft zu haben, ehe mir klar wird, dass dieses Nest nicht Pontivy sein kann.

In genau diesem Moment hat der Endspurt gegen den Wolkenbruch begonnen. Auch ihm ist diese Tatsache offenbar bewusst: Er treibt die Schallwellen eines Donners über das Land, die wie das hungrige Magengrollen eines Riesen klingen und die Häuser hinter mir bis zu den Grundmauern hinab erzittern lassen. Zum zweiten Mal am heutigen Tag beuge ich mich tief über den Lenker und trete in die Pedale, als könnte jede Umdrehung meine letzte sein. Laut rufe ich meinen Trotz in die Winde hinaus, die von allen Seiten über mich herfallen. Wir werden ja sehen, wer diesen verrückten Spurt am Ende gewinnt!

Wie ein Skalpell zieht das Postrad unter mir eine Linie auf die Straße. Das Geräusch der drei sich drehenden Reifen auf dem Asphalt hat sich zwischen einem hohen E und einem Fis eingependelt. Die gesamte Gegend riecht nach Regen, als strecke sie sich dem Himmel auf diese Weise entgegen.

Ein weiterer Donnerhall lässt die Welt erzittern. Der Riese ist wütend geworden. Wirklich beunruhigt bin ich jedoch erst, als die Winde abrupt in sich zusammenfallen. Die unnatürliche Ruhe ist das untrügliche Zeichen, dass die große Entladung unmittelbar bevorsteht. Alle Nerven der Natur sind bis zum Zerreißen gespannt. Die Erde ähnelt einer Gazelle, die weiß, dass sich der Himmel im nächsten Augenblick wie eine ausgehungerte Raubkatze auf sie stürzen wird.

Einen Moment lang höre ich nur meinen keuchenden Atem und bemerke erstaunt, dass der Schweiß meiner Hände den Lenker des Gefährts glitschig gemacht hat. Dann fliege ich am Ortseingang von Pontivy vorbei und lasse direkt dahinter ein Hinweisschild zurück, das auf die örtliche Jugendherberge aufmerksam macht. Ohne abzubremsen flitze ich den Pfeilen hinterher, biege äußerst gewagt in immer kleiner werdende Straßen ab. Als ich über den Kanal setze, erhebt sich ein Sturm vom Boden, der Markisen zerstört, Blumenkästen von Balkonen wirft und dicke Äste auf die Straße fegt. Zum Glück empfängt mich jetzt ein Innenhof, der einen Gutteil der über die Gegend gekommenen Wut abhält. Ich habe gerade noch Zeit, mein quietschgelbes Gefährt in einer offenen Garage zu parken, das Gepäck zu schnappen und ins Innere der Jugendherberge zu hechten. Dann ist der Himmel endgültig da.

Wachteleigroße Regentropfen donnern gegen die Fensterscheiben wie eine Schar Vögel, als ich dem anwesenden Praktikanten meinen Namen entgegenschreie. Von allen Seiten pocht der Himmel an das Gebäude, als ich mein Zimmer beziehe. Der Sturm heult vor Enttäuschung. Ein einziges Mal während meines Aufenthalts in der Bretagne habe ich ihm ein Schnippchen geschlagen. Heute hat er mich nicht erwischt.

Bretonische Tänze und zu Stein erstarrte Legionäre

Da der Empfang offiziell bis acht Uhr abends besetzt ist, gehe ich, erfahrungsgestärkt, um Viertel nach sieben hinunter und treffe den Praktikanten wie erwartet beim Zusammenpacken seiner Siebensachen an. Als ich ihn nach einem guten Lokal frage, stellt er den gepackten Rucksack auf dem Boden ab. »Im Umkreis gibt es mehrere gute Crêperies. Ich empfehle dir aber, stattdessen mit mir zum Fest-noz zu kommen.«

»Zum … was?«

»Zum Fest-noz, auch Bal Folk genannt.«

»Bedeutet das in etwa »unser Fest« oder »Volksball«?

»Beinahe. Es ist zwar weniger ein Volksball als ein folkloristischer Ball. Und »noz« bedeutet nicht »unser«, sondern ist bretonisch für die »Nacht«. Ansonsten jedoch trifft es deine Beschreibung ganz gut. Wir treffen uns, essen und trinken anständig und tanzen ausgiebig. Das Ganze ist eigentlich darauf zurückzuführen, dass sich früher die Bauern mehrerer Güter nach der Arbeit gern auf einem Hof getroffen haben, um zu singen und lustige Wettspiele zu veranstalten. Inzwischen haben wir, die bretonische Jugend, diese Tradition übernommen und ein bisschen aufgepeppt. Sag bloß, dass du noch nie bretonisch getanzt hast! An Dro Retourné, Rond de Saint-Vincent, Laridé-huit-temps, das sagt dir nichts?«

»Bist du sicher, dass das bretonische und nicht chinesische Begriffe sind?«

»Davon überzeugst du dich am besten selbst. Weil du heute Abend nämlich mitkommen wirst zu deinem ersten Fest-noz! *D'accord?*«

Der Endspurt gegen das heutige Unwetter war ein Klacks, verglichen mit den Herausforderungen, die mein erster Fest-noz für mich bereithält. Zum

Glück handelt es sich bei den meisten Tänzen um rhythmische Schrittabfolgen, die von einer ganzen Gruppe gemeinsam getanzt werden. Da bekommt selbst ein deutscher Postradfahrer kaum Gelegenheit, aus dem Rahmen zu fallen.

Den typischen Wechselgesang kenne ich zudem vom Studioalbum *La Ouache* der bretonischen Rockgruppe Matmatah, das ich, auch in seinen bretonischen Teilen, praktisch auswendig mitsingen kann, ohne dabei den Inhalt der Lieder zu verstehen. Auch die heute Abend vorhandenen Instrumente, eine etwas aufdringliche, zum Schrillen neigende Violine und ein Akkordeon, das einen tanzbaren Klangteppich auslegt, übernehmen dieses Wechselspiel sehr gekonnt.

Nach anfänglicher Scheu genieße ich das bretonische Vergnügen ausgiebig und begebe mich am nächsten Morgen erst dann zum Frühstückstisch, als der Nieselregen eine erste Pause einlegt und die hoch am Himmel stehende Sonne beginnt, die Pfützen auf der Straße auszutrinken.

Meine heutigen Stationen heißen unter anderem Le Soum, Trévingard, Kergroix und Bod-Kesten und sind bislang selten als Epizentren weltpolitisch relevanter Ereignisse in Erscheinung getreten. Auf der gesamten Fahrt wechseln sich Wäldchen mit kargen Hügeln und vereinzelten Feldern ab. Die Landschaft wirkt hart und klar. Moosbewachsene Felsen erinnern an bärtige Gesichter, manche davon, die kleineren, tragen einen ersten moosigen Flaum zur Schau.

Das Touristenaufkommen steigt mit jedem Kilometer, der mich näher an die Südküste der Bretagne bringt. In Pluvigner, fünfundzwanzig Kilometer vor dem Meer, treffe ich in einer im Halbdunkel liegenden Bar bereits auf zwei Holländerinnen, die um sich blicken, als versuchten sie herauszufinden, wie um alles in der Welt sie hierhergekommen sind. Eine knappe Stunde später werde ich bei Auray von den ersten Autos überholt, die ein deutsches Nummernschild tragen. In Plouharnel, das sich als Surferparadies anpreist und vor allem aus einer großen Straßenkreuzung besteht, fotografieren sich bereits diverse Gruppen aus Japan und China gegenseitig. Und schließlich fahre ich auf einem eigens eingerichteten Radweg an einer Kette von Autos entlang südwärts, bis ich fünfzehn Kilometer hinter der Küstenlinie auf den natürlichen Endpunkt einer Halbinsel stoße, einer Landzunge, die im Französischen ebenso plastisch wie phonetisch überzeugend *presqu'île* genannt wird, eine »Fast-Insel« also, was in diesem Fall besonders eindrucksvoll zutrifft: Quiberon ist auf dreieinhalb Seiten von Meer umschlossen.

Als Kind und Jugendlicher bin ich mehrmals hier gewesen. Stolz habe ich ein T-Shirt mit einem wagemutigen Segler darauf auch dann noch getragen, als es mir längt zu klein geworden war. Die Bewohner der einstigen Insel sind inzwischen vermutlich froh darüber, dass ihre Vorfahren die Wälder gerodet und dadurch Sand freigesetzt haben, der schließlich durch Wind und Meeresströmung eine Landbrücke gebildet hat. Auf diese Weise grenzt Quiberon im Osten an eine ruhige Bucht, während die *côte sauvage* im Westen hartnäckig Wellen ans Ufer schickt.

Sommer auf Sommer demonstriert Quiberon eindrucksvoll, was passiert, wenn sechzigtausend Touristen auf fünftausend Einwohner treffen. Jeder, wirklich jeder, versucht, durch ein Restaurant, ein Schiff oder zumindest einen Postkartenverkauf in irgendeiner Art und Weise vom Ansturm zahlungskräftiger Gäste zu profitieren. Abends gleicht die Uferpromenade einer Ameisenstraße. Inzwischen wurden daher Schutzräume eingerichtet, damit sich die Vegetation auf der Landzunge von der Überbeanspruchung erholen kann.

Um dem Trubel zu entgehen, checke ich in einer neu angelegten Jugendherberge nördlich der Stadt ein, die reizvoll auf einer Waldlichtung dreißig Meter vom Strand entfernt liegt. Bereits früh am nächsten Morgen erkunde ich die *côte sauvage* per Postrad. Selbstverständlich ist es windig, und die Dünung, die beständig gegen die Felsen rollt, spielt zuweilen Geysir und spritzt ihren Schaum meterhoch über das Land. Wellen umspielen das Turpault-Schloss, das wie eine permanente Siegespose am äußersten Südrand der Stadt in den Ozean hineingebaut ist. Wenn das Bauwerk, wie jetzt, vom Licht der aufgehenden Sonne angestrahlt wird, verliebt man sich augenblicklich und unwiderruflich in seine nach oben strebenden, mit weißen Fenstern bestückten Formen, die so wohlwollend mit der kargen, ebenen Umgebung kontrastieren.

Drei Stunden lang folge ich dem Küstenverlauf, feuere lautstark die ersten Windsurfer des Tages an, höre der immerwährenden Geschichte des Meeres zu, die die Möwen schnatternd kommentieren und kann mich einfach nicht satt sehen am ständig neuen Zusammenspiel von Wasser und Wolken, Wellen und Wind. Ich berausche mich an den wiederkehrenden Wechselbädern meiner Gefühle, die durch die wundersamen Wetterkapriolen hervorgerufen werden. Witzig, wie wacker wankende Wälle welkenden Widerstand wahrnehmen, während wendige Wellen wummernd wunderliche Wattwindungen weiß wischen! Wüten weiter weg wirre Wogen wie wahnsinnig? Welch wunderliche Welt widriger, wohliger, weicher, wütender Widersprüche!

Wieder wächst wegen wechselhaftem Wetter ein Wolkenmeer über dem Ozean. Ich verlasse die »Fast-Insel« über die einzige Straße, passiere erneut die Straßenkreuzung von Plouharnel und halte mich anschließend an die Küste. Sie führt mich in eine Gegend, in der eine versteinerte Armee auf mich wartet. In Reih und Glied stehen die Steinriesen von Carnac auf einem verdorrten Feld. Der Legende zufolge musste Papst Cornelius nach seiner Weigerung, dem Gott Mars zu opfern, dereinst in die Bretagne fliehen. Hier, in Carnac, waren ihm die heidnischen Römer dicht auf den Fersen. So blieb ihm nur ein letztes Stoßgebet: Es wurde erhört; die bereits zur Schlacht formierten Legionäre erstarrten zu Granit.

Lässt man die Tatsache außer Acht, dass die Megalithen von Carnac geschätzte dreitausend Jahre älter sind als das Christentum, und dass eine dreitausend Mann starke Armee, selbst eine römische, wohl kaum einen einzelnen Mann in vollendeter Schlachtformation angriffe, so erscheint die Legende des heiligen Cornelius, der ein Stoßgebet zum Himmel schickte, kaum weniger einleuchtend als viele alternative Mutmaßungen über die Hinkelsteinreihen von Carnac. Bis heute ist nicht abschließend geklärt, wie damals bis zu einhundert Tonnen schwere Steine bewegt werden konnten. Vor allem aber weiß man nicht, wozu. Wollte man Verstorbene ehren? Handelt es sich um Kultstätten für Opfergaben? Bilden die Steinreihen Sternbilder ab?

Lange streife ich durch das Feld der rätselhaften »langen Steine« – das geläufige Wort *menhir* setzt sich aus dem bretonischen »maen« für Stein und »hir« für lang zusammen. Doppelt mannshoch stehen sie in Reih und Glied, als warteten sie in der Tat auf ein gebelltes Militärsignal, um sich kollektiv in Bewegung zu setzen.

Die Yachten im Hafen der Nachbarstadt La Trinité-sur-Mer greifen das Prinzip der geordneten Formation auf. In peinlich genau demselben Abstand liegen sie nebeneinander, den Bug jeweils aufs Meer gerichtet, als handele es sich um einen militärischen Spähtrupp, und La Trinité-sur-Mer wäre ihr Kommandant. In diesem atlantischen Zufluchtsort der Reichen und Schönen ist es weitaus wichtiger, eine Yacht zu besitzen, als sie zu nutzen.

Vielleicht hat die besitzstandsorientierte Veränderungsphobie in seinem Geburtsort mit dazu geführt, dass der rechtsextreme Politiker Jean-Marie Le Pen zu jenem Scharfmacher geworden ist, als den man ihn inzwischen in ganz Frankreich kennt.

Von Carnac ist es lediglich ein Katzensprung in das am äußersten Ende einer Landzunge liegende Locmariaquer. Auch um diesen Ort ranken sich Legenden, in denen Feen und Kobolde, Zwerge und Zauberer die Hauptrollen spielen. Der größte Menhir der Welt, der aussieht, als hätte ihn die Faust eines verärgerten Riesen in vier Teile zerbrochen, kündet bis heute davon, ebenso der nahe gelegene Dolmen. Kaum habe ich diese beiden beeindruckenden Zeugnisse früher menschlicher Schaffenskraft gebührend bewundert, holt mich das Tuten einer Fähre zurück ins dritte Jahrtausend nach Christus. Ungeduldig schiebe ich mein gelbes Gefährt auf das Schiff.

Mit einem Mal habe ich es eilig, über den Auray zu kommen, der Locmariaquer von Port Navalo trennt. Eine einzige größere Stadt, Saint-Nazaire, liegt
nach dem Fluss noch zwischen mir und La Rochelle, dem Ausgangspunkt
und Endziel meiner Frankreichumrundung. Bereits in drei Tagen könnte ich
dort ankommen.

Während sich ein bemerkenswert instabiles Boot unter mir in Schlan-
genlinien dem Leuchtturm am Ostufer des Auray nähert, sehe ich mich in
Gedanken bereits das Ortsschild von La Rochelle umarmen. Wie immer
folgt auf solch hochmütige Gedankenspiele mit solider Selbstverständlichkeit der harte Aufprall auf dem Boden der Realität. Da das Schicksal es liebt,
Katz und Maus mit uns zu spielen, beginnt die Verzögerung meiner ersehn-
ten Ankunft in La Rochelle mit einem erotischen Paukenschlag. Kaum bin
ich nämlich samt Postrad von der Fähre gesprungen, die mich über den
Auray gebracht hat, fasse ich eine leibliche Stärkung ins Auge. Kurz hinter
Port Navalo stolpere ich in eine Bar und zugleich über meine Libido.

Die Bedienung trägt ihren Rock so gekonnt unartig, dass er den Blick des
Gastes unweigerlich zum entblößten Bein lenkt, an dem nachweislich nichts
auszusetzen ist. Durch ihre auf der Theke gefalteten Hände nimmt sie die
zur Schau gestellte Offenheit sofort wieder zurück. Ihr Haar trägt sie zwar
dezent zum Knoten gebunden, blickt jedoch darunter hervor, als trüge sie es
offen. Ihre Bluse verweist lose in die Siebzigerjahre und macht klar, dass sich
ihre Trägerin nicht allzu sehr um gesellschaftliche Normen schert, während
der Versace-Aufdruck auf ihren Schuhen diesen Eindruck noch im selben
Augenblick konterkariert. Dank ihrer widersprüchlichen Erscheinung stellt
sie ein Rätsel in den Raum und fordert keck dazu auf, es zu lösen.

Frankreich gehört mit Argentinien, Bulgarien, Chile und Katalonien zu
den Ländern, in denen man als Mann ständig in Gefahr ist, Dummheiten
zu begehen. Die Kellnerin von Port Navalo unterstreicht diese interessante
interkulturelle Begebenheit auf das Feinste. Als sie merkt, dass mein Blick
ein Quäntchen länger auf ihr ruht, als es notwendig wäre, zieht sie versiert

die Lippen kaum merklich nach oben, was ihr einen verschmitzten Gesichtsausdruck verleiht: das kaum spürbare Zeichen, das die Balance zwischen Langeweile und Offenheit zugunsten der Letzteren aufhebt.

Dass ich mich trotzdem damit begnüge, höflich eine Crêpe bei ihr zu bestellen, liegt daran, dass ich mir des schreienden Kontrasts bewusst bin, der sich zwischen uns auftut. In den vergangenen sechs Wochen habe ich mich nicht rasiert und wirke vermutlich wie ein frisch zum Islam konvertierter Novize. Immerhin bedeckt mein Vollbart zwei Drittel des Sonnenbrands, den ich trotz aller Vorsicht seit meiner Abfahrt mit mir herumtrage. Das feuerrote Gesicht bietet eine vorzügliche Kulisse für mein zerzaustes, von der Sonne ausgebleichtes und dadurch fast weißes Haar, das mir wild um den Kopf herum wächst. Auf mein T-Shirt hat der Schweiß der vergangenen drei Tage interessante Muster aus salzbasierten Schlieren gemalt. Auch die kurze Radlerhose gereicht mir nicht zum Vorteil. Über die Unterwäsche möchte ich an dieser Stelle nicht detailliert berichten und gebe lediglich zu bedenken, dass ich auf meiner Reise unter allen Umständen Gewicht spare und darum mit zwei Unterhosen pro Woche gut auskomme.

So bin ich bass erstaunt, als die Kellnerin tatsächlich einen Flirt mit mir in Betracht zieht. Vermutlich ruft meine sachliche Bestellung eine Art Trotzreaktion in ihr hervor. Als sie mir das Bestellte formvollendet an den Tisch bringt, gibt sie mir ausgiebig Gelegenheit, ihr Gesicht zu studieren, das durch eine Abwesenheit brilliert: Da sie keine Schminke verwendet, gibt sie ihren Gesichtszügen die Chance, voll und ganz zur Geltung zu kommen, und scheut sich nicht davor, die eine oder andere Unregelmäßigkeit zuzulassen. Sie hat verstanden, dass Perfektion entgegen aller allzu laut rufenden Werbebotschaften beim Gegenüber nur Langeweile hervorruft. Erst ein kleiner Fehler sorgt dafür, dass wir wirklich von jemandem angezogen werden.

Seltsamerweise scheint das in ihrem Fall auch auf meine derzeit großen optischen Mängel zuzutreffen. Als sie sich wegdreht, um mich mit der Crêpe allein zu lassen, streift sie wie zufällig meinen Arm – was gar nicht einfach ist, da immerhin der Esstisch zwischen uns steht. Wenig später setzt sie sich, zwei Cappuccini im Gepäck, an meinen Tisch, spendiert mir einen davon und möchte alles über die Postradtour wissen. Ihre natürliche Neugier und ihre Selbstsicherheit bilden einen wohltuenden Gegenpol zum Gehabe der vier Jugendlichen, die gerade die Bar betreten. Diese befinden sich eindeutig in der Pubertät, in jener Phase also, in der das, was man ist und das, was man gern wäre, besonders weit auseinanderklafft. Während das Mädchen der Gruppe jeden Satz und jede Geste sorgfältig auf den Coolnessfaktor abtastet und in einem von der aktuellen Mode vorgegebenen Bewertungssystem verortet, ehe es etwas sagt oder tut, weswegen es meist zu nicht mehr als einem grundlosen, schrillen Lachen reicht, reklamieren die drei Jungen in ihrem Schlepptau die Bar sofort für sich. Lässig fläzen sie sich am Tresen, gestikulieren raumergreifend und lassen zuweilen die Namen angesagter Popsternchen wie zufällig ins Gespräch einfließen. Da die Kellnerin vorerst keine Anstalten macht, die vier zu bedienen, wendet sich der Anführer, ein schlaksiger Kerl, dem jedes Wort einen Tick zu laut, jede Geste ein Quäntchen zu gewollt und jede Bewegung ein wenig zu hektisch gerät, mir zu.

»Gehört dir das seltsame gelbe Ding vor der Tür?«

Mit einem Blick heischt er bei seinen beiden Kumpanen nach Anerkennung dafür, dass er den Fremden gestellt und zugleich die Möglichkeit eröffnet hat, mehr über ihn zu erfahren. Das mitgebrachte Mädchen beachtet er nicht. Jenes konzentriert sich inzwischen darauf, mit straff gereckter Körperhaltung auf seine einsetzende Schönheit hinzuweisen, und gibt vor, in die Getränkekarte vertieft zu sein, die an der Wand hängt. Vermutlich sind die beiden auf der Gefühlsebene eng miteinander verbandelt, sonst gäbe es keinen Anlass, einander so angestrengt zu ignorieren. Die beiden Verbleibenden schieben ihre Augenbrauen ein Stockwerk höher.

»Damit fährt er um ganz Frankreich herum«, mischt sich die Kellnerin mit einem Unterton von Stolz ein und zeigt mit dem Daumen der rechten Hand auf mich. »Der kennt unser Land inzwischen besser als wir!«

Der Fragesteller lässt ein anerkennendes Pfeifen hören, ehe sein Blick erneut zu seinen beiden Kumpanen wandert. »So etwas sollten wir auch mal machen«, unterbreitet er ihnen nonverbal. Zumindest meine ich das aus seinem Gebaren zu lesen. »Aber nicht auf so einem blöden Postrad!«, schlägt ihm einhellig entgegen. »Klar, Mann, das ist ja wohl völlig daneben«, lenkt er ein, »wie soll man da ein so reizendes Törtchen mitnehmen wie unsere Kellnerin? Habt ihr gesehen, wie spektakulär der Po der Kleinen ist?«

Erleichtert bekomme ich mit, wie ich aus dem Fokus ihres Interesses gleite. Das Mädchen an der Bar verdreht demonstrativ die Augen. Ich blicke meine Gönnerin, die nun Anstalten macht, die Bestellung der vier aufzunehmen, halb belustigt, halb mitleidsvoll an. Langsam müsse ich mich wieder auf die Socken machen, streue ich dezent ein. Hätte sie mich gebeten, noch ein paar Stunden zu bleiben, hätte ich, ohne auch nur einen Wimpernschlag lang zu zögern, zugesagt.

Attends une minute, »warte eine Minute«, flüstert sie mir stattdessen zu. Dann geht sie hinter die Theke und kramt unter den wachsamen Blicken der Dorfjugend eine Schokoladentafel hervor.

»Die kannst du unterwegs besser brauchen als ich in meiner Bar.«

Sie lässt sie in die kleine Tasche gleiten, in der ich meine Wertsachen aufbewahre.

»Oh, wirklich … also … danke«, stottere ich reichlich unsouverän, füge meinem Sonnenbrand einen weiteren Rotton hinzu und spüre, wie sich drei höhnische Blicke in meine Seite bohren.

»Das hätte ich ja wohl besser hinbekommen!«, meldet sich der Fragesteller per Augenkontakt bei seinen Mitstreitern. »Bei mir wäre die Kleine längst gelandet«, pflichten ihm beide einmütig bei.

Die Schrille gibt im gereizten Tonfall derjenigen, die man schmählich übergangen hat, eine Bestellung auf.

»Liegt bestimmt daran, dass der aus Deutschland kommt«, meine ich aus dem Gesicht des Wortführers zu lesen. »Was kann man auch von einem Volk erwarten, das Rammstein und Tokio Hotel groß gemacht hat?«, beenden die Verbliebenen die Gedankenkette.

Die Kellnerin straft sie Lügen und strahlt mich an, als wolle sie der Sonne Konkurrenz machen. Sie begleitet mich sogar nach draußen, um eigenhändig zu begutachten, wie der Fremde auf seinem seltsamen dreirädrigen Gefährt davonbraust.

Hugh Grant wird zu Bruce Willis

Beständig windet sich die Straße nach oben. Dann entlässt sie mich in eine gefällige Landschaft. Die Umgebung hat ihre Kratzbürstigkeit eingebüßt. Auf den ersten Kilometern überlagert die lichterloh brennende Erinnerung an das eben Erlebte meine Beobachtungsgabe noch, weshalb ich die ersten Regentropfen des heutigen Tages gar nicht bemerke. Die Wolken haben sich von hinten an mich herangepirscht. Jetzt sind sie über mir, dimmen das Sonnenlicht und besprenkeln den hellgrauen Asphalt mit immer größeren schwarzen Flecken.

Als ich mich für die erste falsche Abzweigung des Tages entscheide, hat sich der Regen in der Landschaft häuslich eingerichtet. Fast sehne ich mich nach den rauen Regengüssen der Nordbretagne zurück, die einem zwar wie ein Faustschlag vorkommen, nach der Entladung ihrer Wut aber rasch weiterziehen. Als ich mich vollends im Straßengewirr verirre, gießt es hingegen wie ein permanenter Duschstrahl, den jemand fünfzehn Grad zu kalt eingestellt hat.

Es fällt mir zunehmend schwer, die Straße vor mir zu erkennen, von Verkehrsteilnehmern ganz zu schweigen. Ist das vielleicht die Strafe für die leicht aufgehübschte Geschichte meiner bisherigen Frankreichumrundung, die ich der Kellnerin aufgetischt habe? Gut, eventuell hätte ich die erdachte Sichtung eines ausgewachsenen Braunbären in den Pyrenäen tatsächlich weglassen sollen. Aber sie hatte mir doch einen Cappuccino ausgegeben!

Endlich, als die Dunkelheit bereits Einzug hält, stoße ich in Musillac auf die E 60, die Quimper mit Nantes verbindet. Ab hier weiß ich wieder, wo ich mich gerade befinde. Trotzdem suche ich, durchnässt bis auf die Knochen, die Stadt nach einer Bleibe ab. Das günstigste Hotel ist geschlossen – natürlich, schließlich befinde ich mich in einer französischen Kleinstadt! Ein geöffnetes Hotel wäre mir geradezu abstrus erschienen. Da ich mir in der Zwischenzeit bei ähnlichen Gelegenheiten eine gewisse Hartnäckigkeit angeeignet habe, klopfe ich ausdauernd an die Fensterscheibe im Erdgeschoss. Keine zehn Minuten später leiere ich dem Angestellten, der mürrisch die Tür öffnet und wohl lieber keinen Gast erwartet, geschweige denn willkommen geheißen hätte, eine Übernachtung samt Abendessen, Frühstück und einem Unterstand für das Postrad zum Preis eines guten Abendessens in München aus den Rippen.

Als ich am nächsten Morgen das Hotel verlasse, wird mir bewusst, dass meine Strafe mit dem gestrigen Starkregen keineswegs beendet ist. Es schüttet unvermindert wie aus Kübeln. Ich hechte in das erstbeste Café, ordere das günstigste Getränk und hoffe, dass der Himmel bald gnädiger gestimmt sein wird. Eine Stunde später besichtige ich aus Verzweiflung gar eine Fotoausstellung, dann lese ich die aktuelle Ausgabe der satirischen Zeitung *Le canard enchainé*, deren Wortwitz und Engagement ich heiß und innig liebe. Als ich jedoch, von diesem Gipfel qualitativ hochwertiger Unterhaltung absteigend, über *Le monde* und den *Figaro* bei *Marie-Claire* angekommen bin, dämmert mir, dass ich den Wassermassen auch heute nicht entkommen werde. Laut schimpfend fahre ich schließlich los; direkt nach der Stadt verfranse ich mich im Straßengeflecht. Bald rinnen Bäche aus Regen und Schweiß meine Arme hinab, es tropft hartnäckig aus den Enden meiner Hose auf die Straße.

Dass ich die Region gewechselt habe und in den Pays de la Loire unterwegs bin, merke ich erst, als sich südlich von mir der *Brière*, ein von Sümpfen durchzogener Nationalpark, ausbreitet. Plötzlich erkenne ich durch den Regenvorhang hindurch die Kontur eines lang gezogenen Stahlkolosses. So unvermittelt richtet er sich vor mir auf, dass sich meine Finger vor Schreck um die Bremsen krampfen. Mit einem Geräusch, das an das erschreckte Quieken eines Ferkels erinnert, komme ich zum Stehen. Mein Mund sammelt Regentropfen, als ich der Ausmaße der Brücke von Saint-Nazaire gewahr werde.

Vor meinen Augen biegt sich die regennasse, von Autolichtern grotesk angestrahlte Straße steil nach oben, mitten hinein in die Wolkenwand. Die graue Umhüllung verleiht dem Bauwerk die Aura eines Hitchkokschen Frühwerks. Ohne ihre volle Größe von dieser Seite aus vollständig erfassen zu können, erkenne ich doch, dass die Brücke von Saint-Nazaire in einem weit geschwungenem Bogen über die Loire setzt. Im selben Moment wird mir klar, dass sie für Autofahrer gebaut worden ist. Selbst diese haben angesichts des aktuellen Unwetters ihre liebe Not, wie der einsetzende Stau beweist. Ein Postradfahrer ist den Elementen erst recht schutzlos ausgeliefert. Es gibt jedoch keinen anderen Weg, wenn ich meine Reise fortsetzen möchte.

Schon als ich die steile Rampe emporfahre, fällt der Starkwind, der die Loire unter mir durchpflügt und Wasserschwalle waagrecht über die Brücke treibt, wütend über mich her. An der höchsten Stelle der Brücke, fünfundsechzig Meter über dem tobenden Wasser, erkenne ich die Hand vor meinen Augen nicht mehr. Der Sturm ist zum Orkan geworden. Er reißt mir den Lenker aus der Hand, drückt mich den Autos entgegen, die jetzt dicht an dicht auf der Brücke stehen. Tief über den Lenker gebeugt kämpfe ich mich vorwärts. Zweimal drängen mich die Böen vom Rad. Beim dritten Mal werfen sie ein Holzstöckchen nach mir. Als ich reflexartig ausweiche, hinterlässt es einen spektakulären Riss in meiner linken Backe.

Der Regen ist wie grobkörniges Schmirgelpapier. Er schleift die Brücke und alles, was sich gerade auf ihr befindet, an allen Ecken und Enden ab. Wie die ungeschlachten Hände eines arbeitsamen Handwerkers raut er alles auf, was ihm in die Quere kommt. Nach den Erfahrungen der vergangenen Tage fühle ich mich inzwischen wie Donald Duck auf Reisen. Eine tiefschwarze

Comicwolke hängt beständig über mir. Und genau wie der berühmte Enterich schnattere ich jetzt vor Wut. Mit jedem Reisetag, an dem ich gegen Wind und Regen ankämpfen muss, bin ich sicherer, dass sich irgendwo in der Charente-Maritime ein aufgeblasener Gustav Gans die Sonne auf den Bauch scheinen lässt.

Als ich auf der Südseite der Loire ankomme, ist kein Quadratmillimeter an mir mehr trocken. Gott scheint Ferien zu machen, zumindest aber beschäftigt er sich nicht mit den Gebeten eines draufgängerischen Radfahrers. Die Jugendherberge von Saint Brénin des Pins entschädigt ein kleines bisschen für die hektische Brückenüberfahrt – wenn man davon absieht, dass sie geschlossen ist, als ich dort ankomme. Zwei Stunden hocke ich frierend unter ihrem Dachüberhang. Denn auch die beiden nahen Restaurants sind nicht geöffnet, und in der einzigen Bar der Umgebung kann ich keine einzige der Speisen, die auf der Karte stehen, bekommen. Der Betreiber möchte die Küche erst um halb acht Uhr abends anwerfen. Während ich in Südlaos, im bolivianischen Hochland und im Himalaya grundsätzlich etwas zu Essen auftreiben konnte, sobald ich es benötigt habe, bleibt es mir ausgerechnet in dem Land, dessen Küche weltweit gerühmt wird, erneut verwehrt, meinen Hunger zu stillen. Immerhin schließt der Inhaber der Jugendherberge von Saint Brénin des Pins keine Viertelstunde nach der offiziellen Öffnung sein Haus auf. Ich rette mich unter eine heiße Dusche, wringe meine Kleider aus, werfe die Unterwäsche in den bereitstehenden Mülleimer und verteile Hose und T-Shirt im Zimmer. Kurz darauf lässt der Regen nach.

Direkt vor der Herberge schmiegt sich ein menschenleerer Sandstrand an die Loire, vom gegenüberliegenden Ufer winken die Industrieanlagen von Saint-Nazaire herüber. Eine Perle ist die Stadt an der Loiremündung nicht einmal von Weitem. Dennoch schallt ihr Ruf über die Ozeane, weil hier die größten Kreuzfahrtschiffe der Welt, darunter die Queen Mary 2, gebaut werden. Der Hafen von Saint-Nazaire dominiert die Stadt, die bis in ihr Zentrum hinein hauptsächlich aus Industrieanlagen besteht. Nahezu alles an ihr ist grau, laut, massiv und meistens nass. Vom hiesigen Strand aus sieht die dreieinhalb Kilometer lange Schrägseilbrücke, auf der ich vorhin noch Todesängste ausgestanden habe, beinahe wie ein Spielzeug aus.

»Isch scho subbr wenn mrs von dr Seid sieht«, kommentiert jemand hinter mir die Aussicht in tiefstem Schwäbisch. Ich fahre herum und sehe einen schlanken Jungen, der soeben aus der Herberge tritt.

»I hän di vor a Weil aufm Brickle ghert. Do hasch gflucht wien Rohrspatz, und dees uff Schwäbisch!«, erklärt er grinsend.

»Ähm, in extremen Situationen falle ich manchmal in den Dialekt meiner Kindheit zurück«, versuche ich eine Rechtfertigung. Er aber zeigt lächelnd auf meine Oberschenkel.

»So ebbes hän i no niä gsäh!«

Was er noch nie gesehen hat, ist eine wie mit dem Lineal gezogene Linie, die das Weiß meiner Oberschenkel vom Rotbraun der Hautstellen trennt, die seit anderthalb Monaten der direkten Sonnenbestrahlung ausgesetzt sind. Mein Landsmann lässt es sich nicht nehmen, ins Zimmer hinaufzuklettern, seinen Fotoapparat zu holen und das Naturphänomen auf meinen Beinen für die Nachwelt zu sichern. Nach einem Gedankenaustausch über schwäbische und bretonische Eigenarten, die Vorteile eines Postradanhängers und die Qualität diverser Sonnenschutzmöglichkeiten falle ich auf die bereitstehende Matratze und schlafe nach der heute erlebten Aufregung besser als in einem Himmelbett.

Am nächsten Morgen gelingt mir endlich, nach tagelangem Darben, ein Bilderbuchaufbruch. Der gestrige Regen hat allen Schmutz aus der Luft gewaschen. Ich atme kristallklares, pures Leben ein, als ich aus der Tür der Herberge trete. Wie ein glühendes Vogelnest erhebt sich die Sonne aus einer Mulde zwischen zwei Hügeln. Ihr ist heute eine perfekte Farbmischung aus Curry und Kupfer, Rosen und Rubinen, Zimt und Zinnober gelungen, die augenblicklich das gesamte Kitschreservoir in mir aktiviert: die gehauchten Sätze in Kinofilmen, in die Mann von der weiblichen Begleitung geschleppt wird, die Anfänge der meisten Bastei-Lübbe-Romane, die immer gleichen Kurzgedichte auf Postkarten, auf denen im Hintergrund grundsätzlich ein aufrechter Baum oder eine symmetrische Lotosblüte abgebildet ist, Kerzen in umweltschonenden Naturfarben, die das Wort »Love« ergeben, Robben-babies mit Knopfaugen und überteuerte Plüschkatzen, die alle »Schnurri« oder »Tigerchen« heißen.

Der schwäbische Junge winkt mir vom Fenster der Herberge aus zu, als ich mein Postrad erklettere. Angesichts der von der Sonne rotgelbbraun bemalten Szenerie erzeugt das für Außenstehende einen besonders filmreifen Effekt. So leuchtet man in Hollywood Helden aus, kurz bevor sie voller Pathos irgendeine Belanglosigkeit in die Kamera sagen.

»Keine Sorge, Saint Brénin des Pins, unser Abschied ist ja nicht für immer«, hauche ich mit der Stimme von Hugh Grant, ehe ich ansatzlos zu Bruce Willis werde: »Aber vorher muss ich noch einen Job erledigen.«

Von hier an benötige ich keine Karten mehr. Der Atlantik ist zu meinem verlässlichen Wegweiser geworden. Wie eine anhängliche Liebhaberin folgt die Straße seinem Verlauf. »*Sur te llama*«, skandiere ich lauthals und achte darauf, keine schwäbischen Worte mehr hinauszuposaunen, »der Süden ruft dich«! Einmal mehr bringt der französisch-spanische Sänger Manu Chao meine augenblickliche Stimmung auf den Punkt. Nach den alpinen Anstiegen, der stürmischen Champagne, dem normannischen Nieselregen und den bretonischen Böen sehne ich mich nach gütiger gestimmten Gefilden.

Ich sollte nicht enttäuscht werden. Die Sonne spielt Verstecken mit den Wolken. Der Wind liebkost mein Gesicht, statt darauf einzuprügeln. Radwege statt Autostraßen, keine nackten, windumtosten Hügel mehr: Die Landschaft scheint hier eigens entworfen, um den Augen der Betrachter zu schmeicheln. Dies alles wird untermalt vom Murmeln des besänftigten Atlantiks zu meiner Rechten. Hinter mir, nördlich der Loire, sind die letzten Ausläufer eines Tiefs zu erkennen. Fast scheint es, als wolle sich die eigenwillige Bretagne auch wettermäßig vom Rest Frankreichs absetzen.

Im folgenden Dorf Saint-Michel-Chef-Chef halte ich eigentlich nur an, weil mich der Name belustigt. Das Frühstück nehme ich kurz darauf im letzten Städtchen meiner Reise, dessen Name bretonisch klingt, zu mir. Pornic bremst meinen Vorwärtsdrang mit einer gelungenen Mischung aus steil abfallenden Felsen und kleinen Buchten und sorgt dafür, dass ich mein Käsebaguette an verschiedenen Orten genieße: Immer wieder bleibe ich an der Steilküste kleben, die zu dieser frühen Stunde noch mir gehört. Natürlich befinde ich mich auch hier auf einem Zöllnerpfad.

Bald gerate ich ins Einzugsgebiet von Challans. Wegweiser mit dem Namen des Städchens deuten in alle Himmelsrichtungen. Ich fahre westlich an Challans vorbei und stehe kurz darauf vor einer Straße, die einem Katastrophenfilm von Roland Emmerich entnommen sein könnte. Kerzengerade zieht sie sich ins Meer hinaus, ehe sie weit draußen vor meinen Augen von den Wogen verschluckt wird. Eigentlich soll die Passage du Grois das Festland mit der Île de Noirmoutier verbinden. Das funktioniert aber nur bei Niedrigwasser. Bei Hochwasser versinkt die Straße stattdessen in den Fluten. Eine Anzeige klärt auf, wann mit welchem Pegel zu rechnen ist. Zur Sicherheit sind auf der fast fünf Kilometer langen Strecke drei Rettungskörbe angebracht. Seit gut zwanzig Jahren ist die Passage du Grois jährlich Austragungsort eines besonderen Wettrennens, das gestartet wird, sobald das Meer die Fahrbahn beleckt. Wer zu langsam ist, erreicht das Ufer nur noch schwimmend.

Derartige Mut- und Kraftproben liegen nun endlich hinter mir. Die Vendée empfängt mich mit verlässlichem Sonnenschein, Touristencafés im Freien und einem Netz aus Radwegen. Auf diesen schaukele ich beschwingt voran, tangiere eine hügelfreudige Dünenlandschaft, erforsche ausgedehnte Pinienwälder und weiche dem Atlantik dabei nicht von der Seite. Die Luft ist sanft, lieblich streicht jodreicher Wind über mein Gesicht, entspannt sind alle Formen. Der Blick gleitet über gefällige Gehöfte, tastet tiefe Talmulden entlang und weidet sich an weitläufigen Wäldern. Die Sonne breitet

Lichtteppiche über Wiesen und Fluren aus. Wer hier leben darf, trägt seine Gelassenheit wie eine Monstranz vor sich her. Über allem, was ich sehe, wacht der Atlantik, der an dieser Stelle nicht von Stürmen an Land gedrückt wird, sondern sich türkisblau ins Unendliche streckt, besprenkelt mit segelbeflaggten weißen Tupfern.

Kaum habe ich die Touristenhochburg Les Sables d'Olonne erreicht, entfliehe ich ihrem Gewusel wieder. Zu aufgehoben bin ich in der Umgebung, zu wohl fühle ich mich in dieser Region, die ständig zu lächeln scheint, als dass ich in der Stadt verweilen wollte. Ich möchte allein sein und bin nicht in Stimmung für gesellschaftliche Spielchen; für Männer, die sich bewegen, als hätten sie amerikanischen Swing inhaliert, und für Frauen, die nur ausgehen, um auf ihre Gucci-Handtasche aufmerksam zu machen. Stattdessen quartiere ich mich im nahe gelegenen Nest Saint-Vincent-sur-Jard ein.

Der ausgeprägte und fatale Hang der Franzosen, kleingewachsenen Männern auf den Leim zu gehen, hat dem Volk bei den Nachbarn schon manchen Lacher eingebracht. Das fängt bei Napoleon an und wird vermutlich mit Nicolas Sarkozy nicht zu Ende sein. Auch in Saint-Vincent-sur-Jard war einer jener kleinen großen Männer dereinst zuhause: Dort kann man bis heute das Wohnhaus des Radikalsozialisten Georges Clemenceau, des Mitarchitekten der Versailler Verträge, besuchen.

Ganz in der Nähe dieses Ortes verlasse ich früh am nächsten Morgen ein kleines Hotel, schlage einen Haken ins Landesinnere und zeichne auf diese Weise die Form der Bucht nach, die der Ozean nördlich der Île de Ré ins Land gefressen hat. Bei Charron verlasse ich die Côte de Lumière, die »Küste des Lichts«, die ihre Bewohner Jahr für Jahr mit über zweieinhalbtausend Sonnenstunden verwöhnt. Kurz darauf reiße ich die Arme im Triumph nach oben und stoße eine Art Indianergebrüll aus, vor lauter Freude darüber, dass ich endlich die Region erreicht habe, in der meine Tour de France vor knapp zwei Monaten begonnen hat. Poitou-Charente steht auf dem querformatigen Straßenschild, das ich gerade passiert habe.

Der Grundrhythmus aller Lebewesen

Weit draußen über dem Atlantik zieht der Wind Wolkenschleier zu einem grauschwarzen Vorhang zusammen, den er auch heute über der Bretagne schließen wird. Südlich davon malt zur selben Zeit eine verirrte Schleierwolke einen feinen Pinselstrich durch die ansonsten blaue Ewigkeit. Trotz der ungewohnten, da mir gewogenen Umstände lege ich bereits kurz nach meiner Ankunft in der Poitou-Charente eine Pause ein und betrete die erstbeste Bar. Etwas in mir möchte das wohlige Kribbeln verlängern, das sich angesichts der baldigen Ankunft in La Rochelle in mir ausbreitet – ein absurder Versuch, ein augenblickliches Gefühl künstlich festzuhalten, das natürlich, wie alle Gefühle, flüchtig ist wie Ethanol.

Obwohl außer mir kein Gast in der Bar ist, wieselt die Kellnerin im Raum herum, als gelte es, eine Garnison Soldaten zu verköstigen. Mit aufdringlich hoher Stimme fragt sie kaum fünf Sekunden nach meinem Eintritt, was ich wünsche und dreht sich, als ich ein Eis bestelle, so forsch um, dass der Saum ihres grellgrünen Kleides an die Tischkante schlägt. Sie hat bereits zwei Schritte Richtung Tresen gemacht, als ich hinzufüge, dass ich einem Schwarztee ebenfalls nicht abgeneigt wäre.

Kaum wähnt sich die Kellnerin allerdings unbeobachtet, wird schnell klar, dass sie durch ihre zur Schau gestellte ruppige Art lediglich versucht, eine natürliche Langsamkeit zu kaschieren. Als ich vorgebe, mich in meinen Reiseführer zu vertiefen, verlieren ihre Bewegungen jegliche Zackigkeit. Wie in Zeitlupe hebt sie den Arm, um an eine Zigarettenschachtel zu gelangen. Fast scheint es, als berechne sie zunächst die Konsequenzen aller denkbaren Handlungen, ehe sie sich für eine bestimmte entscheidet. Ein Taschentuch, das sie nach reiflicher Überlegung aus einer Schublade zieht, betrachtet sie eine halbe Minute, als wolle sie erst seine Molekularstruktur genau erforschen, um sich energisch und, wie mir scheint, übertrieben laut zu schnäuzen.

Wir alle tragen einen Grundrhythmus in uns; wir schlagen in einem ganz bestimmten Takt. Niemand kann seinem Beat entfliehen, egal wie hartnäckig er dies versucht. Die Kellnerin gibt vor, ein Rock n' Roller zu sein. In Wahrheit dominieren in der Melodie ihres Lebens die Töne der Blues-Pentatonik. Wenn man es genau nimmt, gehören auch unsere Kleidung, unsere Freizeitgestaltung und unsere Wortwahl zur musikalischen Maskerade, mit deren Hilfe wir offenlegen, wer wir sein wollen, und zu kaschieren versuchen, wer wir sind. Was uns jedoch am Ende verrät, sind unsere Bewegungen. Abgerundet oder kantig, entspannt oder angespannt, hastig oder überlegt: Zeige mir, wie du dich bewegst, und ich sage dir, wer du bist.

Ein weiteres Merkmal weist beständig und unübersehbar mit ausgestrecktem Finger auf unseren wahren Charakter, ohne dass wir dies bemerken: unsere Art zu sprechen. Vermutlich liegt das daran, dass die Sprache selbst bereits Musik ist. Deutsch zum Beispiel ist dem Wesen nach ein Marsch, abgehackt, hart, die Wörter in Reih und Glied, wie sehr man auch versucht, die Stimme weich erscheinen zu lassen. Die romanischen Sprachen hingegen fließen dahin, bei ihnen können nur Eingeweihte mit Sicherheit sagen, wo ein Satz endet und der nächste beginnt. Das Italienische ist beispielsweise ein endloser Schlager, beschwingt und melodisch, leicht und immer an der Grenze zum Seichten balancierend. Russisch ist Ska, wild und voller Zischlaute, übertrieben und bei alldem von einer grundlegenden Melancholie geprägt. American English oszilliert zwischen Hip Hop und Rap; es ist cool und modern, kunstvoll und düster. Aber nur das Französische hat es geschafft, seine Musikgattung gleich mitzuliefern: Es ist schon immer gewesen und wird immer sein ein verspieltes, versponnenes, gefühlsbeladenes, ein leicht abgehobenes und immer hart an der Grenze zum sentimentalen Kitsch entlanggleitendes Chanson.

Eben das macht Frankreich für viele Deutsche zur fernen Nähe. Man scheint es ein Stückweit zu kennen, noch ehe man es besucht. Erst wenn man längere Zeit in diesem Land lebt, merkt man, dass es in Wahrheit zur nahen Ferne gehört. Obwohl man es in wenigen Stunden erreicht, ist die französische Mentalität weiter als angenommen von der unseren entfernt. In Frankreich schwingt man von Natur aus in einem anderen Takt. Die meisten deutschen Besucher fühlen das, so wie die meisten Franzosen Ähnliches in Bezug auf Deutschland verspüren – zumindest jene, die sich trauen, in unser Land zu reisen.

Unsere Sprache ist nun einmal kein Instrument. Wir spielen nicht mit ihr, sie spielt mit uns. Immer schlägt sie Saiten in uns an, die lange nachklingen. Sie berührt uns so tief, dass wir dies zuweilen nicht einmal merken. Manchmal aber genügt ein einziges Wort oder gar dessen bloße Erwartung, und wir erfassen die Mentalität unseres Gegenübers klarer als nach der Lektüre von drei tiefenpsychologischen Profilen. »Und die Welt hebt an zu singen, triffst du nur das Zauberwort«: Joseph Freiherr von Eichendorff hat diese Tatsache etwas romantisch verklärt in seinem Gedicht »Die Wünschelrute« ausgedrückt, ehe man uns Deutschen jegliche Romantik gründlich aus dem Kopf geschlagen hat. Fragt man die Europäer, würden sich vermutlich die meisten darauf einigen können, dass dieses Zauberwort, der Schlüssel zur Sprache, zum Wesen der anderen – ein französisches sein muss.

Das alles sorgt nun also dafür, dass ich vorgeblich in meinem Reiseführer lese und dabei den interessanten Gegensatz in den Bewegungen der Kellnerin, der so viel über ihre Wünsche und ihr wahres Wesen verrät, ausgiebig studiere. Was mich betrifft, ist die Sache mit den Bewegungen und der Sprache hingegen weitgehend klar: Ich bin ein Hektiker. In mir ist eine ozeanische Energie, die immer überallhin ausbrechen will und nach allen Seiten hin überschwappt. Unruhig tigert sie im Gefängnis ihres Körpers umher, lauert auf Auswege und greift gierig nach allen Möglichkeiten, sich mitzuteilen. Ich kann reden wie ein Wasserfall, und mein Körper dreht nach langer intensiver Belastung erst richtig auf. Manche nennen das Lebenslust und kommen mit meiner zupackenden Art ganz gut zurecht. Anderen gegenüber entfalte ich rasch ein nicht von der Hand zu weisendes Nervpotenzial

– beispielsweise, wenn ich jeden dritten Satz, den sie beginnen, an ihrer statt zu Ende spreche. Eben darum sind die Reisen, die ich unternehme, ideal für mich. Sie entsprechen meinem Grundrhythmus. Was für andere eine unnötige Anstrengung bedeutet, stellt für mich einen willkommenen Anlass dar, überschüssige Energie abzulassen. Ausschließlich in der Bewegung fühle ich mich zu Hause. Meine Heimat ist dort, wo es menschliche Leidenschaften und Weisheiten gibt, Erfahrungen und Erkenntnisse, Menschenlächeln. Nur im Vorwärtskommen kann ich zur Ruhe kommen. Insofern tue ich meinem eigentlichen Wesen mit einer gewissen Lust Gewalt an, als ich kurz nach dem morgendlichen Eis bei der bluesigen Kellnerin ein weiteres Lokal aufsuche. Gelegenheiten hierzu gibt es mittlerweile viele: Noch deutlicher als in der Vendée strebt auch in der Poitou-Charente alles dem Meer zu. Dem auf diese Weise stillgelegten Hinterland dreht man den Rücken zu. Auf der atlantiknahen Strecke folgt daher Bar auf Bar, Restaurant auf Restaurant.

In einem von ihnen, einem der feineren Sorte, reiht ein Kellner gerade ein Arsenal an Nadeln, Pinzetten, Kneifzangen und geschwungenen Messern vor mir auf, bevor er direkt neben mir stehen bleibt und mich erwartungsvoll ansieht. Hinter seiner Maske aus vollendeter Höflichkeit steckt das dunkle Verlangen, den unpassend gekleideten Gast angesichts der bestellten Meerestierplatte scheitern zu sehen, die nun von zwei befrackten Hilfskräften in den Raum gefahren wird. Der Kellner, das kann er bei aller zivilisierten Fassade nicht vollständig verstecken, wünscht sich nichts sehnlicher, als mir seine Überlegenheit zu demonstrieren. In Gedanken malt er sich vermutlich bereits aus, wie ich die seltsamen Werkzeuge begutachte und mich dann, nach Hilfe heischend, nach ihm umblicke. Schauen Sie, *Monsieur*, würde er antworten, ich demonstriere Ihnen gern, wie man die exquisitesten Geschenke des Meeres verspeist, und er würde ein Lächeln des Triumphs nicht unterdrücken können. Der Kellner könnte einem der Bücher von Amélie Nothomb entsprungen sein, die so herrlich bis ins Mark hinein und mit dreister Selbstverständlichkeit böse sind. Ich habe sie alle verschlungen und erwarte förmlich, dass mein Gegenüber einen Satz sagt wie »Mein Name ist Texel, Textor Texel.« – der Auftakt zu einer gnadenlosen Zerstörungsorgie in Amélie Nothombs Meisterwerk *cosmétique de l'ennemi*, »Kosmetik des Bösen«, das ganz kurz vor Schluss eine ebenso überraschende wie plausible Wendung nimmt. »Kosmetik des Bösen«, das ist der »Fight Club« mit Brad Pitt und Edward Norten in Buchform, nur subtiler und weitaus gemeiner.

Natürlich kann ich die mir gegenüber wenig schmeichelhafte Einstellung des Kellners ein Stück weit nachvollziehen. Spaziert doch tatsächlich ein offensichtlich fremdländischer Radfahrer in unpassender Kleidung in sein Restaurant und bestellt dort den Stolz des Hauses, eine Platte mit Austern und Schnecken, Languste und Meeresspinne. Da möchte man, ob echter Kenner oder eingebildeter Gourmet, doch wenigstens die Genugtuung erleben, dem unbedachten Gast mit vorgetäuschtem Mitleid behilflich zu sein, wenn dieser grandios am fachmännischen Öffnen der Köstlichkeiten scheitert. Doch da hat Textor Texel die Rechnung ohne meinen Vater gemacht! Der hat mir seine Vorliebe für Meeresgetier aller Art vererbt und mir von klein auf beigebracht, was man tun muss, um an diese kulinarischen Hochgenüsse zu gelangen. Außerdem habe ich während meines einjährigen Paris-Aufenthalts eine Brasilianerin kennengelernt, die in einem Austernrestaurant arbeitete. Ich half tatkräftig bei der Zubereitung der glitschigen Energielieferanten mit, legte sie in Zitronensoße ein, überbug sie mit Käse, filetierte sie und streute sie über Nudeln oder breitete sie auf einem Salzteppich aus, um einen Teil der so hervorgebrachten Ergebnisse kostenfrei genießen zu dürfen.

So esse ich vor den Augen des enttäuschten Kellners nach allen Regeln der Kunst und mit allen Insignien der Zufriedenheit auf, ehe ich gänzlich in die Dekadenz abrutsche. Eigentlich nur, um die leibhaftige Reinkarnation von Textor Texel zu ärgern, zitiere ich ihn an meinen Tisch und lasse ihn die Charaktereigenschaften diverser Digestifs deklinieren. Ich möchte wissen, ob das verwendete Eichenholz bei der Cognac-Lagerung tatsächlich aus den Wäldern des Limousin stammt und wie dunkel der beste Cognac dabei geworden ist. Zudem lasse ich ihn wissen, dass ich keine Zucker- und Karamellzusätze wünsche, die ein echter Cognac nicht nötig habe. Mein penibles, einem albernen Trotz geschuldetes Nachbohren hat genau den gegenteiligen Effekt, den ich erwartet habe. Der Kellner entspannt sich sichtlich, beginnt gar zu lächeln und erklärt mir jede servierbare Cognacsorte, die das Restaurant zu bieten hat, mit einer Inbrunst, als sei er deren Erfinder. Nach vierzig Minuten entscheiden wir uns einvernehmlich für ein dreißig Jahre gelagertes, dunkelbraunes Meisterwerk, dessen *part des anges,* »Anteil der Engel« – der Teil, der der Verdunstung anheimfällt – so immens hoch ist, dass der horrende Preis allein aus Mitleid mit dem Produzenten gerechtfertigt werden kann.

Sidney Sheldon hat recht, wenn er behauptet, dass Champagner die Rache Frankreichs an der Menschheit sei: zum einen, da sich nicht wenige Franzosen in der Tat von der Welt bedroht und zur Rache berufen fühlen, zum zweiten, da sich jeder Champagner, sei er auch noch so edel und mit einem leichten Augenzwinkern verpackt, nach einigen Schlucken als simpler Sekt herausstellt. Ein guter Cognac hingegen kann durchaus preiswert sein, er kann seinen Preis wert sein. Beim dem mir heute kredenzten Schluck ist das glücklicherweise der Fall. Seine Einnahme öffnet mir zudem einen Schleichweg zu einem Kellner, der es sich nicht nehmen lässt, zwei Gläser des Edelstoffs mit mir zu trinken, ehe er mir ausdauernd auf die Schulter klopft und mir eine gute Fahrt wünscht. Erstaunlich, was es an manchen Orten Frankreichs bewirken kann, wenn man nur willig der Dekadenz frönt, die in diesem Land Feinschmeckerei genannt wird!

Gestärkt nähere ich mich meinem großen Ziel in zickzackförmigen Linien, was weniger am genossenen Cognac liegt, als an einem Kanalsystem, das mich immer wieder zu Umwegen ins Landesinnere zwingt. Die deutsche Wehrmacht hat es einst angelegt, um die von der Meerseite praktisch uneinnehmbare Festung La Rochelle auch auf der Landseite vor den Panzerangriffen der Alliierten zu schützen.

Fotografierwütige Touristen laufen auf den mit Gras behaarten Klippen hin und her, um jetzt, in der einsetzenden Dämmerung, den effektvollsten Augenblick des Tages einzufangen. Auf dem Wasser glitzern Abertausende Diamanten aus sich an der Oberfläche brechenden Lichts. Die Sonne breitet noch immer einen hellen Schirm über der Gegend aus. Ein leichter Windstoß fährt dem etwa achtjährigen Mädchen durch die Haare, das mir zuwinkt, als ich an ihm vorbeifahre. Ich erwidere ihren Gruß, ohne mich beim Pfeifen eines gefühlvollen Gassenhauers stören zu lassen. Selbst dann höre ich nicht auf zu trillern, als ihre fünf Jahre ältere Schwester einstimmt: »*All I need is a place to find. And there I'll celebrate.*«

Heute, am Tag meiner Ankunft, meines Triumphes, weiß ich, dass ich ihn finden werde: den Ort, an dem ich feiern werde. So schmettere ich weiter die Arie des Elektronikduos Air, das – wie ihr Pariser Pendant Daft Punk – musikalisches Neuland erschlossen hat: *All in all, there's something to live.*

Tausend Meeresspiegelungen unterstreichen die gesungene Textzeile auf ihre Art: Glitzernd ziehen sie sich bis zum Horizont und bilden die perfekte Kulisse für die Galgen der Hobbyfischer. Die großen Senknetze, die an jenen kranähnlichen Vorrichtungen am äußersten Ende der Holzstege hängen, verleihen der gesamten Vorrichtung das Aussehen einer über dem Meer balancierenden, langbeinigen Riesenspinne.

Ähnlich wie jene hat mich Frankreich in einem Netz aus Lebensart, Leichtigkeit und Liebenswürdigkeit eingefangen. In den zurückliegenden sechseinhalb Wochen habe ich das getan, was vielleicht die französischste aller Eigenschaften ist, ja worauf man eventuell das Urfranzosentum reduzieren kann: *Se débrouiller* nennt sich diese Eigenschaft, unter Jugendlichen auch als *système D* bekannt. Die deutsche Entsprechung »sich durchwursteln« beschreibt den Sachverhalt unzureichend; ihr fehlt jener anerkennende Unterton, der auf die Leistung der Lebenskünstler verweist.

Das *système D* ist eines von unzähligen Beispielen für den spielerischen Umgang unserer westlichen Nachbarn mit ihrer Sprache und ihren

Mitmenschen – und ein weiterer Grund, der mich hierher gezogen und um das Land herumgeführt hat. Ein Volk, das hartnäckige Junggesellen *SDF* nennt und damit nicht die gängige Bezeichnung eines Obdachlosen *(sans domicile fixe)* meint, sondern die Tatsache, dass jemand noch immer kein festes Fräulein an seiner Seite hat *(sans démoiselle fixe)*, ein Volk, das die Abkürzung *BCBG* für *bon chic, bon genre*, eine Art Yuppie also, kurzerhand ummünzt in ein anerkennendes *beau cul, belle gueule*, »hübscher Po, nettes Gesicht«, wobei die Reihenfolge zu beachten ist, ein Volk schließlich, dessen Mitglieder »Landweh« statt »Fernweh« haben *(avoir le mal du pays)*, »in die Liebe fallen« *(tomber amoureux)* und »die Rinde brechen« *(casser la croûte)*, wenn sie Essen gehen, ein solches Volk muss man einfach lieben. Oder man hasst es. Zwischen diesen beiden Polen befindet sich wenig, und das spricht grundsätzlich für einen starken, eigenwilligen Charakter des Beschriebenen.

Meinen Gedanken nachhängend, fahre ich südwärts, bis eine Insel im Atlantik auftaucht, die über eine gigantische Brücke mit dem Festland verbunden ist. Am diesseitigen Ufer, der Île de Ré gegenüber, kann ich die ersten Dächer einer Großstadt erkennen. Von diesem Anblick angespornt, brause ich voran, als hätte ich mich in einen quietschgelben Eisenspan verwandelt und würde von einem überdimensionierten Magneten angezogen. Ich fliege dem Ausgangspunkt und Endziel meiner Tour de France regelrecht entgegen.

Wenig später falle ich La Rochelle in die Arme wie dereinst der schottische Entdeckungsreisende Mungo Park dem Niger, den er vermutlich als erster Weißer erreicht hat. T. C. Boyle hat diesem Umstand in seinem meisterhaften Reiseroman »Wassermusik« ein eigenwilliges Denkmal gesetzt. Als ich das Ortsschild passiere, lasse ich meine Arme wie Windmühlenflügel kreisen, schicke das Postrad unter mir auf einen Schlingerkurs und gebe banale Ausrufe des Entzückens zum Besten, bis sich eine ältere Dame der Kategorie *PPH, passera pas l'hiver* (»wird den Winter nicht überstehen«), mehrmals an die Stirn tippt. Ihre Enkeltochter ist dagegen entzückt über den radelnden Rufer. Sie zeigt mit dem Finger auf mich und grinst dabei bis über beide Ohren.

Ein intelligent angelegtes Radwegsystem nimmt mich kurz darauf an die Hand, führt mich durch die lang gezogenen Grünanlagen der Stadt und setzt mich schließlich, als die Dämmerung Einzug hält, auf dem Areal des alten Hafens ab – an jenem Ort also, an dem meine abenteuerliche Frankreichumrundung vor fast sieben Wochen ihren Ausgang genommen hat.

Die vielen Gesichter von La Rochelle

Der Stadt steigt die Abendröte zu Kopf. Die untergehende Sonne legt eine Haut aus Licht um die Türme von La Rochelle, besprenkelt die Dächer der Altstadt, bis es aussieht, als funkten diese sich Morsezeichen zu.

Hunderte Touristen defilieren am Ufer der legendären Hafeneinfahrt auf und ab. Manche von ihnen bewegen sich so grazil, als seien sie auf einem kopfsteingepflasterten Laufsteg unterwegs. Andere sind bereits zur Ruhe gekommen und lauschen halb benommen den Klängen der Nachwuchsmusiker, die vom baldigen Durchbruch träumen und ihr heutiges Abendprogramm hörbar als bloße Übung sehen. Wieder andere haben sich, erschöpft vom Einkaufen, mit bauchigen Plastiktaschen in Restaurants zurückgezogen und sprechen den lukullischen Köstlichkeiten zu, die hier größtenteils fangfrisch aus dem Ozean kommen.

Ebenso bunt und vielseitig wie ihre Gäste präsentiert sich die Stadt, obwohl sie weniger als einhunderttausend Einwohner ihr Eigen nennt. Das beginnt bereits mit ihrer Gründung durch die exotischen Alanen, die zur Zeit der Völkerwanderung über die Donau an diesen Ort gekommen sind. Die *colliberts*, entflohene Leibeigene, folgten wenig später, anschließend bevölkerten die weltzugewandten Templer La Rochelle.

Bis heute unterscheiden sich die Stadtgebiete der Metropole enorm in Aussehen und Charakter. Während die Gegend um den Hafen herum an ein Wikingerlager erinnert, kommt die Einfahrt dorthin einem Zeitsprung ins Mittelalter gleich. Man erwartet fast, dass dunkelbärtige Schergen Pech vom sechshundert Jahre alten Turm Saint-Nicolas schütten oder die Reste der Kette zusammenklauben, die diesen einst mit der gegenüberliegenden Tour de la Chaîne verbunden hat, um die Hafeneinfahrt zu blockieren. Umso erstaunter ist man, wenn sich La Rochelle um den neuen Hafen, Port des Minimes, herum plötzlich in London verwandelt. Die vom Leben reich bedachten und gelangweilten geben sich hier ein Stelldichein. Man fachsimpelt über Segelfläche und Wasserverdrängung, vorzugsweise in einem der sündhaft teuren Restaurants, die sich entlang des größten Yachthafens des Atlantiks und seiner über dreitausend Liegeplätze aneinanderreihen. Im Stadtzentrum gaukeln die aufstrebenden, hell gehaltenen und verspielten Renaissancefassaden des Rathauses dem Betrachter hingegen einen Hauch von Venedig vor. Östlich davon beginnt ein Labyrinth enger Gassen, in denen sich alles mischt. Dort hört man vor allem arabische, chinesische und diverse osteuropäische Laute. Beinahe alles erinnert an die Atmosphäre der unübersichtlichen Souks von Tunis oder Casablanca.

Das heutige Erscheinungsbild hat La Rochelle einerseits der Hand einer Frau zu verdanken und andererseits einem Abkommen zwischen einem deutschen Wehrmachtskommandanten und einem französischen Armeekapitän.

Eleonore von Aquitanien verlieh der Atlantikfestung 1199 das freie Stadtrecht. Dank des ausgeprägten Handels mit Wein und Salz mauserte sich das Städtchen nach und nach zum größten Hafen Frankreichs. Ihr wachsendes Selbstbewusstsein brachte die Stadt zum Ausdruck, indem sie den verfolgten Hugenotten, die hier bereits vor der offiziellen Reformation zahlreiche Anhänger fanden, hartnäckig Zuflucht gewährte. Im Jahr 1573 belagerte die königlich-katholische Armee La Rochelle noch erfolglos; nach zwanzigtausend Toten wurde den Hugenotten der Stadt noch im selben Jahr die freie Ausübung ihrer Religion gewährt. Gut fünfzig Jahre später gingen die katholischen Heere die Sache entschiedener an. Sie zogen einen zwölf

Kilometer langen Damm durch den Atlantik und hungerten die Einwohner aus, bis anderthalb Jahre später die verbliebenen fünftausend von einst dreißigtausend Einwohnern besiegt waren und die Hugenottenverfolgung wieder aufgenommen wurde. Viele wanderten daraufhin aus; in den Vereinigten Staaten von Amerika wurde New Rochelle gegründet.

Dass die Stadt heute ein Magnet für Touristen aus aller Welt ist, hat sie insbesondere dem Abkommen zwischen Ernst Schirlitz und Hubert Meyer zu verdanken, das festschrieb, dass sich die Deutschen der befohlenen Stadtzerstörung widersetzten, wenn sie im Gegenzug von den Alliierten nicht angegriffen würden. Am 9. Mai 1945 wurde La Rochelle darum weitgehend unversehrt den Franzosen übergeben.

Ein letztes Überbleibsel erinnert an die kriegerische Vergangenheit der Meeresfestung. Westlich vorgelagert ragt ein militärischer Superflop aus dem Ozean. Im Jahr 1801 hatte man begonnen, auf der Sandbank von Boyard ein ovales Fort zu errichten. Da man ausschließlich im Sommer und bei Ebbe arbeiten konnte, benötigte man fast sechzig Jahre bis zur Fertigstellung, die just zu jener Zeit gelang, in der man neue Geschütze mit größeren Reichweiten auf den benachbarten Inseln Oléron und Aix installierte und das Fort somit bedeutungslos machte. 1962 wurde es für siebeneinhalbtausend Francs versteigert. Seit einem guten Jahrzehnt schreibt es wieder schwarze Zahlen – dank der gleichnamigen und äußerst beliebten Spielshow im Fernsehen.

Wie gut, dass ich mir gerade La Rochelle als Ausgangs- und Endpunkt meiner Frankreichumrundung ausgesucht habe, denke ich, als ich ausgiebig durch die Viertel der Seemetropole flaniere. Diese Stadt spiegelt die Verspieltheit, die Vielseitigkeit, die Verbocktheit der Franzosen besonders gut wider. Fast sieben Wochen und fünftausend Kilometer zuvor bin ich von hier aufgebrochen, um ein Land von den Rändern her zu bereisen, das ich zu kennen glaubte wie kein anderes, Deutschland eingeschlossen. Jetzt, am selben Ort, um Tausende Erfahrungen reicher, kommt es mir vor, als sei ich in den vergangenen Wochen durch ein Dutzend verschiedene Länder gefahren. Eines davon wartet mit lieblichen Pinienwäldern auf. Das nächste ist eine einzige Rebellion und fühlt sich Gernika weitaus näher als Paris. Ein weiteres ist ein heißgekochtes Fieberland, oszillierend zwischen ausgelassenen Feiern und totaler religiöser Ekstase. Östlich davon beginnt das Gebiet, in dem sich Touristen gegenseitig auf die Füße treten, während man nur ein klein wenig nördlich stundenlang keiner Menschenseele begegnet. In dieser Region ist *la France* noch *profonde*. Noch ein Stück weiter nördlich schließen sich zwei Kleinstlandschaften an, die im Laufe der Jahre immer wieder anderen Kriegsgewinnern zugeordnet wurden und ihren Eigensinn dennoch behalten haben. Eines grenzt direkt an eine Landschaft, die praktisch nur aus Getreidefeldern besteht. Dem Atlantik zugeneigt, verbeugt sich die tropfnasse Normandie vor den Tiefdruckgebieten, während die Bretagne wütend dagegen aufbegehrt. Südlich davon nimmt die Vendée dem Wetter die Extreme ab, ehe sich erneut das Kernland der Genusssüchtigen ankündigt.

Was eint dieses gefühlte Dutzend? Vielleicht nur ein Gefühl, eine Lebenseinstellung mit unterschiedlichsten Ausprägungen. Sie besagt, dass man, statt verbissen und effizient einem Ziel hinterherzujagen, auch darauf bedacht sein darf, den eigenen, sich ständig spontan ändernden Weg dorthin zu genießen.

Seit jeher gilt meine Sympathie solch verschrobenen, in der falschen Zeit umherirrenden Lebenskünstlern aller Nationalitäten, deren mögliche Lebensläufe der italienische Bestsellerautor Alessandro Baricco mit allen liebenswerten Schwächen und originellen Verrücktheiten so gekonnt erzählt, dass ich mir den Titel seines Romans »Oceano Mare« in den Nacken habe tätowieren lassen. Einer dieser Lebenskünstler ist soeben mit einem Postrad um Frankreich herumgefahren. Manchmal, in Ausnahmefällen, behalten die Traumtänzer recht.

EPILOG

Frankreich erfahren.

Seine Küsten und Flüsse, seine Gebirge. Seine tausend Gesichter, seine Widersprüche, seine Gegensätzlichkeit. Der Liebreiz des Südwestens, der vom Kanal des Südens weitergetragen wird zum Mittelmeer. Die Gipfel der Pyrenäen, die den Alpen zuwinken. Die Winde der Champagne, die die Schroffheit bretonischer Küsten vorwegnehmen. Das gegenwartsbezogene Lebenswegbewusstsein der Bewohner, die Brechung und Fortführung einer mannigfaltigen Kulturgeschichte und das Chanson der französischen Sprache.

Frankreich erfahren.

Mit jeder Pedalumdrehung, jedem schweißtreibenden Anstieg, jeder fahrt-windumtosten Abfahrt. Um den Sprachclown zu finden, um mich zu spiegeln in den Lebensansichten anderer, um verstanden zu werden in der nahen Fremde, der fremden Nähe. Wider Erwarten ist es eine Gewalttour geworden: Gewalt habe ich mir angetan, weil mein Wille trotziger ist als mein Körper. Trotzdem habe ich jeden Augenblick meiner Reise ausgekostet. Meine Frankreichumrundung musste eine ziellose Bewegung sein, ein großer Kreis, eine Reise, die nur das Unterwegssein selbst anerkennt. Denn es musste eine Reise sein, die den Charakter des Landes spiegelt.

Bin ich frankreicherfahren?

Genug, um zu wissen, dass man dieses Konglomerat an Ideen, historischen Gegebenheiten und diffusen Stimmungen, das sich Frankreich nennt, nicht ohne Wahrheitsverlust auf einen Nenner bringen kann. Frankreich steckt in einem Abschiedsblick, es zeigt sich in einer Handbewegung, es scheint durch in der Art, wie man ein Gespräch eröffnet, es erwacht, wenn man mit subtilem Humor auf die kleinen Schwächen der anderen und auf die eigenen großen Stärken verweist. Ich habe mir Frankreich nicht ausgesucht. Frankreich hat mich ausgesucht, lange schon vor meinem Aufbruch von La Rochelle. Es hat meine Eltern in einem Netz aus Charme eingefangen, Kindheitserlebnisse aneinandergereiht, Abenteuer gestreut, mich mit seiner Sprache, seinen Ansichten und Einsichten, mit Bekanntschaften und Freunden umgarnt. Meine Frankreichumrundung ist aus einem Gedanken entstanden, der sich, angefeuert von der Anziehungskraft großformatiger Landkarten, entwickelt hat zu einer Idee, bis Frankreich in meinen Alltag eingebrochen ist, sich in meine Träume eingeschlichen hat. Dieses Frank-reich abseits der Klischees und Worthülsen, das ich kennenlernen durfte, dieses Frankreich ist ein sich ständig verändernder Organismus, der lebt, so lange ihm jemand Leben einhaucht, so lange Menschen die Ideen weitertragen, das Gebaren auskosten, die Einstellungen tief im Inneren auf kongruent schalten und Frankreich auf ihre ureigenste Art weiterentwickeln. Frankreich bleibt gleich und verändert sich in allen, die es in sich tragen. Jetzt, nach meiner Frankreichumrundung, hat mich das Fieber, das dieses Land auszulösen vermag, auch erwischt. Ich bin einer seiner Anhänger geworden und werde immer wieder zurückkehren, um die Sehnsucht nach Frankreich vermeintlich zu stillen und in Wahrheit neu aufzuladen.

Hinweis des Autors:

Aus literarischen Gründen wurden manche in diesem Buch erwähnten
Personen und Ereignisse modifiziert dargestellt – so auch die Abschnitte
über den Bau des »Canal du Midi« und die Geschichte der Katharer. Dabei
wurde, wie im gesamten Buch, Wert auf historische Authentizität hinsicht-
lich der zugrundegelegten Fakten gelegt.

Thomas Bauer

Frankreich erfahren

Eine Umrundung per Postrad

1. MISE EN ROUTE
   THOMAS BAUER

2. LA NOUVELLE FRANCE
   GLOBAL PLAYERS

3. LA ROCHELLE – BAYONNE
   THOMAS BAUER

4. DES ARTISTES SANS CIBLES
   PLASSON

5. BAYONNE – LYON
   THOMAS BAUER

6. DURANCE
   TAKTVOLL

7. LYON – ROUEN
   THOMAS BAUER

8. HOMMAGE À LOUISE
   ATTAQUE   MARIPOSA

9. ROUEN – LA ROCHELLE
   THOMAS BAUER

10. NUITS DE LA LUMIÈRE
    SANS FIN

UNE SOIRÉE FRANÇAISE

UNE SOIRÉE FRANÇAISE

Die Audio-CD »UNE SOIRÉE FRANÇAISE« von Thomas Bauer ist, solange der Vorrat reicht, für 5,- Euro zuzüglich Versandkosten direkt beim Autor erhältlich.

Die CD hat eine Spielzeit von circa einer Stunde und enthält neben Textausschnitten aus »Frankreich erfahren« fünf vom Autor komponierte französische Lieder.

Weitere Mitwirkende:
Franziska Auernhammer (chant)
Uta Demel (flûte traversière)
Dagmar von Keller (chant & saxophone)
bTina Raithel (percussion)
Christian Frank (chant & piano)
Pablo Marinas (chant & basse)
Antonio Partant (chant & guitarre)
COOPÉRATEURS: Rita Niedermaier, Klaus Nagel, Stefan Ullrich

Mehr über Thomas Bauer:

www.literaturnest.de

Das Weite suchen

Die Reisebücher von Thomas Bauer

2500 Kilometer zu Fuß durch Europa

Auf Jakobswegen vom Bodensee zum »Ende der Welt«
Wiesenburg, 4. Auflage 2008
ISBN 9783937101866
168 Seiten inkl. Karten, Farbfotos & Pilgerstempel

Ostwärts – Zweitausend Kilometer Donau

Mit dem Paddelboot zum Schwarzen Meer
Wiesenburg, 4. Auflage 2012
ISBN 9783940756008
204 Seiten inkl. Karte, Farbfotostrecke
und der DVD »Reisen und Schreiben«

Die Gesichter Südamerikas

Eine Abenteuerreise durch Argentinien, Chile, Bolivien,
Peru und Kolumbien
Wiesenburg, 5. Auflage 2012
ISBN 9783940756459
354 Seiten, Sonderformat mit über 100 Farbfotos

Das Weite suchen

Die Reisebücher von Thomas Bauer

Wo die Puszta den Himmel berührt

Auf Umwegen durch Ungarn

Herbig, 1. Auflage 2007

ISBN 9783776625127

226 Seiten inkl. Karte und 43 Fotos

Vientiane – Singapur

Per Rikscha durch Südostasien

Schardt, 1. Auflage 2010

ISBN 9783898415132

160 Seiten inkl. Karte & Farbfotostrecke

Nurbu – Im Reich des Schneeleoparden

Auf Spurensuche im Himalaya

Wiesenburg, 1. Auflage 2012

ISBN 9783942063890

160 Seiten inkl. Zeichnungen und Farbbildstrecke

Ausgewählte Pressereaktionen

Abenteuerreisen und darüber schreiben, das ist sein Ding.
Süddeutsche Zeitung

Da möchte man gleich mit weg.
Stuttgarter Zeitung

Seine Schilderungen und beeindruckenden Farbfotos dokumentieren ungewöhnliche Reisen jenseits des Komforts unserer Zivilisation und dafür umso verbundener mit Land und Leuten.
Europolitan

munter und doch nachdenklich geschrieben
Die ZEIT

Bauer ist ein neugieriger Pilger, der wissen will, wie weit ihn seine Füße tragen.
die tageszeitung

Seine Reisegeschichten zeigen die Welt nicht im Hochglanz der Veranstalterkataloge. Aber schillernd und bunt, wie das wirkliche Leben ist.
Münchner Merkur / tz

Thomas Bauers Streifzüge sind erhellend. Er gibt dem Leser Geschichte(n) auf den Weg, die er bekömmlich verpackt und mit dem persönlichen Erleben verwebt.
Die PRESSE

Beeindruckend ist die Tiefe des Erlebens und die Spannweite der philosophi-schen Reflexion.
Dr. Marion Gräfin Dönhoff, Ex-Herausgeberin der ZEIT

Thomas Bauer zeigt, wie spannend und unterhaltsam Reiseliteratur auch heutzutage noch sein kann.
Literaturmagazin goon

Astrid Behrendt

Please keep gate closed

Auf der Suche nach dem irischen Herzschlag

ISBN 978-3-931989-37-8 2. Auflage, 128 Seiten, gebunden, € 24,95

Illustriert mit beeindruckenden schwarz-weiß Fotografien der Autorin präsentiert sich hier jenes Irland, das nie den Weg in die Hochglanzkataloge finden wird, aber für viele das „echte" Irland ist: Geheimnisvolle Schlossruinen, durch die das Krächzen der Raben hallt, verlassene Cottages, in denen immer noch die Gegenwart der letzten Besitzer greifbar ist, verwunschene Friedhöfe, die malerisch versteckt in kleinen Buchten liegen. Die Orte haben keinerlei Potential als Touristenattraktion und sind doch eine unwiderstehliche Versuchung für abenteuerlustige Besucher, die Kuhmist und Dornenhecken nicht scheuen. Wildromantisch und mit morbidem Charme empfangen diese Vertreter irischer Geschichte den staunenden Gast weitab om Trubel der Hauptstätte – dort, wo der Herzschlag des Landes in der Stille deutlich zu spüren ist.

Leseprobe

„Rough, but passable"

Unterwegs zu den Ganggräbern von Carrowkeel

In der Gegend um den Lough Arrow suche ich mit meiner Mutter ein B&B und wir kurven endlos durch die Gegend, da uns weit und breit kein grünes Kleeblattschild willkommen heißen möchte. Dann – endlich ein Schild, das verspricht, in vier Kilometer Entfernung würde eine Unterkunft auf uns warten. Der Weg führt über Stock und Stein, hügelige und sehr schlechte Straßen. Entweder hat man unseren Kilometerzähler frisiert, oder aber die B&B-Gastgeber wollen die potentiellen Gäste nicht mit der wirklichen Fahrdauer entmutigen. Als wir endlich durchgeschüttelt am Haus ankommen und uns wundern, wo wohl die nächste ordentliche Straße zu finden ist, müssen wir nicht lange suchen, da sie direkt vor dem Garten der Gastgeber langführt. Wir haben uns quasi durch den Hintereingang herangepirscht …

Im gemütlichen Zimmer bilden wir uns noch ein wenig per Reiseführer, da wir am nächsten Morgen nach Carrowkeel möchten. Dort sind Gräber anzusehen, die laut gut unterrichteter Quelle zu den interessantesten und wichtigsten prähistorischen Stätten des Nordwestens zählen.

So weit, so gut. Gestärkt durch ein leckeres Frühstück machen wir uns am nächsten Morgen auf den Weg und zählen die Schafe, die aussehen, als seien sie von der Touristeninformation zu Dekorationszwecken am Berghang platziert worden. Eine Hinweistafel begrüßt uns mit der, wie wir hoffen, realistischen Einschätzung, der Weg sei rough, but passable. Da uns unebene Wege nicht gänzlich unbekannt sind und unsere Blech-Rosinante erwartungsvoll mit den Gummihufen scharrt, nicken wir uns entschlossen zu und sehen uns schon durch die großartigen Ganggräber stapfen.

Ich habe wirklich nichts gegen holprige Wege, denke ich mir, als ich Carrowkeel entgegensteuere. Doch der Weg entpuppt sich als Elch-Teststrecke für Panzerwagen, gespickt mit tückischem Schotter, kilometertiefen Schlaglöchern und Abhängen, die die halbe Straße verschluckt haben. Mir tritt der Schweiß auf die Stirn bei dem Gedanken an die zwangsläufige Rückfahrt! Runter geht der Spaß ja noch, aber wie sollen wir da ohne Raketenantrieb je wieder rauf kommen?

Vor einer stellenweise unterspülten Haarnadelkurve halten wir und starren ungläubig auf den kaum noch vorhandenen Weg vor uns. Da dämmert es mir, dass ich an die schlammigen Kuhwege hätte denken sollen, die als normale Straßen getarnt auf der Landkarte auf ahnungslose Touristen lauern. Ich steige vorsichtig aus und schaue den Abhang hinunter, um mich zu sammeln. Uneben, aber passierbar? Für Helikopter und Batmobile mag das stimmen. Unser Auto allerdings überlegt sich wahrscheinlich gerade, ob es sich nicht mit einem doppelten Achsenbruch elegant aus der Affäre ziehen könnte. Zurückfahren ist keine Option, denn ohne Kran bekommt man das Auto auf dem schmalen Weg nicht umgedreht. In einiger Entfernung entdecken wir vier abgestellte Autos. Na also, irgendwie sind die ja wohl auch runtergekommen, also kann es doch so schlimm nicht sein! Ich stimme ein episches Gebet für die Schutzheiligen der Mietwagen und abenteuerlustigen Touristen an und rangiere den wimmernden Wagen zentimeterweise um die Kurve, während sich meine Mutter mit schreckgeweiteten Augen stumm am Sitz festkrallt. Da es neben mir steil abwärts geht, zwinge ich meinen Blick, sich durch die Windschutzscheibe auf dem Holperweg festzusaugen.

Irgendwie kommen wir tatsächlich den Berg runter und ich halte nassgeschwitzt und mit zitternden Knien neben den anderen Autos an. Nachdem sich unser Herzschlag reguliert hat und wir uns wieder trauen zu atmen, harren wir des historischen Wunders, dessen wir nun ansichtig werden sollen, und durch dessen Anfahrt wir uns einige graue Haare verdient haben. Nach dieser Tour de Force werden wir doch sicher mit einem phänomenalen Erlebnis belohnt werden! Erwartungsvoll erkunden wir das Gelände und suchen die Gräber. Und suchen – und suchen! Seltsamerweise finden wir nur Schafe, die uns spöttisch beobachten (vielleicht haben wir die Tagesstatistik verdorben, weil wir bei der Anreise nicht den von dieser Stelle aus ersichtlichen Abhang runtergefallen sind). Weder die Gräber, noch die Menschen der geparkten Autos sind irgendwo zu sehen …

DRACHENMOND VERLAG

Bücher mit Herzblut

www.drachenmond.de